Professor Dr. Wilhelm Kahl – Leben zwischen Wissenschaft und Politik

# Rechtshistorische Reihe



Band 320

Peter Lang
Frankfurt am Main · Berlin · Bern · Bruxelles · New York · Oxford · Wien

Stefan Burghard

# Professor Dr. Wilhelm Kahl – Leben zwischen Wissenschaft und Politik

Peter Lang
Europäischer Verlag der Wissenschaften

**Bibliografische Information Der Deutschen Bibliothek**
Die Deutsche Bibliothek verzeichnet diese Publikation in der Deutschen Nationalbibliografie; detaillierte bibliografische Daten sind im Internet über <http://dnb.ddb.de> abrufbar.

Zugl.: Kiel, Univ., Diss., 2005

Diese Arbeit wurde von
Herrn Prof. Dr. Hans Hattenhauer
zur Aufnahme in die Reihe empfohlen.

ISSN 0344-290X
ISBN 3-631-54143-0



www.peterlang.de

*Meinen Eltern*

# Vorwort

Die vorliegende Arbeit wurde im Dezember 2004 abgeschlossen und der Rechtswissenschaftlichen Fakultät der Christian-Albrechs-Universität zu Kiel im Wintersemester 2003/2004 als Dissertation vorgelegt.

Bei der Erstellung bin ich von vielen Seiten unterstützt worden, denen ich an dieser Stelle danken möchte. Nennen möchte ich insbesondere die Mitarbeiter des Bundesarchivs Koblenz, des Bundesarchivs Berlin, des Auswärtigen Amtes Berlin, sowie der Landes- und Universitätsbibliothek Düsseldorf. Dank gilt zudem meinen Freunden, die mir stets mit Rat und Hilfe zur Seite standen. Hervorheben möchte ich an dieser Stelle Benjamin Schleyer, Dr. Jan Kohlmann, Dr. Erik-Nils Voigt, sowie Pastor i.R. Rudolf Faßbender, die mir mit ihren Erfahrungen und Kenntnissen wertvolle Hilfe leisteten.

Mein ganz besonderer Dank gilt an dieser Stelle meinem verehrten Doktorvater Professor Dr. Hans Hattenhauer. Er hat mich auf dieses Thema aufmerksam gemacht und meine Arbeit in vorbildlicher Weise betreut.

Herzlichen Dank schulde ich nicht zuletzt meinen Eltern, die mir die Erstellung und das Gelingen dieser Arbeit erst ermöglicht haben. Für ihr Vertrauen möchte ich mich an dieser Stelle ganz besondes bedanken.

**Düsseldorf, im Juni 2005** **Stefan Burghard**

**Inhaltsverzeichnis**

**Abkürzungsverzeichnis**

| | |
|---|---|
| Abs. | Absatz |
| AEKD | Archiv der Evangelischen Kirche in Deutschland Berlin |
| Art. | Artikel |
| BAK | Bundesarchiv Koblenz |
| BAL | Bundesarchiv, Abteilung Lichterfelde |
| BVP | Bayrische Volkspartei |
| DDP | Deutsche Demokratische Partei |
| DJZ | Deutsche Juristenzeitung |
| DJT | Deutscher Juristentag |
| DNVP | Deutschnationale Volkspartei |
| DVP | Deutsche Volkspartei |
| Exz. | Exzellenz |
| FDP | Freie Demokratische Partei |
| FVV | Freie Vaterländische Vereinigung |
| GA. | Geschäftsführender Ausschuss |
| Geh. | Geheim / Geheimer |
| Gest. | gestorben |
| Hrsg. | Herausgeber |
| Jg. | Jahrgang |
| KP | Kommunistische Partei |
| KPD | Kommunistische Partei Deutschlands |
| M.d.B. | Mitglied des Bundestages |
| M.d.R. | Mitglied des Reichstags |
| MSPD | Mehrheits Sozialdemokratische Partei Deutschlands |
| NL | Nachlass |
| NLC | Nationalliberale Correspondenz |
| NRW | Nordrhein-Westfalen |
| NSDAP | Nationalsozialistische Deutsche Arbeiter-partei |
| PA | Politisches Archiv |
| Pol. Archiv | Politisches Archiv |
| RT | Reichstag |
| SA | Sturmabteilung |
| SPD | Sozialdemokratische Partei Deutschlands |
| StGB | Strafgesetzbuch |
| USPD | Unabhängige Sozialdemokratische Partei Deutschlands |

| | |
|---|---|
| ZsG | Zeitgeschichtliche Sammlung im Bundesarchiv Koblenz |

## A. Einleitung

*"Zum Hinscheiden des Geheimrats Kahl spreche ich im Namen der Deutschen Zentrumspartei aufrichtiges Beileid aus. Ein ritterlicher Kämpfer für Recht und Freiheit, ein lauterer Diener an Staat und Volk, ein weiser und gütiger Mensch ist mit ihm dahingegangen. An seiner Bahre trauern alle, die über die Parteischranken hinweg wahre Werte und Verdienste anerkennen."*[1]

Nachruf der Zentrumspartei

Das Telegramm des Zentrums an die Fraktion der DVP anlässlich des Todes von Prof. Dr. Wilhelm Kahl gibt das nahezu einhellige Urteil der deutschen Politik über Kahl zum Ende der Weimarer Republik wieder.
Über alle Parteischranken hinweg war es Kahl, der bis 1919 lediglich innerparteilich in Erscheinung getreten war, gelungen, sich die Anerkennung sämtlicher Parteien zu verdienen, ausgenommen die der extremen Linken und Rechten. Anfangs vor allem bei den Sozialdemokraten als ausgesprochener Reaktionär verurteilt, hatte er dennoch durch seine politische Arbeit die Achtung seiner Kollegen zu gewinnen verstanden.
Kahl hatte seinen beruflichen Werdegang mit Anstellungen als Hochschullehrer an den verschiedensten deutschen Universitäten begonnen. Politisch trat er zunächst nahezu überhaupt nicht in Erscheinung. Dies änderte sich im Jahre 1919 schlagartig. Der Verlust des Ersten Weltkrieges sowie die sich anschließende Revolution zwangen ihn politisch aktiv zu werden.
Obwohl Kahl gerade in der DVP eine herausragende Stellung innehatte, ist bis heute keine Abhandlung über seine politische Arbeit erschienen. Lediglich über sein kirchenrechtliches Wirken erschien 1972 die Dissertation von Klaus Achenbach „Recht, Staat und Kirche bei Wilhelm Kahl“[2], die nur am Rande über die politische Arbeit Kahls berichtet. Die vorliegende Arbeit soll diese Lücke schließen. Dabei wird zunächst ein Überblick über Kahls juristische Laufbahn gegeben, die Grundlage für seine spätere politische Arbeit war. So zeigte Kahl auf den Gebieten, die ihn seinerzeit bereits als Professor beschäftigt hatten, auch auf der politischen Bühne besonderen Einsatz. Diese juristischen Kenntnisse war einer der Gründe für Kahls enormes Ansehen unter seinen politischen Kollegen.
Der Hauptteil der Arbeit beschäftigt sich mit Kahls politischem Wirken. Dabei wird ein, für die Zeit der Weimarer Republik typischer Werdegang aufgezeichnet. Zunächst der Weimarer Republik äußerst ablehnend gegenüberstehend,

---

[1] BAK, NL Dingeldey 74, 15

[2] Klaus Achenbach, Recht, Staat und Kirche bei Wilhelm Kahl, Regensburg 1972

entwickelte sich Kahl mehr und mehr zu einem Vernunftrepublikaner, der, was ihn von anderen unterschied, am Ende seines Lebens, selbst gegen die größten innerparteilichen Widerstände versuchte, diese Republik gegen die Nationalsozialisten zu verteidigen.

Ein Nachlass von Wilhelm Kahl existiert heute nicht mehr. Dieser ist im Zweiten Weltkrieg vernichtet worden.[3] Ein kleiner Bestand an Briefen und Telegrammen Kahls ist jedoch in Nachlässen des Bundesarchivs, des Archivs des Auswärtigen Amtes, sowie in zahlreichen Universitätsarchiven vorhanden. Aufschlussreich sind zudem die Bestände des Bundesarchivs Koblenz über die Deutsche Volkspartei sowie die Nationalliberale Partei. In den Archiven der politischen Parteien sind außer den allgemein zugänglichen Quellen keine weiteren Materialien über oder von Kahl vorhanden.

An allgemein zugänglichen Quellen sind insbesondere die Tageszeitungen, juristischen Fachzeitschriften sowie die stenographischen Berichte der Nationalversammlung, des Verfassungsausschusses sowie des Reichstags zu nennen. Häufige Erwähnung findet Kahl zudem in der 2002 von Ludwig Richter verfassten Habilitationsschrift über die Deutsche Volkspartei.[4]

[3] BAK B 198 / 2395.

[4] Ludwig Richter, Die Deutsche Volkspartei, Düsseldorf 2002.

## B. Kahls Laufbahn bis 1919

### I. Jugend und Ausbildung

#### 1. Elternhaus

Ernst Peter Wilhelm Kahl[5] wurde am 17. Juni 1849 in Kleinheubach (Landkreis Miltenberg) im äußersten Westen des bayerischen Franken geboren. Er war das zweitjüngste Kind unter sieben Geschwistern.[6]

Sein Vater, Friedrich Kahl, Sohn des fürstlichen Hofrats Christoph Ludwig Gottlieb Kahl und der Friederike Christine Zeiß,[7] war Jurist, zuletzt königlich bayrischer Bezirksgerichtsdirektor. In dieser Stellung wurde ihm 1879 der persönliche Adel verliehen.[8]

Wilhelm Kahls Mutter Ottilie, geborene Hallwachs,[9] Tochter des Friedrich Hallwachs und der Louise Karoline Hallwachs, entstammte einer angesehenen bürgerlichen Familie in Darmstadt.[10]

Zur Geburt Kahls stand sein Vater noch in Fürstlich Löwensteinschen Diensten als Herrschaftsrichter.[11]

Nach den ersten Schuljahren in Aschaffenburg schickten ihn seine Eltern auf das Gymnasium in Heilbronn. Später besuchte er, nachdem die Eltern nach Schweinfurt[12] gezogen waren, das dortige Celtis-Gymnasium. 1867 erhielt Kahl dort das Reifezeugnis und wurde an der Universität Erlangen immatrikuliert.[13]

---

[5] Der Hinweis auf seinen vollständigen Namen findet sich lediglich bei Hans Liermann, Wilhelm Kahl, in Fränkische Lebensbilder, herausgegeben im Auftrag der Gesellschaft für Fränkische Geschichte, Band III, Würzburg 1969, S. 312.

[6] Archiv der Evangelisch-Luth. Kirchengemeinde Kleinheubach.

[7] Bayrische Akademie der Wissenschaften (Hrsg.), Neue Deutsche Biographie, Elfter Band, Berlin 1977, S. 21.

[8] Hans Liermann, Wilhelm Kahl, in Fränkische Lebensbilder, herausgegeben im Auftrag der Gesellschaft für Fränkische Geschichte, Band III, Würzburg 1969, S. 312.

[9] Robert Volz (Hrsg.), Reichshandbuch der Deutschen Gesellschaft, Das Handbuch der Persönlichkeiten in Wort und Bild, Band I, Berlin 1930, S. 869.

[10] Bayrische Akademie der Wissenschaften (Hrsg.), Neue Deutsche Biographie, Elfter Band, Berlin 1977, S. 21.

[11] Hans Liermann, Wilhelm Kahl, in Fränkische Lebensbilder, herausgegeben im Auftrag der Gesellschaft für Fränkische Geschichte, Band III, Würzburg 1969, S. 312.

[12] Robert Volz (Hrsg.), Reichshandbuch der Deutschen Gesellschaft, Das Handbuch der Persönlichkeiten in Wort und Bild, Band I, Berlin 1930, S. 869.

[13] Hans Liermann, Wilhelm Kahl, in Fränkische Lebensbilder, herausgegeben im Auftrag der Gesellschaft für Fränkische Geschichte, Band III, Würzburg 1969, S. 312 ff.

## 2. Studium

Nach seinem Abitur begann Wilhelm Kahl sein Studium der Rechtswissenschaften. In einer Rede zu seinem 80. Geburtstag berichtete er:

*„Diese glückliche Berufsführung hatte ein zweifaches festes Fundament. Einmal schon in einem herrlichen Elternhaus. Mein Vater war Richter im bayrischen Unterfranken. Von ihm habe ich die Liebe zum Recht empfangen, unter seiner freundschaftlichen Leitung die erste praktische Berufsausbildung erhalten. Noch heute bewahre ich pietätvoll unsere wissenschaftliche Korrespondenz aus der Mitte der 70er Jahre."*[14]

Kahls Leidenschaft zum Recht beschrieb auch Franz v. Liszt:

*"Für die Eigenart Kahls aber scheint mir eine Eigenschaft kennzeichnend zu sein, die in dieser scharf ausgeprägten Gestalt nur selten sich wieder findet. In Kahls Persönlichkeit sind der Mensch und der Jurist zur unlösbaren Einheit verschmolzen .(...) Ihm war und ist das Recht nicht nur das Objekt kühler Erkenntnis, sondern zugleich die ethische Macht, die in seinem Leben die feste Richtung bestimmt.(...) Er hat das Recht nicht bloß erforscht und gelehrt, er hat es gelebt."*[15]

Der Senatspräsident des preußischen Oberverwaltungsgerichts, Mitherausgeber der DJZ und Herausgeber des Reichs- und Preußischen Verwaltungsblattes Dr. Heinrich Lindenau charakterisierte Wilhelm Kahl anlässlich seines 75. Geburtstags:

*"In Kahl verehrt die deutsche Juristenwelt ihren Senior, die Wissenschaft einen der bedeutendsten Männer aller Zeiten, die juristische Jugend Ihren geheißvollen Lehrer, Führer und Leiter, die öffentliche und politische Welt einen Streiter und Kämpfer für Wahrheit und Recht.(...) Wie auf keinen darf mit solchem Rechte das Hamletsche Wort angewendet werden: Er ist ein Mann, nehmt alles nur in allem; ich werde nimmer seines Gleichen sehen."*[16]

Als Studienorte wählte Kahl Erlangen und München, wo unter anderem J.W. Planck und B. Windscheid zu seinen Lehren gehörten.[17] 1868 war Kahl als Freiwilliger in das 6. Bayrische Jägerbatallion eingetreten. 1870 wurde er zum Fahnenjunker befördert.[18] Mitten in seine Studienzeit fiel der deutsch-französische Krieg, in dem Kahl als Leutnant des 3. Bayrischen Jägerbataillons / Eichstädt[19] an den Schlachten bei Weißenburg, Wörth und Sedan sowie bei der Belagerung von Paris teilnahm, und in dessen Verlauf er mit dem damals selte-

---

[14] Kahl, Schlussrede und Dankwort anlässlich der Feier seines 80. Geburtstages im Zoologischen Garten zu Berlin am 17. Juni 1929, in Wilhelm Kahl zum Gedächtnis, Berlin 1932, S. 39.

[15] F. v. Liszt, Am 17. Juni d.J. begeht Wilhelm Kahl seinen 65 Geburtstag, DJZ 1914, Sp. 804.

[16] Heinrich Lindenau, Wilhelm Kahl wird am 17. Juni 75. Jahre alt, DJZ 1924 Sp. 449.

[17] Walter Troxler, Biographisch-Bibliographisches Kirchenlexikon, Band XV, Herzberg 1999, Sp. 779 – 782.

[18] Archiv der Humboldt-Universität Berlin, UK Kahl 15, Bl. 3.

[19] Archiv der Humboldt-Universität Berlin, UK Kahl 15, Bl. 3.

nen[20] Eisernen Kreuz ausgezeichnet wurde.[21] Seine Entlassung aus dem aktiven Heer erfolgte 1879.[22] Wilhelm Kahl berichtete bis zu seinem Lebensende immer wieder begeistert von seinen Erlebnissen dieser Zeit. So schrieb er 1931:

*„Welch eine Neujahrsnacht! Wer sie miterlebte! Nur ein Stimmungsbild aus kleinem Kreis. Wir bayrischen dritten Jäger lagen südlich von Paris auf der Höhe von Medon gegenüber den Forts von Veuvre und Issy. Stille war geboten, sonst folgte eiserner Gruß. Auch in jener Nacht saß, wer nicht Dienst hatte, in den Erdhütten bei kameradschaftlichen Gesprächen oder war mit den Gedanken daheim. Gegen Mitternacht zogs den ein oder anderen hinaus in die eiskalte Nacht. Bald schlugen sie an, die Turmuhren von Paris. Totenstille! Plötzlich, leise summend zuerst dann ansteigend zum brausenden Gesang, ein Vers: „Deutschland, Deutschland, über alles“! Es war unverständig und gegen Gebot. Aber notwendig, Jubelschrei der Seele, erster Gruß ans Vaterland.(...)“*[23]

So kam es, dass er auch im Ersten Weltkrieg als Delegierter des Roten Kreuzes bei der kämpfenden Truppe in den vordersten Gräben des Stellungskrieges zu sehen war.[24]

Wilhelm Kahl wurde am 19. April 1873 unter Professor Christoph Gottlieb Adolf Freiherr von Scheurl promoviert; als schriftliche Arbeit legte er zwei Interpretationen "L.8.§.3.D. de pignor. act. XIII,7" und "c.7.X. de transact. I, 36" vor.[25] Diese wurden mit summa cum laude bewertet. 1876 habilitierte sich Kahl an der Universität München *„über die Temporaliensperre besonders nach bayrischem Kirchenstaatsrecht.“*[26] Erstgutachter seiner Habilitationsschrift war Prof. Dr. Josef Berchtold, ordentlicher Professor für Kirchenrecht, deutsche Reichs- und Rechtsgeschichte.[27]

Bereits mit 25 Jahren heiratete Kahl am 4. August 1874 die Tochter des württembergischen Papierfabrikanten Karl Adolf Laiblin und dessen Ehefrau Bertha Auguste Laiblin, geborene Finckh, Bertha. Aus der Ehe gingen vier Kinder hervor: Emilie, Hedwig, Elsa und Siegfried.[28] Siegfried Kahl war im Zweiten Welt-

---

[20] Hans Liermann, Wilhelm Kahl, in Fränkische Lebensbilder, herausgegeben im Auftrag der Gesellschaft für Fränkische Geschichte, Band III, Würzburg 1969, S. 312 ff.

[21] Max Alsberg, Wilhelm Kahl, Berlin 1929; Todesanzeige von Wilhelm Kahl; Robert von Hippel, Wilhelm Kahl zum 70. Geburtstag DJZ 1919, Sp. 476.

[22] Archiv der Humboldt-Universität Berlin, UK Kahl 15, Bl. 3.

[23] Wilhelm Kahl, Staat und Volk, Rede bei der Reichgründungsfeier der Reichsregierung im Reichstag am 18. Januar 1931, Berlin 1931, S. 4.

[24] Hans Liermann, Wilhelm Kahl, in Fränkische Lebensbilder, herausgegeben im Auftrag der Gesellschaft für Fränkische Geschichte, Band III, Würzburg 1969, S. 312 ff.

[25] UAE, C2/3 Nr. 511.

[26] Wilhelm Kahl, Über die Temporaliensperre besonders nach bayrischem Kirchenstaatsrecht, Erlangen 1876.

[27] ALMU, L-I-67.

[28] Robert Volz (Hrsg.), Reichshandbuch der deutschen Gesellschaft, Das Handbuch der Persönlichkeiten in Wort und Bild, Band I, Berlin 1930, S. 869.

krieg Generalmajor der Luftwaffe.[29] Hedwig Kahl heiratete Prof. Dr. med. Albert Aschoff. Aus dieser Ehe stammt Albrecht Aschoff, der später wie Wilhelm Kahl Mitglied des Zentralvorstands der DVP wurde. Nachdem er als Oberst im Zweiten Weltkrieg gedient hatte und aus zehnjähriger Kriegsgefangenschaft zurückgekehrt war, war er von 1961-65 MdB, Vorsitzender des Ausschusses für Wirtschaftspolitik, sowie seit 1956 Mitglied des Landesvorstandes der FDP in NRW.[30]

Kahls Verhältnis zu seiner Frau und seinen Kindern, sowie Enkeln und Urenkeln rühmte Oberkonsistorialrat und Pfarrer an der Jerusalemskirche, D. Fischer bei Kahls Beerdigung:

*„Er gründete sein Haus, und er lebte freudig in dem Glück eines trauten, herzlichen Familienlebens. Sein Weib war ihm eine gute Gefährtin daheim und die Teilnehmerin an seiner Arbeit, die ihm die Feder führte. Seine Kinder, ein jedes in seiner Eigenart, waren ihm lieb und wert und wichtig! Er ihr Ratgeber und Führer, und die Enkelkinder voll Vertrauen zu ihm kommend, dem Ahnen, der sie wohl verstand."*[31]

Kahl selber sprach nur selten von seiner Familie. Einzig in einer Rede zu seinem 80. Geburtstag erwähnte er die Dankbarkeit, die er seiner Frau schuldete:

*„Zum ersten Male in meinem Leben öffentlich bringe ich meiner lieben Frau, mit der ich nun seit 55 Jahren durchs Leben wandere, meine Huldigung dar. Ich gedenke in diesem Zusammenhang auch des reichen Glücks, daß wir durch Kinder, Schwiegerkinder, Enkel und Urenkel erfahren durften. Vertraulich teile ich mit, daß mir vor wenigen Tagen Urenkel Nr. 6 und 7 beschert worden sind. Mir gegenüber sitzt die jugendliche Großmutter."*[32]

## II. Beruflicher Werdegang

### 1. Universitäre Tätigkeit

Als Hochschullehrer versah Kahl einen Lehrstuhl in Rostock (1879), wo er noch im selben Jahre zum Ordinarius für Kirchenrecht, Staatsrecht und Strafrecht ernannt wurde.[33] Es folgten Erlangen (1883), Bonn (1888)[34] und schließlich 1895

[29] Siegfried Kahl war als Flakartillerist 1939/44 Oberquartiermeister im Luftgau VIII und ab 1943 Generalmajor. (Reinhard Stumpf, Die Wehrmacht-Elite, Rang und Herkunftsstruktur der deutschen Generale und Admirale 1933 – 1945, Boppart am Rhein 1982), gest. in Reutlingen.

[30] Walter Habel (Hrsg.), wer ist wer, Das deutsche who`s who, XI. Ausgabe, Band I, Bundesrepublik Deutschland und West Berlin 1969/1970, Berlin 1970, S. 25.

[31] Trauerrede des Oberkonsistorialrates, Pfarrer an der Jerusalemskirche D. Fischer, gehalten auf dem Friedhof der Jerusalemskirche zu Berlin, am Mittwoch, dem 18. Mai 1932; in Wilhelm Kahl zum Gedächtnis, Berlin 1932, S. 6.

[32] Kahl, Schlussrede und Dankwort anlässlich der Feier seines 80. Geburtstages im Zoologischen Garten zu Berlin am 17. Juni 1929, in Wilhelm Kahl zum Gedächtnis, Berlin 1932, S. 40.

[33] Robert Volz (Hrsg.), Reichshandbuch der deutschen Gesellschaft, Das Handbuch der Persönlichkeiten in Wort und Bild, Band I, Berlin 1930, S. 869.

ein Ruf nach Berlin, wo er bis ins Jahr 1921 wirkte und 1908/09 Rektor der Universität war.[35] Vor dem Ruf nach Rostock war er Privatdozent der juristischen Fakultät der Universität München.[36]
Zu seinen Lehrfächern zählten Kirchen-, Staats-, und Verwaltungsrecht, sowie Straf- und Strafprozessrecht.[37] Er galt als einer der besten Kenner des Kirchenrechts, namentlich des Rechts der evangelischen Kirche.[38]
Kahl wurde in Rostock am 28. Januar 1879 zunächst außerordentlicher Professor. Am 15 August desselben Jahres folgte die Ernennung zum ordentlichen Professor.[39] Das Ordinariat in Erlangen wurde ihm am 6. Februar 1883 durch König Ludwig II übertragen.[40] Seine dortigen Bezüge beliefen sich auf 5.000 Mark.[41]
In Erlangen übernahm er die Professur von Adolf von Scheurl (1811-1893), einem der angesehensten Kirchenrechtler seiner Zeit, bekannt als Vorkämpfer des Luthertums. Durch die besondere Förderung der kirchenrechtlichen Lehre trug Kahl der gewachsenen Bedeutung des Kirchenrechts für das Theologiestudium Rechnung.
Eine Frucht dieser unter seinem Nachfolger Emil Sehling fortgeführten Arbeit war im Jahre 1924 der „Vertrag zwischen dem bayrischen Staate und der evangelisch-lutherischen Kirche in Bayern rechts des Rheins“. Er garantierte unter anderem, dass der kirchenrechtliche Bedarf der Studierenden der evangelisch-theologischen Fakultät von der Juristischen Fakultät zu befriedigen war.
Wilhelm Kahls Ernennung zum ordentlichen Professor der juristischen Fakultät der Universität Bonn erfolgte am 28. Juli 1888, nachdem er zuvor einen Ruf an die Universität Kiel abgelehnt hatte.[42] Prinzregent Luitpold von Bayern entließ ihn mit Urkunde vom 13. August 1888 aus dem bayrischen Staatsdienst. Der ihm übertragene Lehrauftrag umfasste Kirchen-, Verwaltungs- und Privatrecht.[43] Seine Bezüge beliefen sich auf 6.600 Mark jährlich zuzüglich dem tarifgemäßen Wohnungsgeld von jährlich 600 Mark.[44]

---

[34] Walter Troxler, Biographisch-Bibliographisches Kirchenlexikon, Band XV, Herzberg 1999, Sp. 779 – 782.
[35] Robert Volz (Hrsg.), Reichshandbuch der deutschen Gesellschaft, Das Handbuch der Persönlichkeiten in Wort und Bild, Band I, Berlin 1930, S. 869.
[36] Handgeschriebener Lebenslauf Kahls, UAB, Sign. PF 77-549.
[37] Max Alsberg, Wilhelm Kahl, Berlin 1929, S. 2.
[38] Ernst Heyemann, Hundert Jahre Berliner Juristenfakultät, Ein Gedenkblatt, in DJZ 1910, Sp. 1174.
[39] Handgeschriebener Lebenslauf Kahls, UAB, Sign. PA 3776.
[40] Handgeschriebener Lebenslauf Kahls, UAB, Sign. PA 3776.
[41] Hans Liermann, Wilhelm Kahl, in Fränkische Lebensbilder, herausgegeben im Auftrag der Gesellschaft für fränkische Geschichte, Band III, Würzburg 1969, S. 312 ff.
[42] Handgeschriebener Lebenslauf Kahls, UAB, Sign. PA 3776.
[43] UAB, PF 77-549.
[44] UAB, PF 77-549.

Im Jahre 1895 wurde Kahl an die Universität Berlin berufen. Ein Angebot des Großherzogs von Baden, von dort nach Heidelberg zu wechseln, lehnte Kahl ab. In Berlin kam er mit der Politik in Verbindung, wusste aber seine wissenschaftliche Unabhängigkeit von Anfang an zu wahren. Einem Flügeladjutanten des Kaisers, der ihm die Wünsche seiner Majestät hinsichtlich eines von Kahl zu erstellenden Gutachtens darlegen wollte, bat er, jener möge seinen allerhöchsten Herren daran erinnern, dass er als Professor des Rechts, und nicht als Professor des Unrechts nach Berlin berufen worden sei.[45]

### a. Kirchenrechtliche Arbeiten[46]

Kahl beschäftigte sich zu Anfang seiner wissenschaftlichen Tätigkeit nahezu ausschließlich mit kirchenrechtlichen Fragen. Vor allem zum Staatskirchenrecht erschienen seine ersten Veröffentlichungen bis zu seiner Berufung nach Berlin.[47] Dazu vermerkte Prof. Sehling in einem Artikel zum goldenen Doktorjubiläum Wilhelm Kahls:

*„Über dem Patrioten, dem Politiker, dem Verfechter des Rechts auch auf Fürstenthronen, dem gewaltigen Redner, dem Religionsforscher (man könnte beinahe sagen Theologen), dem Vertreter neuer Ideen im Strafrechte, dem Staatsrechtslehrer und Staatsrechtsgelehrten, steht der Kirchenrechtler Wilhelm Kahl. (...) Im Kirchenrecht liegt auch der Schwerpunkt seines Schaffens.“*[48]

Wilhelm Kahl begründete diese Liebe zum Kirchenrecht mit den Ereignissen nach 1870,[49] die ihn *„mit innerer Notwendigkeit“* zum Kirchenrecht und insbesondere zum Staatskirchenrecht getrieben hätten.[50] Neben seinen wissenschaftlichen Verdiensten um das Kirchenrecht wird besonders seine Lehre[51] gerühmt.

---

[45] Eberhard Schmidt, Wilhelm Kahl zum Gedächtnis, Süddeutsche Juristenzeitung 1949.

[46] Die Bearbeitung der kirchenrechtlichen Arbeit Kahls beschränkt sich im Folgenden nur auf eine kurze Darstellung, da sie bereits ausführlich in Klaus Achenbachs „Recht, Staat und Kirche bei Wilhelm Kahl“ aufgearbeitet wurde.

[47] Klaus Achenbach, Recht, Staat und Kirche bei Wilhelm Kahl, Regensburg 1972.,S. 25.

[48] Emil Sehling, Wilhelm Kahl zum goldenen Doktorjubiläum, DJZ 1923, Sp. 187.

[49] 1870 entstand im preußischen Abgeordnetenhaus aus der katholischen Fraktion das Zentrum, das 1871 als zweitstärkste Fraktion in den Reichstag einzog. Bismarck stand der neuen konfessionellen Partei mit großem Misstrauen gegenüber. Für ihn stand sie als Katholische Gruppierung von vornherein in Opposition zu dem neuen Staat und seinem evangelischen Kaisertum. In ihr sammelten sich nach seiner Meinung die Besiegten von 1866, die Gegner der kleindeutschen Lösung. Aus diesem Misstrauen entwickelte sich in der Folgezeit der Kulturkampf, in dessen Verlauf der Jesuitenorden verboten, sowie Geistliche verhaftet wurden. Bismarck hoffte damit die Zentrumspartei zerschlagen zu können, was jedoch fehlschlug. Bei den Reichstagswahlen 1874 konnte die Zentrumspartei ihre Stimmenzahl mehr als verdoppeln. So führte der Kulturkampf zu einer schweren innenpolitischen Niederlage Bismarcks und des liberalen Bürgertums.

[50] Wilhelm Kahl, Schlußrede und Dankwort anlässlich der Feier seines 80. Geburtstages im Zoologischen Garten zu Berlin am 17. Juni 1929, a.a.O., S. 40.

[51] Robert von Hippel schrieb dazu anlässlich Wilhelm Kahl 70. Geburtstag in der DJZ: „Dem

Kahl habe es verstanden, *„die Studierenden für dieses nicht immer besonders geschätzte Fach zu begeistern.“*[52] So begrüßten ihn die Studenten gelegentlich des Vortrags eines italienischen Kollegen an der Berliner Universität, dem er als Zuhörer beiwohnte, als einzigen mit stürmischem Beifall.[53]
Schnell stieg er zum führenden Vertreter des Kirchenrechts auf. Sein Nachfolger auf dem Lehrstuhl in Erlangen huldigte ihm als *„Meister des protestantischen Kirchenrechts.“*[54]

## aa. Veröffentlichungen zum Verhältnis von Staat und Kirche[55]

Kahl begann seine Veröffentlichungen auf dem Gebiet des Kirchenrechts 1874 mit einer Abhandlung über die „Selbständigkeitsstellung der protestantischen Kirche in Bayern gegenüber dem Staat“.[56] Darin wandte er sich deutlich gegen die Trennung von Staat und Kirche. Dagegen sprächen in Deutschland vor allem die gewachsenen historischen Gegebenheiten, sowie das mahnende Beispiel der katholischen Kirche:

> *„Man kann nicht eine nahezu 1900jährige Vergangenheit, in welcher der Staat und die Kirche in tausendfältigen sichtbaren und unsichtbaren Beziehungen sich ineinander verschlungen hätten, einfach ignorieren und ein kirchenpolitisches System, so preiswürdig es auch vom Stande der Theorie erscheinen möge, in die Geschichte hinein tragen.“*[57]

Gegen die Trennung von Staat und Kirche sprach er sich auch später mehrfach aus. Im Jahre 1886 erschien sein auf der Leipziger lutherischen Pastoralkonferenz über die „Verschiedenheit katholischer und evangelischer Anschauungen

---

ausgezeichneten Lehrer, dem die Macht der Rede in seltenem Gebot steht, verdanken Generationen von Schülern ihre Ausbildung.“ (Robert von Hippel, Wilhelm Kahl zum 70. Geburtstag DJZ 1919 Sp. 476).

[52] Emil Sehling, Wilhelm Kahl zum Goldenen Doktorjubiläum, Wilhelm Kahl als Kirchenrechtler, DJZ 1923, Sp. 187.

[53] James Goldschmidt, Ansprache auf der Gedenkfeier im Reichstag am 5. Juni 1932, in Wilhelm Kahl zum Gedächtnis, Berlin 1932, S. 22.

[54] Emil Sehling, Kahl als Kirchenrechtler, DJZ 1923, Sp. 187, 188.

[55] Bei den kirchlichen Arbeiten Wilhelm Kahls bilden diejenigen über das Verhältnis von Staat und Kirche den Schwerpunkt seines Wirkens. So entstanden zu dieser Frage des Kirchenrechts: Über die Selbständigkeitsstellung der protestantischen Kirche gegenüber dem Staat, über die Temporaliensperre, die deutschen Amorisationsgesetze, über die Verschiedenheit katholischer und evangelischer Anschauungen ,über das Verhältnis zwischen Staat und Kirche, über die Parität, die Errichtung von Handelsgesellschaften durch Religiose, über die Bedeutung es Toleranzantrags für Staat und evangelische Kirche, Aphorismen zur Trennung von Staat und Kirche, Veröffentlichungen über die Kirchenhoheit, die deutsche Kirche im deutschen Staat, Die Trennung von Staat und Kirche, Das Lehrsystem des Kirchenrechts und der Kirchenpolitik, Abriß des Kirchenrechts in der Kultur der Gegenwart.

[56] Wilhelm Kahl, Die Selbständigkeitsstellung der protestantischen Kirche gegenüber dem Staat, Erlangen 1874.

[57] Wilhelm Kahl, Die Selbständigkeitstellung der protestantischen Kirche gegenüber dem Staat, Erlangen 1874, S. 2f.

über das Verhältnis von Staat und Kirche“ gehaltener Vortrag.[58] Darin schilderte er die Bedrohungen, die von der katholischen Kirche für den modernen Staat ausgingen, weil jene ihre Gesetze von einer für den Staat unerreichbaren, außerhalb desselben stehenden Macht empfange. Dadurch würden die katholische Kirche und der Staat auf Kampf eingestellt, einen Kampf, welchen der Staat nur verlieren könne.[59]
Vor der katholischen Kirche, vor allem vor deren Orden, die durch ihre Organisation vollkommen der staatlichen Kontrolle entzogen seien, warnte Kahl noch an anderer Stelle.[60] Die geschichtliche Erfahrung habe die staatliche Überwachung des Ordenswesens als eine absolute Notwendigkeit erscheinen lassen.[61] Seit dem 16. Jahrhundert habe Deutschland kaum ein nationales Unglück erlebt, bei dem nicht der Jesuitenorden die Hand im Spiel gehabt habe.[62] Formiert trete die katholische Kirche, die sich nun als politische Partei konstituiert habe, dem modernen Staat ausgesprochen feindselig entgegen.[63]
Im Jahre 1902 verfasste Kahl eine Antwort[64] auf einen von dem Abgeordneten Lieber und Genossen (Zentrum) im Reichstag eingebrachten Toleranzantrag[65] für Staat und evangelische Kirche, in dem diese Stellung zur Religionsfreiheit der Reichsangehörigen bezogen.
Ihren „Entwurf eines Reichsgesetzes betreffend die Freiheit der Religionsausübung“ hatte das Zentrum am 23. November 1900 in den Reichstag eingebracht und den Versuch, eine reichsrechtliche Regelung der Religionsfreiheit der Reichsangehörigen und der Religionsgemeinschaften unternommen.[66] Der Antrag, der als „Toleranzantrag“ in die Geschichte einging, verlangte im ganzen

[58] Wilhelm Kahl, Die Verschiedenheit katholischer und evangelischer Anschauungen über das Verhältnis von Staat und Kirche, gehalten am 17. Juni 1886 in Leipzig, Leipzig 1886.
[59] Wilhlem Kahl, Die Verschiedenheit katholischer und evangelischer Anschauungen über das Verhältnis von Staat und Kirche, gehalten am 17. Juni 1886 in Leipzig, Leipzig 1886, S. 11 f.
[60] Wilhelm Kahl, Die Bedeutung des Toleranzantrags für Staat und evangelische Kirche, Deutsch-evangelische Blätter 1902, S .24-66.
[61] Wilhelm Kahl, Die Bedeutung des Toleranzantrags für Staat und evangelische Kirche, Deutsch-evangelische Blätter 1902, S. 59.
[62] Wilhelm Kahl, Die Bedeutung des Toleranzantrags für Staat und evangelische Kirche, Deutsch-evangelische Blätter 1902, S. 59.
[63] Wilhelm Kahl, Die Selbständigkeitsstellung der protestantischen Kirche in Bayern gegenüber dem Staat, Erlangen 1874, S. 8.
[64] Wilhelm Kahl, Die Bedeutung des Toleranzantrages für Staat und evangelische Kirche, Deutsch-Evangelische Blätter, S. 24-66.
[65] Wortlaut des Toleranzantrages abgedruckt in Kahl, Die Verschiedenheit katholischer und evangelischer Anschauungen über das Verhältnis von Staat und Kirche, gehalten am 17. Juni 1886 in Leipzig, Leipzig 1886, S. 32-34.
[66] So lautete § 1 des Antrages: „Jedem Reichsangehörigen steht innerhalb des Reichsgebietes volle Freiheit des religiösen Bekenntnisses, der Vereinigung zu Religionsgemeinschaften sowie der gemeinsamen häuslichen und öffentlichen Religionsausübung zu.“

Reich volle Freiheit für die seelsorgerische Tätigkeit, für die Abhaltung von Gottesdiensten und die Errichtung von Kirchengebäuden, Freiheit der Volksmissionen, Freiheit für die Betätigung ausländischer Geistlicher, für die Ämtererrichtung und Sprengelbildung.[67]

In seiner Stellungnahme zu diesem Antrag[68] trat Kahl erneut für die Beibehaltung der bestehenden Verhältnisordnung von Staat und Kirche ein. Allein die staatliche Kirchenhoheit biete die Gewähr für konfessionellen Frieden und den Fortbestand des modernen Staates.

Im Jahre 1908 sprach Kahl in seiner Berliner Rektoratsrede[69] abermals ein entscheidendes „Nein" zur Aufhebung der institutionellen Verbindung von Staat und Kirche aus.

Die Trennung der beiden Gewalten sei praktisch unmöglich wegen deren Folgen für die bundesstaatliche Ordnung, der Undurchführbarkeit einer Aufhebung des landesherrlichen Kirchenregiments und der unlösbaren Frage der Vermögensauseinandersetzung zwischen den deutschen Staaten und der Kirche.[70]

Diese Haltung Wilhelm Kahls war eine Folge seiner früheren im „Kulturkampf" von 1870 gemachten Erfahrungen. Für Kahl war der Katholizismus, der sich soeben parlamentarisch in der Zentrumspartei[71] zusammengeschlossen hatte, sowie dessen Klerus eine Gefahr für das noch junge Deutsche Reich, dessen Gründung ihm der größte politische Erfolg Bismarcks war.[72] Dies habe ihn na-

[67] Wortlaut des Antrags und Darstellung des Standpunkts der Zentrumspartei ebenfalls bei Karl Bachem, Zentrumspartei, Band 6, Köln 1929, S. 106, 108; Matthias Erzberger, Der Toleranzantrag der Zentrumsfraktion im Reichstag, Osnabrück 1906, S. 71 ff, mit ausführlicher Begründung der einzelnen Paragraphen des Antrags.

[68] Wilhelm Kahl, Die Bedeutung des Toleranzantrags für Staat und evangelische Kirche, Deutsch-Evangelische Blätter, S. 24-66.

[69] Wilhelm Kahl, Aphorismen zur Trennung von Staat und Kirche. Rede zum Antritt des Rektorates der königlichen Friedrich-Wilhelms-Universität in Berlin, Berlin 1908.

[70] Wilhelm Kahl, Aphorismen zur Trennung von Staat und Kirche. Rede zum Antritt des Rektorates der königlichen Friedrich-Wilhelms-Universität in Berlin, Berlin 1908, S. 25 und 33f.; vgl. auch Wilhelm Kahl, Die Verschiedenheit katholischer und evangelischer Anschauungen über das Verhältnis von Staat und Kirche, Leipzig 1886, S. 29

[71] Gerade die Zentrumspartei vertrat die großdeutsche und damit katholische Führung des deutschen Reiches, wurde jedoch durch den verlorenen Krieg 1866, und die, damit gefallene Entscheidung für eine kleindeutsche, d.h. protestantische Lösung enttäuscht. In der katholischen Bevölkerung machte sich nun, aufgrund des Übergewichtes des protestantischen Bevölkerungsteils, vor allem die Befürchtung breit, kirchliche, verfassungsmäßig verbriefte Rechte zu verlieren, was sich später, im Verlaufe des Kulturkampfes, zwischen der Zentrumspartei einerseits und der konservativen und nationalliberalen Partei andererseits auch bewahrheiten sollte.

[72] Wilhelm Kahl schrieb dazu 1915 in einem Artikel in der DJZ: „Allen Deutschen hat er das Gleiche und Höchste bewirkt, Einheit des Vaterlandes. Daran denkt jeder heute, in unauflöslicher Dankbarkeit, und in ewiger Treue zuerst."; Wilhelm Kahl, Bismarck, DJZ 1915, Sp. 329.

hezu dazu getrieben, sich dem Kirchenrecht zu widmen.[73] Aus dem mangelnden Einfluss des Staates auf die katholische Kirche resultierte Kahls Forderung, eine weitere kirchenpolitische Liberalisierung zu verhindern und keine Trennung zwischen Staat und Kirche zuzulassen. Man dürfe den Erwartungen der Katholiken keinen Nährboden geben.

**bb. Kahls „Lehrsystem des Kirchenrechts und der Kirchenpolitik"[74]**

Den Schwerpunkt dieses Werkes bildet eine sehr ausführliche Darstellung des Verhältnisses von Staat und Kirche und die Auseinandersetzung mit der Lehre Rudolph Sohms[75] über das Wesen des Kirchenrechts.

In seinen Ausführungen zum Thema „Kirche und Recht" wandte sich Kahl gegen die Lehre Sohms, dass mit der charismatischen Gestalt der Urgemeinde eine unveränderliche Ordnung für die folgende Geschichte der Kirche gegeben sei, dass Recht und Kirche einander demnach widersprächen.[76] Dieser Schluss Sohms sei weder durch das Wort Gottes noch durch das Wesen der Kirche gerechtfertigt. Indem die Kirche zur Ausbreitung des Reiches Gottes auf Erden gestiftet worden sei, sei sie nach Gottes eigener Ordnung unter die allgemeinen Bedingungen der Menschheitsentwicklung gestellt worden. Zu diesen Bedingungen gehöre als gemeinschaftsbildender und -erhaltender Faktor auch das Recht. So gebe es nur die Frage, wieweit sich die Rechtsordnung in der Kirche ausbreiten dürfe, ohne in den Widerspruch zum göttlichen Willen zu geraten.

Auf diese Frage antwortete er damit, das Recht erstrecke sich nicht auf den Inhalt der göttlichen Offenbarung selbst und dürfe nicht beherrschend in diejenigen Bereiche eingreifen, welche wegen ihrer sittlich-religiösen Notwendigkeit zwingend dessen Eingriffen verschlossen bleiben müssten. Außerhalb dieses Gebietes sei aber Rechtsbildung im wesentlichen eine Maß- und Bedürfnisfrage

---

[73] Wilhelm Kahl, Schlussrede und Dankwort anlässlich der Feier seines 80. Geburtstages im Zoologischen Garten zu Berlin am 17. Juni 1929, in Wilhelm Kahl zum Gedächtnis, Berlin 1932, S. 40.

[74] Wilhelm Kahl, Lehrsystem des Kirchenrechts und der Kirchenpolitik, Freiburg und Leipzig 1894.

[75] Rudolph Sohm war Professor in Freiburg, Straßburg und Leipzig, und widmete sich neben der deutschen Rechtsgeschichte, dem römischen und deutschen bürgerlichen Recht, vor allem dem Kirchenrecht. Für die Entwicklung des evangelischen Kirchenrechts seit Ende des 19. Jh. ist Sohms berühmter Satz von großer Bedeutung gewesen: "Das Kirchenrecht steht mit dem Wesen der Kirche im Widerspruch" (Rudolf Sohm, Kirchenrecht I/1, die geschichtlichen Grundlagen, Leipzig 1892, S. 700). Diese Aussage gründet in der strengen Unterscheidung von „sichtbarer" und „unsichtbarer" Kirche, wobei nach Sohm die Kirche Christi allein ecclesia invisibilis sei, die sichtbare Kirche dagegen „nur Welt". Daher ist für ihn „die Kirche Gottes frei von jeglichem Recht". Für Sohm ist die Verrechtlichung der Kirche Ausdruck ihres Verfalls (Klaus Kienzler, Biographisch-Bibliographisches Kirchenlexikon, Band X, Herzberg 1995, Sp. 743-745).

[76] Rudolf Sohm, Kirchenrecht, Die geschichtlichen Grundlagen, Band I, Leipzig 1892, S. 700.

und könne daher nicht für entbehrlich erklärt werden. Auch das Recht habe einen Platz in der evangelischen Kirche, ja müsse ihn haben.

### dd. Veröffentlichungen zur Reform des Irrlehreverfahrens

Anlass für das „Kirchengesetz, betreffend das Verfahren bei Beanstandungen der Lehre von Geistlichen" war der Fall des evangelischen Kölner Pfarrers Karl Jatho. Dieser hatte auf der Kanzel und im Unterricht eine pantheistisch-liberale Theologie vertreten, die so weit vom Bekenntnis der Kirche abwich, dass sein Verbleib im kirchlichen Amt nicht mehr tragbar war. Das einzige Mittel zu seiner Entlassung war ein Disziplinarverfahren, welches man sich jedoch anzuwenden scheute.[77] So fand man schließlich das „Kirchengesetz, betreffend das Verfahren bei Beanstandungen der Lehre von Geistlichen" vom 16. März 1910, das später so genannte „Irrlehregesetz".[78]

Als Vater des von der sechsten Generalsynode der altpreußischen Landeskirche angenommenen „Irrlehregesetzes", galt Wilhelm Kahl.[79] Es bestimmte, dass wegen Irrlehre eines Geistlichen fortan kein disziplinäres Einschreiten mehr zu folgen habe, sondern an dessen Stelle ein objektives Feststellungsverfahren gesetzt werde. Sollte sich in diesem Feststellungsverfahren vor dem Spruchkollegium[80] ergeben, dass das weitere Wirken eines Geistlichen innerhalb der Landeskirche mit der Stellung, die dieser in seiner Lehre zum Bekenntnis der Kirche einnehme, unvereinbar sei, so sollte dies die Erledigung des Kirchenamtes und den Wegfall des geistlichen Standes zur Folge haben. Durch diese Änderung sollte dem Geistlichen, anders als bei einem Disziplinarverfahren ein sittlicher Makel erspart werden und die Gewissensfreiheit unangetastet bleiben.[81]

Diese Neuerung war vornehmlich Kahls Verdienst. Zwar war eine solche Änderung auch schon von Eichhorn[82] und Richter[83] gefordert worden, doch hatten diese sich weder in der Theorie, noch in der kirchlichen Gesetzgebung damit

---

[77] Hans Liermann, Wilhelm Kahl, in Fränkische Lebensbilder, herausgegeben im Auftrag der Gesellschaft für fränkische Geschichte, Band III, Würzburg 1969 , S. 320.

[78] Hans Liermann, Wilhelm Kahl, in Fränkische Lebensbilder, herausgegeben im Auftrag der Gesellschaft für fränkische Geschichte, Band III, Würzburg 1969, S. 321.

[79] Hans Liermann, Wilhelm Kahl, in Fränkische Lebensbilder, herausgegeben im Auftrag der Gesellschaft für fränkische Geschichte, Band III, Würzburg 1969, S. 321.

[80] Das Spruchkollegium bestand aus 13 Mitgliedern und setzte sich aus Beamten der Kirchenregierung, Abgeordneten der Synoden, und Vertretern der teleologischen Wissenschaft zusammen.

[81] Wilhelm Kahl, Kirchenrecht, Die Kultur der Gegenwart. Ihre Entwicklung und ihre Ziele, Hrsg. Paul Hinneberg, Teil II, Abteilung VIII: Systematische Rechtswissenschaft, 1. Auflage, Berlin und Leipzig 1906, S. 237-292, 2. Auflage, Berlin und Leipzig 1913, S. 273-328.

[82] Karl Friedrich Eichhorn, Grundsätze des Kirchenrechts der katholischen und evangelischen Religionspartei in Deutschland, Band II, Göttingen 1833, S. 122.

[83] Aemilius Ludwig Richter, Lehrbuch des katholischen und evangelischen Kirchenrechts, mit besonderer Rücksicht auf deutsche Zustände, Leipzig 1858, S. 489.

durchsetzen können. Erst durch Kahl rückten die erhobenen Forderungen stärker ins Zentrum der Kirchengesetzgebung.[84] Seine Vorschläge wurden von der politischen Presse sowie den kirchlichen Vereinigungen zustimmend aufgenommen und durch die deutsch-evangelische Kirchenregierung berücksichtigt, um den bisherigen strafrechtlichen Charakter des Irrlehreverfahrens zu beseitigen.[85] Die sechste ordentliche Generalsynode der evangelischen Kirche nahm in ihrem Reformentwurf die Vorstellungen Kahls mit nur kleinen Änderungen[86] einstimmig auf.[87] Anders als anderen Kirchenrechtsgelehrten[88] war es Kahl gelungen, einen Ausgleich zwischen den Interessen der Kirche einerseits und den Interessen des Geistlichen andererseits zu finden. Das war ihm auch deshalb möglich, weil er Mitglied in der Provinzialsynode, der preußischen Generalsynode, und im Ausschuss des deutsch-evangelischen Kirchenbundes war.[89] Er begrüßte das „Irrlehregesetz" als einen radikalen Bruch mit der katholischen Vergangenheit des evangelischen Kirchenrechts.[90]

Wegen seiner Verdienste um das Kirchenrecht verlieh ihm 1895 die Universität Bonn den Ehrendoktor der Theologie.[91]

### b. Verfassungs- und verwaltungsrechtliche Arbeiten

Von seinen verfassungs- und verwaltungsrechtlichen Arbeiten ist vor allem seine Arbeit im lippischen Thronfolgestreit[92] zu erwähnen, mit der Kahl bereits in jungen Jahren zu einiger Berühmtheit gelangte, und in deren Verlauf ein freundschaftliches Verhältnis zur Familie der Fürsten von Bismarck entstand.[93] So schrieb Dr. Johannes Wunderlich, Landgerichtsdirektor und M.d.R. (DVP) in einem Gedenkwort:

---

[84] Rudolf Sohm, Kirchenrecht, Band II, Katholisches Kirchenrecht, München, Leipzig 1923, S. 33 f.

[85] Amtliche Begründung des Evangelischen Ober-Kirchenrates zum Entwurf des Irrlehregesetzes, in Verhandlungen der 6. Ordentlichen Generalsynode, Band II, S. 603 ff.

[86] vgl. die Gegenüberstellung des Entwurfs und der von der Generalsynode beschlossenen endgültigen Fassung in: Verhandlungen der sechsten ordentlichen Generalsynode, Band II, S. 573 - 601.

[87] Verhandlung der 6. ordentlichen Generalsynode, Band II, S. 573.

[88] s.o., Eichhorn und Richter

[89] Walter Troxler, in Biographisch-Bibliographisches Kirchenlexikon, Band XV, Herzberg 1999, Sp. 779 - 782.

[90] Wilhelm Kahl, Das neue preußische Irrlehregesetz, Deutsch-Evangelisch 1910, S. 21-47.

[91] Walter Troxler, in Biographisch-Bibliographisches Kirchenlexikon, Band XV, Herzberg 1999, S. 869.

[92] Wilhelm Kahl, Ebenbürtigkeit und Thronfolgerecht der Grafen zu Lippe-Biesterfeld, Bonn 1896.

[93] Robert Volz (Hrsg.), Reichshandbuch der deutschen Gesellschaft, Das Handbuch der Persönichkeiten in Wort und Bild, Band I, Berlin 1930, S. 869.

*"Der Wissenschaft brachte dieser Streit noch eine besondere Gabe: seine bedeutsame Schrift über die Ebenbürtigkeit und das Thronfolgerecht der Grafen zu Lippe-Biesterfeld."*[94]

In diesem Rechtsstreit, der zu seiner Zeit für großes Aufsehen sorgte,[95] ging es um die Thronfolgefähigkeit des Grafen Ernst zu Lippe-Biesterfeld im Hause Lippe, die wegen der Ehe des Grafen Wilhelm Ernst von Lippe-Biesterfeld mit Modeste von Unruh im Jahre 1803 umstritten war. Im Hause Lippe gab es drei Linien. Alle stammten von Simon VI ab, der 1613 gestorben war. Dieser Simon VI hatte drei Söhne, von denen für den nun zu klärenden Streit jedoch nur zwei interessant waren, da die Linie des zweiten Sohnes Otto II bereits 1709 erloschen war. Übrig waren die Linien der Söhne Simon VII und Philipp geblieben.
Von Simon VI erstem Sohn, Simon VII stammten drei Linien. Die Linie Lippe-Detmold war jedoch inzwischen erloschen. Übrig geblieben waren die ältere gräfliche Linie Lippe-Biesterfeld sowie die jüngere, ebenfalls gräfliche Linie zur Lippe-Weißenfeld. Von Phillip stammte die vierte Linie, zur Lippe-Alverdissen ab, die durch Heirat in den Besitz der Grafschaft Schaumburg gekommen war, und sich Schaumburg-Lippe nannte.[96] Da Modeste von Unruh nur von niederem Adel gewesen sei, und damit nicht ebenbürtig, erhoben Vertreter des Hauses Schaumburg-Lippe Anspruch auf die Thronfolge. Wilhelm Kahl gelang es im Streit mit dem Straßburger Staatsrechtslehrer Paul Laband, der als führende Autorität auf staatsrechtlichem Gebiet[97] die Linie Schaumburg-Lippe vertrat, diesen Streit im Sinne des Hauses Lippe - Biesterfeld zu entscheiden:

*„Mit Geh. Justizrat Dr. Wildhagen zusammen hat er einen zähen und selbstlosen Kampf für das Recht geführt, der schließlich mit einem vollen Erfolg endete."*[98]

Dieser Erfolg gelang ihm durch den Nachweis, dass zur Zeit der Eheschließung des Grafen Wilhelm Ernst von Lippe-Biesterfeld mit Modeste von Unruh Ehen mit Frauen aus niederem Adel anerkannt gewesen seien,[99] und die Ehe von Wilhelm-Ernst der Thronfolge nicht im Wege stand.
Das Gutachten für die Linie Lippe-Biesterfeld, welches nicht zuletzt wegen seiner rechtsgeschichtlichen Fundierung zum Erfolg führte, war nicht nur eine wis-

---

94 Carl Wunderlich, Wilhelm Kahl †, Ein Gedenkwort, DJZ 1932, Sp. 698.
95 Hans Liermann, Wilhelm Kahl, in Fränkische Lebensbilder, herausgegeben im Auftrag der Gesellschaft für fränkische Geschichte, Band III, Würzburg 1969, S. 321
96 zur Übersicht vgl. Genealogische Übersicht der Lippischen Linie, in Kahl, Ebenbürtigkeit und Thronfolgerecht der Grafen von Lippe Biesterfeld, Tabelle 1. Hieraus ergab sich folgende Thronfolge. 1. Lippe-Biesterfeld, 2. Lippe-Weißenfeld, 3. Schaumburg Lippe. Gegen diese Thronfolgeordnung erhob das Haus Schaumburg-Lippe den Einwand der mangelnden Ebenbürtigkeit der Linien Lippe-Biesterfeld, und Lippe-Weißenfeld.
97 Hans Liermann, Wilhelm Kahl, in Fränkische Lebensbilder, herausgegeben im Auftrag der Gesellschaft für fränkische Geschichte, Band III, Würzburg 1969, S. 321.
98 Carl Wunderlich, Wilhelm Kahl †, Ein Gedenkwort, DJZ 1932, Sp. 698.
99 Wilhelm Kahl, Ebenbürtigkeit und Thronfolgerecht der Grafen zu Lippe-Biesterfeld, Bonn 1869, S. 34 f.

senschaftliche Leistung.[100] Vielmehr bewies Kahl mit diesem auch Mut. Er wusste, dass Wilhelm II, der wegen der Heirat seiner Schwester Victoria mit Adolf von Schaumburg-Lippe mit dieser Linie verwandt war,[101] leidenschaftlich Partei für die Linie Schaumburg-Lippe ergriffen hatte, so dass er sich mit seinem Eintreten für die Linie Lippe-Biesterfeld bei Wilhelm II. unbeliebt gemacht hatte.[102] Obwohl es nur eine geringe Zahl staatsrechtlicher Arbeiten von Kahl gab, urteilte Robert von Hippel zu Kahls 70. Geburtstag:

*„Der als Jüngling das eiserne Kreuz von 1870 heimbrachte steht 70jährig in der deutschen Nationalversammlung als einer der wenigen wirklichen Kenner des Staatsrechts.“*[103]

Wichtigster Ertrag von Kahls staatsrechtlichem Wirken waren jedoch seine Reden in der Nationalversammlung, im Reichstag und auf den Parteitagen der DVP.

## 2. Außeruniversitäre Tätigkeit

### a. Kirchliche Ämter

Bereits kurz nach seiner Ernennung zum Professor an der Universität Rostock wurde Kahl Konsistorialrat, 1890 Mitglied der rheinischen Provinzialsynode, 1891 Mitglied der preußischen Generalsynode, und schließlich 1896 Mitglied der brandenburgischen Provinzialsynode. In der preußischen Generalsynode führte er die Mittelpartei an, von 1897 an war er dort im Generalsynodenvorstand tätig und galt 1903 vorübergehend als aussichtsreichster Kandidat für das Amt des Präsidenten des Evangelischen Ober-Kirchenrates.[104] 1909 wurde Wilhelm Kahl von der 6. Ordentlichen Generalsynode zum Mitglied des Spruchkollegiums für das „Kirchengesetz betreffend des Verfahrens der Beanstandung der Lehre der Geistlichen“ gewählt.[105] Seit 1922 war er Mitglied des Deutschen evangelischen Kirchenausschusses, der leitenden Behörde des deutsch evangelischen Kirchenbundes.[106] Seine preußischen kirchlichen Ehrenämter legte Kahl 1925 nieder; aus dem deutsch evangelischen Kirchenausschuss schied er erst 1930.[107]

---

[100] Hans Liermann, Wilhelm Kahl, in Fränkische Lebensbilder, herausgegeben im Auftrag der Gesellschaft für Fränkische Geschichte, Band III, Würzburg 1969, S. 322.
[101] Hans Rall, Wilhelm II., Eine Biographie, München 1995, S. 215.
[102] Hans Liermann, Wilhelm Kahl, in Fränkische Lebensbilder, herausgegeben im Auftrag der Gesellschaft für fränkische Geschichte, Band III, Würzburg 1969, S. 322.
[103] Robert von Hippel, Wilhelm Kahl zum 70. Geburtstag, DJZ 1919, Sp. 476.
[104] Klaus Achenbach, Recht, Staat und Kirche bei Wilhelm Kahl, Erlangen 1972, S. 6-7.
[105] Verhandlungen der 6. Ordentlichen Generalsynode der evangelischen Landeskirche Preußens, Band I, S. 910; für die Wiederwahl im Jahre 1915 vgl. Verhandlungen der 7. Ordentlichen Generalsynode der evangelischen Landeskirche Preußens, S. 93.
[106] Kurt Eger, Gedenkrede, in Wilhelm Kahl zum Gedächtnis, Berlin 1932, S. 25, 27 f.
[107] Kurt Eger, Gedenkrede, in Wilhelm Kahl zum Gedächtnis, Berlin 1932, S. 25, 27 f.

### b. Das strafrechtliche Wirken Wilhelm Kahls

#### aa. Die Beilegung des Schulenstreits

Erst zu Beginn des 20. Jahrhunderts begann Wilhelm Kahl sich in steigendem Maße dem Strafrecht zuzuwenden. Anlass dazu gaben die Vorarbeiten für die Strafrechtsreform. In der Deutschen Juristenzeitung aus dem Jahre 1902 erschien sein Aufsatz: „Eine Vorfrage zur Revision des StGB“.[108] Darin stellte er fest, dass eine Reform des StGB unmöglich sei,[109] wenn sich die Gegner der Schulen nicht zu gemeinsamer Arbeit bereit fänden. Doch sei dies ohne Preisgabe wissenschaftlicher Überzeugungen unmöglich:

*„Die Wissenschaft kann rücksichtslos aus den als wahr erkannten Prinzipien die letzten Folgerungen ziehen. Der Gesetzgeber nicht. Er muss mit dem erreichbaren und jeweils nützlichen sich bescheiden. Die Wissenschaft kennt keine mittlere Linie, Entgegenkommen und keinen Ausgleich. Der Gesetzgeber kann im Parallelogramm der Kräfte nur die Diagonale gehen.“*

Am Schluss des Aufsatzes war eine Erklärung von Liszts abgedruckt,[110] in welcher dieser ausführte, dass er die Ausführungen Kahls *„Wort für Wort unterschreibe“*. Auch wenn Kahl damit bei einigen Vertretern der klassischen Schule kein Gehör fand, war so die Grundlage für eine Strafrechtsreform gelegt. So würdigte auch Eberhard Schmidt die Einigung zwischen v. Liszt und Kahl. Durch die Zusammenführung dieser beiden „juristischen Sterne erster Größe“ der Berliner Juristenfakultät sei die Voraussetzung dafür geschaffen worden, dass von dieser Fakultät die entscheidenden Impulse für die Inangriffnahme der Strafrechtsreform hätten ausgehen können. Mit der Erklärung vom 01. Juli 1902 hätten Kahl und v. Liszt den entscheidenden ersten Schritt getan, indem sie ihren Willen zur Zusammenarbeit vor der Öffentlichkeit dokumentiert hätten.[111]

Am 28. November 1902 wurde ein freies wissenschaftliches Komitee von acht Professoren gegründet, dem auch Kahl angehörte. Es trat unter Vorsitz des Staatssekretärs im Reichsjustizamt Nieberding in Berlin zusammen und sollte zur Vorbereitung der Strafrechtsreform eine zuverlässige, und erschöpfende Übersicht über die strafrechtlichen Grundsätze aller größeren Staaten erstellen, die daraus resultierenden Ergebnisse würdigen und Vorschläge für die deutsche Gesetzgebung machen.[112] Wilhelm Kahl war zuständig für die vergleichende

---

[108] Wilhelm Kahl, Eine Vorfrage zur Revision des StGB, DJZ 1902, S. 301.

[109] Hans Liermann, Wilhelm Kahl, in Fränkische Lebensbilder, Herausgegeben im Auftrag der Gesellschaft für Fränkische Geschichte, Band III, Würzburg 1969, S. 324.

[110] Frank von Liszt, Aeufserung, DJZ 1902, S. 303.

[111] Eberhard Schmidt, Die Reform des Strafrechts im Rückblick auf Berliner Impulse in der Geschichte der modernen Kriminalpolitik, Tübingen o.J., S. B2.

[112] „Vergleichende Darstellung des deutschen und ausländischen Strafrechts“, herausgegeben auf Anregung des Reichsjustizamtes von den Professoren: v. Birkmeyer, van Calker, Frank, v. Hippel, Kahl, v. Lilienthal, v. Liszt, Wach. Berlin 1905-1908.

Darstellung der Religionsvergehen und die geminderte Zurechnungsfähigkeit. 1911 wurde Kahl Mitglied der beim Reichsjustizministerium gebildeten Strafrechtskommission. Deren Aufgabe bestand darin, auf Grundlage des „Vorentwurfs zu einem Strafgesetzbuch“ aus dem Jahre 1909 einen Entwurf zu erarbeiten, der nach endgültiger Stellungnahme des Reichsjustizamtes und des Bundesrates dem Reichstag vorgelegt werden sollte.[113] Kahl wurde nach dem Ausscheiden des Kommissionsvorsitzenden Lucas mit deren Vorsitz betraut.[114]
Im Jahre 1913 erschienen die Ergebnisse der Kommissionsarbeit: „Entwurf zu einem deutschen Strafgesetzbuch nach den Beschlüssen der Strafrechtskommission“. Die weitere Arbeit an diesem Entwurf wurde jedoch durch den Weltkrieg verhindert.[115]
Obwohl Kahl sich noch bei der ersten Komiteesitzung nicht als Strafrechtler empfand[116], (wie komme er als Saul unter die Propheten), war er bei Abgabe des Entwurfs zu einem angesehenen Führer der Strafrechtsreform geworden.[117]
Im Jahre 1927 wurde Wilhelm Kahl Vorsitzender des Strafrechtsausschusses des Reichstages. Seine Wahl erfolgte wegen seines großen Ansehens auf dem Gebiet der Strafrechtsreform, die Reichsjustizminister Joel in einer Rundfunkansprache zum Tode Kahls als unbestritten rühmte.[118]
Kahl beschränkte sich auf dem Gebiet des Strafrechts nicht allein auf die Reform des StGB, sondern widmete sich hier auch medizinischen Fragen. So entstanden einige bedeutsame Schriften, wegen derer ihm der medizinische Ehrendoktorgrad der Universität Erlangen verliehen wurde (1910 ):[119]
„Der Arzt im Strafrecht“[120], „Die strafrechtliche Behandlung des geistig Minderwertigen“[121], „Das Gesetz zur Bekämpfung der Geschlechtskrankheiten und der Prostitution vom Rechtsstandpunkt aus beurteilt“[122], „Die Schaffung eines neuen Irrengesetzes“.[123]

---

[113] Robert von Hippel, Deutsches Strafrecht, Band I, Aalen 1971, S. 363.
[114] Carl Wunderlich, Wilhelm Kahl †, Ein Gedenkwort, DJZ 1932, Sp. 699.
[115] Carl Wunderlich, Wilhelm Kahl †, Ein Gedenkwort, DJZ 1932, Sp. 699.
[116] Reinhard von Frank, Kahl der Kriminalist, DJZ 1928, Sp. 802.
[117] Carl Wunderlich, Wilhelm Kahl †, Ein Gedenkwort, DJZ 1932, Sp. 699.
[118] Curt Joel, Rundfunkansprache am 19. Mai 1932 auf der Deutschen Welle, in Wilhelm Kahl zum Gedächtnis, Berlin 1932, S. 11 ff.
[119] Carl Wunderlich, Wilhelm Kahl †, Ein Gedenkwort, DJZ 1932, Sp. 699.
[120] Wilhelm Kahl, Der Arzt im Strafrecht, Jena 1908/09.
[121] Wilhelm Kahl, in Verhandlungen des 27 DJT, Band I, S. 137-248.
[122] Wilhelm Kahl, Das Gesetz zur Bekämpfung der Geschlechtskrankheiten und der Prostitution vom Rechtsstandpunkt aus beurteilt, Leipzig 1922.
[123] Wilhelm Kahl, Die Schaffung eines neuen Irrengesetzes, in Allgemeine Zeitschrift für Psychiatrie und psychisch gerichtliche Medizin, Band 27, S. 392-407.

**bb. Kahls Stellung zur Todesstrafe**[124]

Zur Todesstrafe änderte Kahl zwischen 1912 und 1932 mehrfach seine Meinung. Auf dem Wiener Juristentag 1912 sprach er sich dafür aus, an der Abschaffung der Todesstrafe als gesetzgeberischem Ziel festzuhalten:

*„Ich wiederhole, daß auch nach meiner Auffassung ihre Beseitigung als gesetzgeberisches Ziel vorzubehalten ist. Dieses Ziel wird zu verwirklichen sein, sobald eine volkstümliche Rechtsüberzeugung von ihrer Entbehrlichkeit in so zweifelsfreier Weise sich gebildet hat, wie dies aus den Abolotionsstaaten schon jetzt berichtet wird."*[125]

Diese Zeit war jedoch nach Ansicht von Kahl im Jahre 1912 noch nicht gekommen:

*„Die Beibehaltung der Todesstrafe im künftigen deutschen und österreichischen Strafgesetzbuch entspricht einer volkstümlichen Rechtsüberzeugung, die der Gesetzgeber achten muss. (...) Ihre gesetzliche Abschaffung ist für den Zeitpunkt vorzubehalten, in welchem sich die zweifelsfreie und allgemeine Rechtsüberzeugung von ihrer Entbehrlichkeit gebildet haben wird."*[126].

Bei alledem sei er jedoch kein unbelehrbarer Anhänger der Todesstrafe:

*„Ich bin nicht Anhänger der Todesstrafe im Sinne eines grundsätzlichen Dauerkämpfers und begeisterten Apostels. (...) Alle Rechtseinrichtungen sind geschichtlich bedingt, insoweit veränderlich, auch die Todesstrafe."*

Jedoch sei die Zeit noch nicht reif für die Abschaffung dieser Strafe:

*„Der Staat soll das Schwert nicht aus der Hand geben, solange eine starke volkstümliche Rechtsüberzeugung seinen Gebrauch für äußerste Fälle fordert."*[127]

Die Gründe zum weiteren Festhalten an der Todesstrafe seien weder religiöser Art, noch der Vergeltungsgedanke:

*„Mit den Gegnern lehne ich jede Motivierung aus religiösen Indikationen, aus dem Gesetze der Talion, also auch aus dem Vergeltungsbedürfnis des Verletzten, endlich aus abstrakt logischen Folgerungen einer absoluten Gerechtigkeit, deren Maßstab von Menschen nicht zu handhaben ist, ab.*[128] *(...) Die volkstümliche Rechtsanschauung ist die einzige aber auch vollkommen genügende Rechtfertigung der Todesstrafe."*[129]

---

[124] Wilhelm Kahl hielt zum Thema Todesstrafe am 16. Juli 1919 bei den Beratungen zur neuen Verfassung auch eine Rede vor der Nationalversammlung. Da er bei dieser Rede jedoch zum Ausdruck brachte, dass die Frage der Todesstrafe keine Verfassungs- sondern eine Strafrechtsfrage sei, sollen seine Ausführungen dazu beim strafrechtlichen Wirken Wilhelm Kahls behandelt werden.

[125] Wilhelm Kahl, Todesstrafe?, DJZ 1932, Sp. 252.

[126] Wilhelm Kahl, Todesstrafe?, DJZ 1932, Sp. 251.

[127] Wilhelm Kahl, Todesstrafe?, DJZ 1932, Sp. 251.

[128] Wilhelm Kahl, Todesstrafe?, DJZ 1932, Sp. 251.

[129] Wilhelm Kahl, Todesstrafe?, DJZ 1932, Sp. 251.

1929 dagegen sah Kahl die Zeit für die Abschaffung der Todesstrafe gekommen. Deshalb beantragte er nun, die §§ 245, 245a StGB wie folgt zu fassen:

*„ 1. Den § 245 des Entwurfs zu fassen:*

*Wer einen anderen tötet und die Tat mit Überlegung ausführt, wird mit lebenslangem Zuchthaus bestraft.*

*2. Als 245a einzufügen:*

*Ein wegen Mordes zu lebenslanger Zuchthausstrafe Verurteilter ist im Falle einer Begnadigung in Sicherheitsverwahrung zu überliefern. Die Entlassung des Verwahrten darf das Gericht nur anordnen, wenn dadurch die öffentliche Sicherheit nicht gefährdet wird; das Gericht hat hierüber nach Ablauf von 3 Jahren und je vor Ablauf von 3 weiteren Jahren zu entscheiden. Bei Entlassung kann das Gericht dem Entlassenen einen Aufenthaltsort anweisen, ihm besondere Pflichten auferlegen, oder ihn unter Schutzaufsicht stellen. Das Gericht kann die Entlassung widerrufen, wenn der Entlassene den vom Gericht getroffenen Anordnungen zuwiderhandelt.*

*3. Im Falle der Ablehnung dieser beiden Anträge den § 245 nach dem Entwurf anzunehmen."*

Nach der vorläufigen Ablehnung der Abschaffung der Todesstrafe 1912 begründete Kahl 17 Jahre später seinen Sinneswandel:

*„Vor 20 Jahren konnte ich freilich nicht ahnen, daß und an welcher verantwortungsvollen Stelle ich dereinst genötigt sein würde, die praktischen Folgerungen aus dieser Grundeinstellung zu ziehen.*[130]

Kahl war inzwischen als Mitglied der DVP Abgeordneter des Reichstages und sah sich in der Pflicht als Vorsitzender des Strafrechtsausschusses auf einen Ausgleich der dazu vertretenen Ansichten hinzuwirken:

*„Den Weg dazu wies mir die These von Wien. Es war unbefangen zu prüfen, ob in der Zwischenzeit eine irgendwie beachtliche Veränderung der Volksüberzeugung hinsichtlich der Todesstrafe eingetreten sei. Bei der Überlegung war mindestens an einem Dreifachen nicht vorüberzugehen. Zum ersten nicht an der Abschaffung der Todesstrafe in Österreich durch die Verfassung vom 1. Oktober 1920. (...) Ein solcher Dualismus, Gesetzeseinheit ohne Rechtseinheit, auf so einem entscheidenden Gebiet der Reform schien mir verhängnisvoll, ja in manchen unvermeidlichen Auswirkungen auf Dauer unerträglich. Zum zweiten der starke Appell von Wissenschaft und Praxis. Mir war unmöglich vorbeizugehen an den eindringlich programmatischen Erklärungen von Rechtslehrern, Richtern und Anwälten gegen die Beibehaltung der Todesstrafe, mit Hunderten von Unterschriften. Gewiß war das Gewicht dieser Bewegung nicht zu überschätzen, aber unbeachtet konnte sie für meine Überlegungen auch dann nicht bleiben, wenn ich ihre Gründe nicht zu teilen imstande war. Eine solche Bewegung pflanzt sich naturgemäß fort in den Kanälen des Unterrichts und der Rechtsanwendung, und ist daher geeignet, eine neue Zukunftsanschauung vorzubereiten. Nicht vorbeigehen konnte ich zum dritten an der in einzelnen Ländern schon eingeführten, nochmals von der Reichsregierung selbst empfohlenen Praxis, den Vollzug der Todesstrafe vor endgültiger ge-*

---

[130] Wilhelm Kahl, Todesstrafe?, DJZ 1932, Sp. 252.

*setzlicher Regelung zu unterlassen(...). Es kündigte sich also in dieser Praxis der Anfang einer tatsächlichen Aufhebung der Todesstrafe im Widerspruch mit dem geschriebenen Recht an."*[131]

*Ich kann mir denken, daß sogar noch im Laufe der derzeitigen Strafrechtsreform die Frage der Abschaffung dann in Erwägung gezogen werden kann, wenn in das neue Gesetzbuch wirklich ein ernsthafter Apparat von Sicherungsregeln eingebaut würde. Mein Antrag von 1928 war nichts anderes als ein Ausbau dieses Gedankens. (...)"*[132]

Im Jahre 1932 hatte sich die Auffassung Kahls zu diesem Thema erneut gewandelt:

*„Die Zeitverhältnisse haben sich seit 1929 gründlich verändert. Nicht wirtschaftlich allein, sondern ethisch und kriminell. Die Tötungsverbrechen haben sich erschreckend gesteigert,(...), vor allem haben sich der Art nach so scheußliche Mordfälle ereignet, daß einzelne Länder der Anregung der Reichsregierung von 1928 nicht mehr folgen konnten, sondern sich unter überwältigendem Einfluß der Volksstimmung zur Vollstreckung der Todesstrafe entscheiden mußten."*[133]

Aus der Forderung Kahls, die Gesetzgeber über die Todesstrafe an die Volksmeinung zu binden, schied eine Abschaffung der Strafe 1932 nun aus:

*„Darf der Gesetzgeber oder empfiehlt es sich für ihn, völlig unbeachtet an dieser Stimmung vorbeizugehen? Nach meiner durch 30 Jahre öffentlich bezeugten Grundauffassung muss ich dies verneinen. (...)"*[134]

Als Grund für jede seiner Stellungnahmen berief er sich auf die Volksstimmung, die insoweit ausschlaggebend sei. So legte er 1912 bei seiner Rede auf dem Wiener Juristentag dar, dass die Todesstrafe, selbst wenn sie zurzeit nur von einer Minderheit befürwortet würde, derzeit nicht abzuschaffen sei:

*„Aber auch wenn es eine Minderheit wäre, wäre es nicht wohlgetan, in dieser Sache zu majorisieren. Eine Erschütterung des Rechtsgefühls in jedenfalls beachtenswerten Volkskreisen, würde die Folge eines gewaltsamen Abbruchs des historischen Besitzstandes sein."*[135]

Kahl sprach damit jene Kreise an, die nicht verantworten wollten, die Todesstrafe abzuschaffen:

*„Ich kann es nicht belächeln oder gering schätzen, wenn Männer wie Paul Hense, Emil Fischer, Theobald Ziegler u.a. um ihrer Meinung zur Sache befragt wurden, und sich für die Beibehaltung der Todesstrafe ausgesprochen haben. Aus diesem Votum geht jedenfalls die Tatsache hervor, daß es an „Gebildeten", an führenden Köpfen nicht fehlt, welche ihre Beseitigung zurzeit nicht verantworten wollen. Nach meiner Überzeugung steht eine Mehrheit hinter ihnen."*[136]

---

[131] Wilhelm Kahl, Todesstrafe?, DJZ 1932, Sp. 252-253.
[132] Wilhelm Kahl, Todesstrafe?, DJZ 1932, Sp. 253.
[133] Wilhelm Kahl, Todesstrafe?, DJZ 1932, Sp. 253.
[134] Wilhelm Kahl, Todesstrafe?, DJZ 1932, Sp. 254.
[135] Wilhelm Kahl, Verhandlungen des 31. Deutschen Juristentages, Band III, S. 670.
[136] Wilhelm Kahl, Verhandlungen des 31. Deutschen Juristentages, Band III, S. 670.

Für Kahl war die immer wieder genannte Volksüberzeugung nicht der einzige Grund seiner Meinungsschwankungen. Vielmehr handelte er als Politiker, um sein Ziel der Reform des Strafrechts zu erreichen, und war deshalb zu Kompromissen bereit. Nachdem seine Ansicht über die Todesstrafe 1928/29 nicht mehrheitsfähig war, wollte er mit den oben angeführten Paragraphen 245, 245a zu einem Kompromiss kommen.
So schrieb Rudolf Olden am Todestage Wilhelm Kahls im Berliner Tageblatt:[137]

*„Was heute zu sagen ist wäre unvollständig, würde nicht von seiner Stellung zur Todesstrafe gesprochen. Hier ist er nicht zu einem festen Standpunkt gelangt. Prinzipieller Gegner, glaubte er, sie für unsere Zeit noch nicht entbehren zu können. Dann änderte er seine Meinung. Als die Mängel des Urteils über Jakubowski aufgedeckt worden waren, entschied er im Strafrechtsausschuss gegen die Beibehaltung der Hinrichtung, und es war eine Folge seines Votums, daß Jahre hindurch die Todesstrafe in Deutschland als abgeschafft gelten durfte. Nach dem Prozeß gegen den Lustmörder Kürten wechselt er wieder zu der früheren Ansicht zurück. Er gab mit dieser schwankenden Haltung ein Bild der schwankenden Zeit, die zu gesetzgeberischen Entscheidungen nicht gelangen kann."*

### c. Mitglied des Deutschen Juristentages

Neben seinen kirchlichen Ämtern und denjenigen auf dem Gebiete der Strafrechtsreform war Kahl seit 1900 Mitglied im Deutschen Juristentag, und seitdem bis zum Juristentag in Wien 1912 Mitglied der ständigen Deputation.[138] Ferner hatte er im Jahre 1904 das Amt des Vizepräsidenten der strafrechtlichen 3. Abteilung des 27. deutschen Juristentages in Innsbruck inne,[139] und wurde 1906 Präsident der sich erneut mit Fragen der Strafrechtsreform befassenden 3. Abteilung des 28. Deutschen Juristentages in Kiel.[140]
Im Jahre 1921 wurde Kahl Präsident des 32. Deutschen Juristentages in Bamberg,[141] 1924 des 33. Deutschen Juristentages in Heidelberg,[142] 1926 des 34. Deutschen Juristentages in Köln,[143] und 1928 des 35. Juristentages in Salzburg.[144] Damit war er vorletzter Präsident des Deutschen Juristentages vor dem Krieg. 1931 leitete Dr. Wildhagen den 36. Deutschen Juristentag in Lübeck. Der für 1933 in München geplante 37. Juristentag wurde verschoben, der Verein schließlich am 1.7.1937 aufgelöst. Zur Art, in der Kahl die Tagungen leitete, schrieb Dr. Wunderlich in einem Gedenkwort:

---

[137] Rudolf Olden, Berliner Tageblatt vom 14. Mai 1932.
[138] Gesamtregister der Verhandlungen des deutschen Juristentages Band II, S. XXVII - XXXIII.
[139] Verhandlungen des 27. Deutschen Juristentages in Innsbruck, Band IV, S. 301.
[140] Verhandlungen des 28. Deutschen Juristentages in Kiel, Band III, S. 312; Dr. Hermann Conrad, Der Deutsche Juristentag 1860 - 1994, S. 18.
[141] Carl Wunderlich, Wilhelm Kahl †, Ein Gedenkwort, DJZ 1932, Sp. 700.
[142] Verhandlungen des 33. Deutschen Juristentages in Heidelberg, S. 1.
[143] Verhandlungen des 34. Deutschen Juristentages in Köln, Band II S. 1.
[144] Verhandlungen des 35. Deutschen Juristentages in Salzburg, Band II, S. 1.

*„Neben seiner Redekunst war es diese Gabe eine Debatte zu führen, die ihn geradezu prädestinierte, der Leiter großer Versammlungen und der Sprecher einer großen gleichgesinnten Menschenmenge zu werden. Es war ein Genuß besonderer Art, ihn eine Riesenversammlung leiten zu sehen, dergestalt, daß jeder Teilnehmer den Eindruck mit fortnahm, das, was eben Kahl formuliert und ausgesprochen habe, sei eigentlich seine ureigene Meinung gewesen. Unvergeßlich werden allen Teilnehmern die Vollversammlungen der deutschen Juristentage nach dem Kriege bleiben, die Kahl leitete, so Bamberg (1921), als er zum ersten Male nach dem Krieg die Reihen der Tagungen wieder eröffnete, Heidelberg (1924), als er hoffte, daß der nächste Juristentag unter dem Geläut des Kölner Doms in Köln stattfinden könne, Köln (1926), als er den freien Rhein begrüßte, Salzburg (1926), als er die österreichischen Brüder warmherzig willkommen hieß."*[145]

[145] Carl Wunderlich, Wilhelm Kahl †, Ein Gedenkwort, DJZ 1932, Sp. 700-701.

## C. Politisches Leben

### I. Politische Arbeit vor dem Ersten Weltkrieg

Kahl beschränkte sein politisches Engagement vor dem Ende des Ersten Weltkrieges auf seine Mitgliedschaft in der Nationalliberalen Partei, die Gründung der Freien Vaterländischen Vereinigung sowie einige politische Reden.

#### 1. Mitglied der Nationalliberalen Partei

Im Jahre 1874 trat er der Nationalliberalen Partei bei. Obwohl er noch in den Anfangsjahren seiner politischen Laufbahn nur wenig auf die Parteipolitik der Nationalliberalen einwirkte, sah er doch die Notwendigkeit der Existenz von politischen Parteien, sowie auch die seiner Mitgliedschaft in einer solchen.
Bereits 1914, kurz nach Ausbruch des Ersten Weltkrieges, hatte Kahl die Notwendigkeit politischer Parteien vertreten. Es schien dies ein Protest gegen den Kaiser gewesen zu sein, der „keine Parteien mehr" und „nur noch Deutsche" zu kennen erklärt hatte:

*„Jeder weiß, was der Kaiser gemeint und was er nicht gemeint hat. Daß es keine Parteien in Staat und Kirche mehr geben solle, hat er nicht sagen wollen und können. Ihr Dasein ist selbstverständlich und unentbehrlich. Sie sind die notwendigen Gefäße des geistigen und kulturellen Reichtums, der wirtschaftlichen und sozialen Vielgestaltigkeit in jedem politisch höher stehenden Volk."*[146]

So sah er es auch noch im Jahre 1931:

*„Parteien an sich sind unvermeidlich, ja notwendig. Sie sind der Ausdruck des geistigen Reichtums eines zum politischen Selbstbewusstsein erwachten Volkes. Gerade in Steins Zeitalter liegen die erkennbaren Anfänge politischer Parteienbildung, so gegenüber engherziger Beharrungstendenz die Forderung der „Liberalität", ein Schlagwort, das Kant, Fichte und Gneisenau gebrauchten. Auch der Streit der Parteien untereinander ist naturnotwendig. Nur unwürdige Entartung seiner Form kann zu rügen sein. An sich ist er unentbehrliches Mittel gesunden volkstümlichen Fortschritts. (...) Zwar birgt sie in sich die Gefahr reiner Interessensverbände. Aber dem Drang nach selbständiger Darstellung politischer Weltanschauung ist keine Schranke zu ziehen."*[147]

Die Nationalliberale Partei war 1867 als eine Abspaltung aus der Deutschen Fortschrittspartei hervorgegangen[148] und vertrat vor allem die Interessen des national eingestellten protestantischen Besitz- und Bildungsbürgertums. Die Nationalliberale Partei war lange eine Honoratiorenpartei ohne fest gefügte Organisationsstrukturen. Nach der Jahrhundertwende wandelte sie sich langsam zu ei-

---

[146] Wilhelm Kahl, Vom Recht zum Kriege und vom Siegespreis, aus Deutsche Reden in Schwerer Zeit, Band I, Berlin 1915, S. 188.
[147] Wilhelm Kahl, Staat und Volk, Rede bei der Reichsgründungsfeier der Reichsregierung im Reichstag am 18. Januar 1931, Berlin 1931, S. 10.
[148] Paul Elzbacher, Die neuen Parteien und ihre Programme, zgl. Ein Wegweiser durch die neuen Programme, Berlin 1919, S. 15.

ner modernen Partei mit einem dichten Vereinsnetz. Die Nationalliberalen begrüßten begeistert die Gründung des Deutschen Kaiserreichs und setzten sich ebenso für einen Verfassungsstaat ein, wie für den Ausbau parlamentarischer Rechte. Im Jahrzehnt nach der Reichsgründung stellten sie die stärkste Fraktion im Reichstag. Wirtschaftspolitisch begrüßten die Nationalliberalen die Umwandlung Deutschlands in einen modernen Industriestaat und unterstützten Bismarck[149] (1815-1898) im Kulturkampf, folgten ihm beim "Sozialistengesetz" aber nur widerstrebend. Innerparteiliche Gegensätze traten mit Bismarcks Übergang zur Schutzzollpolitik 1877/78 offen hervor: Zunächst verließen die Anhänger des Schutzzolls 1879 die Fraktion. Im folgenden Jahr traten 28 führende Nationalliberale aus der Fraktion aus, weil sie die enge Bindung ihrer Parteiführer Karl Rudolf von Bennigsen (1824-1902) und Johannes (seit 1897: von) Miquel (1828-1901) an Bismarcks Politik für "rückschrittlich" hielten. Seitdem waren die Nationalliberalen nur noch eine Partei mittlerer Größe. Innenpolitisch vollzog sich in der Partei unter Ernst Bassermann und Gustav Stresemann seit der Jahrhundertwende langsam die Öffnung zu den links von den Nationalliberalen stehenden Parteien. Mit den Jahren sank der Stimmenanteil der Nationalliberalen von 30 Prozent (1871) auf 14 Prozent (1912).[150] Im Ersten Weltkrieg forderten die Nationalliberalen weitreichende Annexionen und unterstützten den uneingeschränkten U-Boot-Krieg.[151] Trotz der parlamentarischen Zusammenarbeit im Interfraktionellen Ausschuss lehnten sie die Friedensresolution von SPD, Zentrum und Fortschrittspartei vom Juli 1917 ab. Mit der Verschlechterung der militärischen Lage vertieften sich die innerparteilichen Gegensätze. Der linke Parteiflügel orientierte sich zur Reichstagsmehrheit und forderte innenpolitische Reformen, die zu einer Parlamentarisierung im Reich führen sollten. Während der Novemberrevolution 1918 zerfiel die Nationalliberale Partei: Ihr rechter Flügel schloss sich der Deutschnationalen Volkspartei an, ihr linker Flügel der Deutschen Demokratischen Partei (DDP).[152]

Nach seinem Parteieintritt 1874 gehörte Kahl von 1893 bis 1911 dem Zentralvorstand der Nationalliberalen Partei an.[153] Im Jahre 1915 ergaben sich bei seiner erneuten Kandidatur Widerstände. Sie waren darauf zurückzuführen, dass er im Sommer 1915 an einer Aktion gegen die annexionistische „Intellektuellen-

---

[149] Eduard Heilfron, Die Deutsche Nationalversammlung im Jahre 1919/1920 in ihrer Arbeit für den Aufbau des neuen deutschen Volksstaates, Berlin 1919/ 1920, S. 129.

[150] Dieter Fricke, Lexikon zur Parteiengeschichte, Die bürgerlichen und kleinbürgerlichen Parteien und Verbände in Deutschland (1789-1945), Band III, Köln 1985, S. 404.

[151] Dieter Fricke, Lexikon zur Parteiengeschichte, Die bürgerlichen und kleinbürgerlichen Parteien und Verbände in Deutschland (1789-1945) Band III, Köln 1985, S. 403.

[152] Dieter Fricke, Lexikon zur Parteiengeschichte, Die bürgerlichen und kleinbürgerlichen Parteien und Verbände in Deutschland (1789-1945), Band II, Köln 1984, S. 432.

[153] Klaus Peter Reiß, Von Bassermann zu Stresemann, Die Sitzungen des Nationalliberalen Zentralvorstandes 1912 - 1917, Düsseldorf 1967, S. 212.

eingabe" beteiligt gewesen war.[154] Kurz darauf geriet er zudem in scharfen Gegensatz zum Parteivorsitzenden Bassermann, weil er sich bei Stresemann über ein Telegramm Bassermanns beschwerte, welches dieser an den Reichsrat Buhl gesandt hat.[155] In einem Brief an Stresemann schrieb er, er habe den Parteivorsitzenden darauf aufgefordert, sich mit dem Reichskanzler wegen der unverantwortlichen Form des Telegramms zu verständigen. Bei der folgenden Wahl zum Zentralvorstand, bei der Kahl vom geschäftsführenden Ausschuss einstimmig dem Zentralvorstand vorgeschlagen worden war,[156] erreichte Kahl nur knapp die erforderliche Mehrheit.[157]

Als Mitglied der Nationalliberalen Partei wandte sich Kahl, im Gegensatz zu der sonst nahezu geschlossenen Tendenz bei den Nationalliberalen, deutlich gegen jegliche Annexionsbestrebungen. Man müsse zwar, aus Gründen der nationalen Sicherheit sowie aus Gründen der Stimmung in Deutschland, Belgien gewisse Servitute auferlegen. Als solche schlug Kahl die Begrenzung der Heeresstärke, eine Einsenbahnkonvention, sowie das Durchmarschrecht im Kriegsfalle vor. Im Übrigen solle es nach dem Sieg jedoch keine Beschränkung der staatlichen Souveränität Belgiens geben. Auch den König solle man weiter regieren lassen. Dessen Absetzung würde das belgische Volk und die ganze Welt nicht verwinden und würde den moralischen Eindruck des Verzichts auf Annexionen zerstören.[158]

## 2. Mitbegründer der „Freien Vaterländischen Vereinigung"

Am 28. Februar 1915 fand im Reichstag zu Berlin eine Zusammenkunft von insgesamt 70 den verschiedensten Berufen, Ständen und Parteien angehörenden Männern statt, an deren Ende die Gründung der „Freien Vaterländischen Vereinigung" stand. Den Vorsitz der Versammlung führte Kahl.[159] Zu den Unterzeichnern des Gründungsaufrufs vom 28. Februar 1915 gehörten neben Kahl u.a. noch Arthur von Gwinner, Direktor der Deutschen Bank, Paul Mamroth, Direktor der AEG und Carl-Friedrich von Siemens.

---

[154] Kahl unterzeichnete im Sommer 1915 zusammen mit Prof. Delbrück und Exz. Dernburg eine Eingabe, in der vor jeder Annexion gewarnt worden ist.

[155] Bassermann versuchte in dem Telegramm Reichsrat Buhl dazu zu bewegen doch seine bayrischen Beziehungen zu nutzen um einer Proklamation entgegenzuwirken, die eine Verzichtsleistung auf den Erwerb neuen Landes beinhalten sollte. Dieses Telegramm passierte die Zensur und wurde beschlagnahmt, worauf es an den Reichskanzler weitergeleitet wurde. Dieser lud daraufhin Bassermann von einer von ihm einberufenen Sitzung mit der Nationalliberalen Partei aus, da er in diesem Telegramm den Versuch sah, den König von Bayern gegen den Kaiser auszuspielen.

[156] BAK R 45 I / 2, 239.

[157] Von 87 Stimmen erhielt Kahl lediglich 55, und erzielte damit das mit Abstand schlechteste Ergebnis der Zugewählten. Sitzung des Zentralvorstandes am 21. Mai 1916, BAK R 45 / I, 2.

[158] Theodor Wolff, Tagebücher 1914-1919, Boppart am Rhein 1984, Erster Teil, S. 248.

[159] Wilhelm Kahl, Die Freie Vaterländische Vereinigung, Berlin 1915, S. 5.

Sinn dieser vaterländischen Vereinigung sollte es sein, die im Kriege erzielten innenpolitischen Fortschritte zu sichern:

*„Um das zu verhüten, um uns die große innere Errungenschaft dieses Krieges zu erhalten, um uns dagegen zu sichern, daß die Sonderinteressen der einzelnen, der politischen Parteien, der religiösen Richtungen, der Berufe, Stände und Klassen das Gemeinschaftsgefühl ungebührlich zusammendrängen und die gemeinschaftliche Arbeit erschweren, haben wir uns - in der Erwartung des Anschlußes gleichgesinnter Männer aus dem ganzen deutschen Vaterlande - zu einer „Freien Vaterländischen Vereinigung" zusammengetan."*[160]

Die Ziele der „Freien Vaterländischen Vereinigung" (FVV) wurden in den folgenden sieben Punkten zusammengefasst:

*„1. Dem Deutschen darf niemand in der Welt näher stehen als sein Reichsgenosse. Wer sich dazu bekennt, hat auf die rückhaltlose Anerkennung seiner nationalen Gesinnung Anspruch. Von diesem Gesichtspunkte aus ist das geltende Recht einer Durchsicht zu unterziehen.*

*2. Unbeschadet der durch Natur und Kultur gegebenen Gemeinschaftsaufgaben der Völker und Staaten ist die Geschlossenheit des deutschen Volkstums stärker zu betonen und durchzuführen, die Überschätzung ausländischer Art abzustellen, Betätigung deutschen Wesens in allen seinen Erscheinungsformen zu pflegen.*

*3. Alle Ämter sind nicht nur verfassungsrechtlich, sondern auch tatsächlich den für sie geistig und sittlich Befähigten zugänglich zu machen. An den Gaben der Wissenschaft und Kunst ist allen Kreisen eine gesteigerte Teilnahme zu ermöglichen.*

*4. Die Anforderungen der nationalen Sicherheit und Wehrhaftigkeit sowie der Fürsorge für die Kriegsinvaliden und die Hinterbliebenen der gefallenen Krieger sind von einem Standpunkt zu prüfen, der über die Unterschiede der Parteien hinausragt.*

*5. Was zur Erhaltung und Steigerung unserer Volkskraft dient, ist überall zu pflegen und zu fördern. Die in dieser Richtung bereits erprobte, auch der inneren Festigung des Reiches dienende soziale Fürsorge ist bei gebührender Rücksicht auf die Tragfähigkeit der deutschen Volkswirtschaft stetig fortzuentwickeln und noch stärker im Sinne der Schadensverhütung auszugestalten. Der heimische Boden ist dichter zu besiedeln, seine Ergiebigkeit zu steigern, und die wirtschaftlichen Erfahrungen der Kriegszeit für die künftige planmäßige Versorgung des Reiches im Interesse ebenso der Erzeuger wie der Verbraucher nutzbar zu machen.*

*6. Das Verhältnis zwischen der Regierung und Volksvertretung in der inneren wie äußeren Politik ist mehr als bisher auf Offenheit und Vertrauen zu gründen und dadurch die Arbeit beider zu heben, zu entlasten und zu vereinfachen.*

*7. Endlich ist die Einheitlichkeit unseres Volkes auch im gesellschaftlichen Zusammenleben und im freien Verkehr nicht zu vergessen und durch die Überwindung jeder Art von Kastengeist, von Mißtrauen und Gehässigkeit zu betätigen."*[161]

---

[160] Wilhelm Kahl, Die Freie Vaterländische Vereinigung, Berlin 1915, S. 5-6.
[161] Wilhelm Kahl, Die Freie Vaterländische Vereinigung, Berlin 1915, S. 6-7.

Die FVV sollte selber keine Partei, sondern ein besonderes Organ der öffentlichen Meinung sein, nach allen Seiten frei und unabhängig. Zum Zwecke ihrer Gründung und Organisation in allen Bundesstaaten fand am 25. Juli 1915 in Weimar unter dem Vorsitz von Kahl die erste Tagung statt. Die Eröffnungsansprache hielt Kahl, nachdem er zuvor als 1. Vorsitzender gewählt worden war. Nach einigen Dankesworten beschrieb er die Lage Deutschlands vor Ausbruch des Ersten Weltkrieges. Man habe zwar äußerlich miteinander in Frieden gelebt, innenpolitisch sei das Leben jedoch an einem toten Punkt angekommen:

*„Die Parteien in Verständnislosigkeit einander gegenüberstehend, teilweise in Verbitterung und Haß, eine Stimmung der politischen Alltäglichkeit mit Kleinkram und Zänkerei, mindestens Gleichgültigkeit. Von eigentlichen Idealen war unser öffentliches Leben nicht getragen. Auf diese innere Lage traf schnell und gewaltig wie ein Blitz und Donnerschlag das Erleben der ersten Augusttage. Mit einem Male ist alles verändert: äußerlich Krieg, innerlich Friede, Einheit des Bürgertums, ein Aufgehen der Parteien im Vaterlande, ein gegenseitiges Sichverstehen, ein neues Augenmaß der öffentlichen Dinge.“*[162]

Das Heer habe draußen seinen Siegeszug angetreten, daheim habe man den „Burgfrieden“ errichtet, zunächst gefordert vom Zwang der Gesetzgebung, letztlich jedoch mit voller innerer Zustimmung:

*„Der Krieg wurde ein Erziehungsmittel zur politischen Reife, das in wenigen Wochen mehr und höheres wirkte, als jahrzehntelange Friedensarbeit.“*[163]

Unabhängig von der Zugehörigkeit zu den politischen Parteien sei plötzlich der Wille erkennbar geworden, am Burgfrieden als einer dauerhaften Einrichtung des politischen Lebens auch nach dem Kriege festzuhalten.[164] Um dies zu gewährleisten sei die FVV geschaffen worden. Zu groß sei die Gefahr, dass nach dem Kriege die politische Betätigung wieder in die Spuren der Alltäglichkeit einlenke. Die FVV solle in dieser Beziehung ein Mahner sein, ein Organ, das der, in der neuen Zeit heranwachsenden Jugend die Traditionen aus der großen Zeit sichern und übergeben solle.[165] Aus diesem Grunde dürfe sich die FVV jedoch nicht in tagespolitische Fragen verwickeln. Ein solches Vorgehen würde lediglich dazu führen, dass die FVV sich in kürzester Zeit mit allen gesellschaftlichen Gruppen im Streit befinden müsse und ihre Auflösung dann kaum noch zu verhindern wäre. Vielmehr dürfe sich die FVV nur mit solchen Fragen beschäftigen, die von vaterländischem Range oder von grundsätzlicher nationaler,

---

162 Wilhelm Kahl, Eröffnungsansprache des Vorsitzenden, in Die Freie Vaterländische Vereinigung, Berlin 1915, S. 31.

163 Wilhelm Kahl, Eröffnungsansprache des Vorsitzenden, in Die Freie Vaterländische Vereinigung, Berlin 1915, S. 32.

164 Wilhelm Kahl, Eröffnungsansprache des Vorsitzenden, in Die Freie Vaterländische Vereinigung, Berlin 1915, S. 32.

165 Wilhelm Kahl, Eröffnungsansprache des Vorsitzenden, in Die Freie Vaterländische Vereinigung, Berlin 1915, S. 35.

wirtschaftlicher und sozialer Bedeutung seien. Um dieses Ziel erreichen zu können, sei die Bildung von Landes- und Ortsgruppen erforderlich, zu deren Unterstützung sich die Teilnehmer der Versammlung bereit erklärten.[166] Auch Frauen sollten der FVV beitreten können.[167]

In seiner Schrift „An die Deutschen im Reiche" fasste Kahl die Ziele der FVV zusammen:

*„Die FVV soll nach dem dort erstatteten Referate des Vorsitzenden das Verlangen zu verwirklichen suchen, das offenkundig schon jetzt in Millionen deutscher Herzen lebendig ist: den inneren Gewinn des Krieges auch für unser innenpolitisches Staats- und Volksleben sicherzustellen. Die allgemeine Stimmung ist: es darf darin so nicht fortgehen, wie es war! Denn zwischen Kriegsbeginn und dem zu erwartenden Tage des Friedens liegt ein Neues, das Vergangenheit und Zukunft gleichsam in zwei verschiedene Zeitalter schneidet, liegt das ungeheure Erlebnis der Wahrheit, der Realität der Einheit und Einigkeit des ganzen deutschen Volkes."*[168]

Man dürfe sich nicht darüber täuschen, dass nach dem Krieg ein dauerhafter Friede nicht leicht zu halten sein werde. Aus diesem Grunde müsse Deutschland wehrhaft bleiben. Dieses Ziel sei allein durch Sicherung dauernder Einheit des Volkstums zu erreichen.[169]

Der FVV gelang es nicht, sich mit ihren Zielen durchzusetzen. Trotz vielfältiger Bemühungen und staatlicher Finanzierung kam eine überparteiliche Basis für die Konzeption der Reichsleitung nicht zustande.[170] Letztmals trat die FVV mit einer Kundgebung am 13. Mai 1916 in der Öffentlichkeit auf.[171]

## 3. Politische Reden vor dem Ende des Ersten Weltkriegs

Abgesehen von seinen Mitgliedschaften in der Nationalliberalen Partei und der Freien Vaterländischen Vereinigung sowie einer Kandidatur für den Reichstag im Wahlkreis Erlangen-Fürth im Jahre 1893[172] begann Kahls eigentliche politische Karriere erst gegen Ende des Ersten Weltkrieges. Die Entscheidung sich im

---

[166] Wilhelm Kahl, Eröffnungsansprache des Vorsitzenden, in Die Freie Vaterländische Vereinigung, Berlin 1915 , S. 26.

[167] Wilhelm Kahl, Eröffnungsansprache des Vorsitzenden, in Die Freie Vaterländische Vereinigung, Berlin 1915, S. 28.

[168] Wilhelm Kahl, An die Deutschen im Reiche, in Die Freie Vaterländische Vereinigung, Berlin 1915, S. 11.

[169] Wilhelm Kahl, An die Deutschen im Reiche, in Die Freie Vaterländische Vereinigung, Berlin 1915, S. 12.

[170] Dieter Fricke, Lexikon zur Parteiengeschichte, Die bürgerlichen und kleinbürgerlichen Parteien und Verbände in Deutschland, Band II, Köln 1984, S. 664.

[171] Dieter Fricke, Lexikon zur Parteiengeschichte, Die bürgerlichen und kleinbürgerlichen Parteien und Verbände in Deutschland, Band II, Köln 1984, S. 664.

[172] UAB, PA 3776; Kahl bat in diesem Schreiben um die Gewährung von Urlaub für die Zeit vom 7.-10. Juni, um den ihm von der Nationalliberalen Partei angebotenen Wahlkreis Erlangen - Fürth besuchen zu können.

Kaiserreich nicht weiter politisch zu betätigen, lag für Kahl in seiner Zufriedenheit mit den herrschenden politischen Verhältnissen. Vor allem war er ein leidenschaftlicher Verehrer Bismarcks[173] sowie der Monarchie. Nach einem Besuch bei Bismarck am 27. Mai 1893 in Friedrichsruh notierte Kahl:[174]

*„(...) Uns war im Frack und Zylinder zumute, als ob wir ins Examen müssten. Schon von weitem war der prachtvolle Kopf des Fürsten zu sehen. Unsere Spannung und Erregung des Augenblicks in Erwartung des Kommenden war übermächtig. Ich wollte eine fein ausgedachte Rede von überströmenden Gefühlen vom Stapel lassen. Sie steckt mir heute noch in der Kehle. (...) Mit tiefer Wehmut und wahrhaftigem Schmerz hat uns alle beim Abschied der Gedanke erfüllt, daß diese wunderbare, ungebrochene Kraft, die noch so viel zum Heil des Vaterlandes beitragen könnte, untätig zur Seite bleiben muß."*

Seine Verehrung für Bismarck kam zudem in einem 1915 in der DJZ veröffentlichten Artikel zum Ausdruck:

*„Allen Deutschen hat er das Gleiche und Höchste gewirkt, Einheit des Vaterlandes. Daran denkt jeder heute mit unauflöslicher Dankbarkeit und in ewiger Treue zuerst. (...) Der ganze Rechtsbau unseres Reiches ist sein Werk, nicht in den Grundmauern allein, auch in unzähligen Teilen und Räumen seiner rechtlichen Ausstattung. (...) Die ganze Rechts- und Friedensordnung im Reich, unter der wir leben aus der wir Einheit und Freiheit, Macht und Ansehen, Kraft und Sieg schöpfen dürfen ist seines Geistes Werk. Auch das folgende wird in seinen Spuren und Bahnen gehen."*[175]

Obwohl Kahl *„in rechtlichem und rechtspolitischem gegen ihn gestritten und um die bessere Einsicht mit ihm gerungen hatte"*,[176] folgte er nahezu kritiklos der bismarckschen Politik, und ließ ihm eigene politische Arbeit im Reichstag unnötig erscheinen. Er ging bis zum Ende des Ersten Weltkrieges davon aus, dass sich das bestehende politische System des Deutschen Reiches auch im 20. Jahrhundert nicht ändern werde. So berichtete er 1931:[177]

*„Als wir Bismarcks Reich empfingen, stellten wir die Frage nach seiner Dauer natürlich nicht. Im neuen Reich sahen wir die endgültige Form unseres staatlichen und nationalen Glücks für unabsehbare Zeit. Stand doch auch in der vorläufigen wie nochmals in der endgültigen Verfassung vom 16. April 1871: Wir schließen einen ewigen Bund. Einen Narren hätten wir gescholten, der uns hätte weissagen wollen: 47 Jahre, 10 Monate, 8 Tage."*

So gab es zu Beginn des Ersten Weltkrieges für ihn keinen Zweifel am künftigen Sieg. An einer am 9. Oktober 1914 gehaltenen Rede wurde dies deutlich:

---

[173] Hans Liermann, Wilhelm Kahl, in Fränkische Lebensbilder, Herausgegeben im Auftrag der Gesellschaft für fränkische Geschichte, Band III, Würzburg 1969, S. 322.

[174] Persönliche Aufzeichnungen von Prof. Dr. Wilhelm Kahl, erschienen als Sonderdruck aus „Bismarck, Die gesammelten Werke", zit. aus Alsberg, Wilhelm Kahl, Berlin 1929, S. 75 ff.

[175] Wilhelm Kahl, Bismarck, DJZ 1915, Sp. 329 – 357.

[176] Wilhelm Kahl, Bismarck, DJZ 1915, Sp. 357.

[177] Wilhelm Kahl, Staat und Volk, Rede bei der Reichsgründungsfeier der Reichsregierung im Reichstag am 18. Januar 1931, Berlin 1931, S. 4.

*„Im Mittelpunkt unseres Denkens und Treibens steht das Vaterland. Das andere denken und treiben wir sozusagen nebenbei, weil der unerbittliche Lauf der Tagespflicht es fordert. Auf dem Grund der Seele lebt allbeherrschend die Gedankenwelt von Kaiser und Reich, Heer und Wehr, Krieg und Sieg."*[178]

So warb Kahl vor dem Ersten Weltkrieg für die Politik Bismarcks, die Monarchie, und für ein starkes Heer. In einer, in der Berliner Universität gehaltenen Rede zur Feier des Geburtstages von Kaiser Wilhelm II erklärte er 1897:

*„In alter Ehrfurcht und Liebe grüßen heute die Bürger unserer Hochschule ihren Kaiser, ihren König und Herrn, an der Schwelle eines neuen, will's Gott, reich gesegneten Regierungs- und Lebensjahres. Alle eins in der Innigkeit aufrichtiger Glück- und Segenswünsche, in der Erneuerung des Gelübdes der Treue auf Leben und Tod, in der reinen Begeisterung für König und Vaterland, in der Empfindung grenzenloser Dankbarkeit für den Reichtum an nationalem Glück, welches das deutsche, und insbesondere das preußische Volk von dem Fürstengeschlechte der Hohenzollern empfangen hat. (...)*

*Die Tage seines Gedächtnisses werden das Band der Liebe und des Vertrauens zwischen Kaiser und Volk von neuem binden, es von neuem heben auf heilige Höhen der Begeisterung aus jener großen Zeit des Kampfes und des Siegs. Unter keinem schöneren Zeichen könnte der Beginn des neuen Lebensjahres unseres Kaisers stehen. Möge es ihm reichlich Früchte bringen der vertrauten Liebe eines dankbar glücklichen Volkes! Gottes Gnade walte über seinem Haupte, seinem Haus und seinem königlichen Amt."*[179]

Nach Ausbruch des Ersten Weltkrieges rechtfertigte Kahl in Reden, den „gerechten Krieg" und wies die Verantwortung für dessen Ausbruch allein England, Frankreich und Russland zu. So sprach er in seinem 1914 veröffentlichten Artikel *„Vom Recht zum Kriege und vom Siegespreis"* von einem gerechten Krieg, den das Deutsche Reich zu führen habe, von einem Kriege, in welchem deutsche Soldaten *„den Ehrschild der Menschlichkeit und Ritterlichkeit reinhalten"*, in welchem die Tötung von Feinden nur nach gutem Kriegsrecht zur Wehr in echter Not stattfinden werde:

*„Wo aber deutsche Soldaten zur Brandfackel oder gar zur Tötung eines Bürgers schreiten mussten, geschah es nach gutem Kriegsrecht zur Wehr in echter Not. Nach ihrem Herzen teilen sie lieber mit dem Feinde Suppe und Brot. So haben wir es schon 1870 getan, und so geschieht es noch heute. Diesen Geist der Menschlichkeit wollen wir halten und pflegen bis zum Ende."*[180]

---

178 Wilhelm Kahl, Vom Recht zum Kriege und vom Siegespreis, aus Deutsche Reden in Schwerer Zeit, Berlin 1915, S. 171.

179 Bekenntnisgebundenheit und Lehrfreiheit, Wilhelm Kahl, Rede zur Feier des Geburtstages seiner Majestät des Kaisers und Königs am 27. Januar 1897 (gehalten in der Aula der königlichen Friedrich-Wilhelms Universität in Berlin), Berlin 1897.

180 Wilhelm Kahl, Vom Recht zum Kriege und vom Siegespreis, Deutsche Reden in schwerer Zeit, gehalten von Professoren an der Universität Berlin, Herausgegeben von der Zentralstelle für Volkswohlfahrt und dem Verein für volkstümliche Kurse von Berliner Hochschullehrern, Band I, Berlin 1915, S. 173.

Er wolle nicht zum Lobpreis und zur Verherrlichung des Krieges schreiten, dennoch lasse sich vieles und hohes sagen von dessen volkserzieherischer Kraft, von seinem volkserlösenden Beruf aus Nacht und Dunkel.[181] Der Krieg sei ein gerechter Verteidigungskrieg:

*„Ich brauche sie nicht aufrollen, die Kette der Tatsachen von jenem Tage, als im Sonntagsfrieden ein Schurke Königsmord beging, bis zu den Tagen, da einer nach dem anderen, der mit Lüge, der mit Rachsucht, der um sein Geschäft zu machen den Frieden brach! Von Dreien überfallen in vier Tagen an unseren Grenzen Ost und West, von den anderen Genossen des Verbrechens, gleisnerisch verführt, zu schweigen."*[182]

Zwar klinge die Frage nach einem gerechten Krieg sonderbar, doch seien die Deutschen durchdrungen von der Überzeugung, nur gerechte Kriege führen zu dürfen. Man müsse die Frage dennoch stellen, um denjenigen eine Antwort zu geben, die redlich enttäuscht seien wegen des Zusammenbruchs ihrer Träume vom ewigen Frieden.[183] Ihnen müsse jedoch gesagt werden, dass es den ewigen Frieden nicht geben könne. Dieser Gedanke sei Irrwahn, kein Ideal, nicht einmal ein kulturelles Ideal.

*„Völker eines ewigen Friedens sicher und gewiss, müssen entnerven. Es ist nicht so, daß sie erst die Kraft und Mittel fänden sich mit vollkommenem Erfolge den Aufgaben der Kultur zu widmen. Sie würden die Nervenstärke und die Spannkraft der Muskeln, den Ehrgeiz und die Energie verlieren, ohne die auch geistige und wirtschaftliche Kultur nicht blühen kann. Lange Friedenszeiten sind sicher ein Segen und ein Glück. Unsegen und Unglück würden sie als ein den Menschen ewig garantiertes Gut. Ist der Krieg ein geschichtliches Naturgesetz, dann ist er auch als Zulassung göttlicher Weltordnung zu verstehen, als Gottesurteil ewiger Gerechtigkeit, als Vollstrecker des Weltgerichts in diesem Sinn. (...) Ich frage nur, was können die Menschen tun? Abschaffen können sie ihn nicht.*[184] *(...) Wo's um die Ehre eines Volkes geht, da greift es mit Naturnotwendigkeit zum Schwert."*[185]

In seiner Rede „Pessimismus und Optimismus im Kriege"[186] vom 8. Januar 1915 führte Kahl aus:

*„Schwere Opfer sind gebracht, schwere werden folgen müssen. Wir waren von Anfang bis hierher stark. Wir müssen stark bleiben. (...) Aber es ist an sich auch etwas herrliches, das Leben einsetzen für Freiheit und Vaterland, den Sieg vor Augen. (...)*

---

[181] Wilhelm Kahl, Vom Recht zum Kriege und vom Siegespreis, Deutsche Reden in schwerer Zeit, Band I, Berlin 1915, S. 175.

[182] Wilhelm Kahl, Vom Recht zum Kriege und vom Siegespreis, Deutsche Reden in schwerer Zeit, Band I, Berlin 1915, S. 179.

[183] Wilhelm Kahl, Vom Recht zum Kriege und vom Siegespreis, Deutsche Reden in schwerer Zeit, Band I, Berlin 1915, S. 172.

[184] Wilhelm Kahl, Vom Recht zum Kriege und vom Siegespreis, Deutsche Reden in schwerer Zeit, Band I, Berlin 1915, S. 177.

[185] Wilhelm Kahl, Vom Recht zum Kriege und vom Siegespreis, Deutsche Reden in schwerer Zeit, Band I, Berlin 1915, S. 179.

[186] Wilhelm Kahl, Vom Pessimismus und Optimismus im Kriege, Deutsche Reden in schwerer Zeit, Band II, Berlin 1915, S. 89 – 114.

*Der Kampf fürs Vaterland hebt auf eine Höhe des Glücks, die weit hinausragt über das Maß des Alltäglichen. Unser kämpfendes und siegendes Heer ist ein fröhliches Heer. (...)*

*Fehlte mir nicht die Jugend, ich wüsste wo ich meinen Kampfplatz zu wählen hätte. Viele Veteranen werden so mit mir denken. (...)*

*Die schnellen Erstlingssiege waren überaus wertvoll an sich, Zeugnisse des alten furor teutonicus. (...) Jetzt aber raffen sich die Feinde im Westen zusammen. Und sie sind tapfer. So muß es sein. Über Schwächlinge und Feiglinge zu siegen ist für Deutschland kein Ruhm. (...)*

*Deutschland hat ein gutes Gewissen. Nicht pharisäisch gesprochen, sondern vor Gott und der Welt bekannt als Ergebnis gerecht wägenden Urteils über die Schuld am Krieg und an der Art und Weise seiner Führung. Das reine nationale Gewissen war von der ersten Stunde an die Hauptkraftquelle unseres Erfolges. (...)*

*Immer wieder hat der klar sehende und starke Steuermann durch Wogen und Brandungen den Friedenskurs gewählt. Wohl hat er mit weitschauendem Blick und eiserner Energie sein Reichsschiff gerüstet und stark gemacht gegen eine Welt von Feinden, gelegentlich auch erlösend markig deutschem Wort übermütige Widersacher verwarnt. (...) Aber er hat bis zur letzten Stunde für den Frieden gearbeitet. Davon hat das Vaterland jetzt den Lohn, das reine nationale Gewissen.“*[187]

Anlässlich des Ausscheidens Italiens aus dem Dreibund am 14. Juni 1915 verurteilte er die Haltung der italienischen Regierung.[188]

*„Dem Deutschen ist nichts so widerlich als Treubruch. (...) Italien hat die Zukunft seines staatlichen Ansehens verwirkt. Ehre verloren, alles verloren, Glauben, Vertrauen, Bündnisfähigkeit. (...) Armes italienisches Volk! Auch du bist von deinen Führern verraten. Nein, die Sache kann nicht gut ausgehen, dazu war der Verrat zu plump, zu niedrig und zu töricht in Szene gesetzt. Außerdem gibt es eherne Vergeltungsgesetze der Weltgeschichte. Endlich lebt ein gerechter Gott. (...) Was aber zu tun unserer Schuldigkeit ist, komme, was wolle, das wissen wir: aushalten, durchhalten, Treue halten!“*

In einer Rede „An die Deutschen im Reiche“[189] erklärte er 1915, zwischen Kriegsbeginn und dem Tage des zu erwartenden Friedens liege ein Neues, das Vergangenheit und Zukunft, gleichsam zwei verschiedene Zeitalter, voneinander schneide, nämlich das ungeheure Erlebnis der Wahrheit, der Realität der Einheit und Einigkeit des ganzen deutschen Volkes. Nicht wenigstens alles zu versuchen, um dies zu bewahren, wäre Undankbarkeit, gegen Gott und den weltgeschichtlichen Auftrag des deutschen Volkes, die sich rächen müsste.

---

[187] Wilhelm Kahl, Vom Pessimismus und Optimismus im Kriege, Deutsche Reden in schwerer Zeit, Band II, Berlin 1915, S. 97 ff.

[188] Wilhelm Kahl, Dreibund-Treubund, Deutsche Reden in schwerer Zeit, Band III, Berlin1915, S. 177-205.

[189] In Die Freie vaterländische Vereinigung, Urkunden ihrer Gründung und Entwicklung, Berlin 1915, S. 11-23.

## II. Politische Arbeit nach dem Ersten Weltkrieg

Erst nach dem verlorenen Weltkrieg, an dem er während seiner Ferien als Bote des Roten Kreuzes teilnahm,[190] wurde Kahl politisch in größerem Maße tätig, zunächst als Abgeordneter der Deutschen Volkspartei in der verfassungsgebenden Nationalversammlung, später als Abgeordneter der DVP im Reichstag. Neben dieser parlamentarischen Tätigkeit trat er nun auch parteipolitisch stärker in Erscheinung. So war er Mitglied des Zentralvorstandes sowie Vorsitzender sämtlicher Parteitage der DVP. Zudem wurde er vom geschäftsführenden Ausschuss der DVP am 01.05.1919 dazu bestimmt, neben den beiden Vorsitzenden des geschäftsführenden Ausschusses, den Fraktionsvorsitzenden der Nationalversammlung und der preußischen Landesversammlung die Passagen der inneren und äußeren Politik des Parteiprogramms zu entwerfen.[191] Gegen Ende seines Lebens nahm er auch an den Sitzungen der meisten übrigen Gremien der DVP teil. Dr. Wunderlich führte dazu aus:

*„Aber als nach dem traurigen Ende des Weltkrieges alles zusammenzubrechen drohte, da hielt es Kahl nicht länger in der Studierstube, und er trat in einem Alter, da andere sich von dem öffentlichen Leben zurückzuziehen pflegen, mit jugendlicher Frische und ungebrochenem Tatendrang in die politische Arena."*[192]

Kahl selber sagte zu dieser verstärkten politischen Tätigkeit:[193]

*„Ich habe mich wahrlich nicht dazu gedrängt, hatte aber auch keine freie Wahl, ob ich dem Vertrauensruf nach Weimar folgen soll oder nicht. Ich konnte nicht anders, es war Rettung der Persönlichkeit. Nicht Neigung zum parlamentarischen Beruf, den ich zuvor von Erlangen und Bonn aus mehrfach abgelehnt hatte, nicht Verdienst, sondern kategorischer Imperativ."*

In einer Stellungnahme auf einer Sitzung des geschäftsführenden Ausschusses der DVP in Berlin erklärte er, er wolle sich in der Nationalversammlung den Fragen der Reichsverfassung und der Ordnung der Verhältnisse von Kirche und Staat widmen. Sobald dies erledigt sei, habe er kein weiteres Interesse am Verbleiben im Parlamente. Er hoffe, dass die Arbeit in der Nationalversammlung der Anfang und das Ende seiner parlamentarischen Tätigkeit sein werde.[194] Ziel seiner politischen Arbeit sei es: *„Den alten Geist im neuen Reich"*[195] zu stärken.

---

[190] AHUB, UK Kahl 15 , Blatt 3.

[191] BAK R 45 II / 50, 51.

[192] Carl Wunderlich, Wilhelm Kahl †, Ein Gedenkwort, DJZ 1932, Sp. 699.

[193] Wilhelm Kahl, Schlussrede und Dankwort anlässlich der Feier seines 80. Geburtstages im Zoologischen Garten zu Berlin am 17. Juni 1929, in Wilhelm Kahl zum Gedächtnis, Berlin 1932, S. 42.

[194] Sitzung des Geschäftsführenden Ausschusses in Berlin am 29. Januar 1919, BAK R 45 II / 50, S. 3.

[195] Georg Maas, Die verfassungsgebende deutsche Nationalversammlung, Lebensgang, Lebensarbeit, Lebensziele ihrer Mitglieder nach eigenen Mitteilungen und mit Bildnissen, Charlottenburg 1919, S. 96 / 97.

Auch in seiner Dankesrede zum 80. Geburtstag sprach Kahl über seine Beweggründe, sich nach dem verlorenen Krieg politisch in höherem Maße einzusetzen:[196]

*„(...) Ich kann Ihnen versichern, daß der Dienst, den ich hier leisten darf, mit zu meinem höchsten Lebensglück gerade in der ärmsten Zeit des Vaterlandes gereicht. Ich bin nicht in die Nationalversammlung, nicht in den Reichstag eingetreten aus Liebhaberei zur Politik oder gar aus dem Gedanken, als ob mir auf dem politischen Gebiet ein besonderer Beruf und eine besondere Befähigung zukämen. Was mich in diesen Kreis getrieben hat und was mich hier hält, ist heißeste Liebe zum Vaterland, der brennende Wunsch, an irgendeiner Stelle mitzuarbeiten am Wiederaufbau des Staates.*

*Nationalversammlung und nachfolgend der Deutsche Reichstag ist das höchste und vornehmste Organ, berufen zur Aufrichtung, zum Wiederaufbau unseres geliebten Vaterlandes. Lediglich in diesem Sinne habe ich meine Tätigkeit ausgeübt, lediglich mit dem Ziel, kleine Bausteine zu diesem Wiederaufbau beitragen zu können."*

## 1. Mitgliedschaft in der DVP

### a. Die DVP

Nach dem Zusammenbruch des Kaiserreichs im November 1918 formierten sich die Parteien neu.[197] Nachdem die Aufnahme von Politikern wie Gustav Stresemann von der DDP wegen deren annexionistischen Haltung während des Ersten Weltkrieges abgelehnt worden war,[198] schloss sich am 15. Dezember 1918 der von Stresemann geführte rechte Flügel der ehemaligen Nationalliberalen Partei und ein Teil der früheren fortschrittlichen Partei[199] zur Deutschen Volkspartei zusammen.[200] Die DVP stand der Verfassung der Weimarer Republik zunächst ablehnend gegenüber, näherte sich jedoch unter dem Vorsitz des „Vernunftrepublikaners"[201] Stresemann allmählich der neuen Staatsform an. Die im Oktober 1919 veröffentlichten Grundsätze der DVP betonten noch die Notwendigkeit nationaler Machtpolitik und forderten noch die Wiederherstellung der Monarchie.[202] Die DVP bekannte sich offen zu den Reichsfarben schwarz-weiß-rot,

---

[196] Stenographische Berichte des Reichstags, Band 425, S. 2568.

[197] Paul Elzbacher, Die neuen Parteien und ihre Programme, zgl. Ein Wegweiser durch das neue Wahlrecht, Berlin 1919, S. 8.

[198] BAK R 45 II / 1, 1ff; BAK R 45 II / 1, 122; Theodor Eschenburg, Ulrich Frank-Planitz, Gustav Stresemann, Stuttgart 1978, S. 42.

[199] BAK R 45 II / 1, 211 ff.

[200] Ludwig Richter, Die Deutsche Volkspartei, Düsseldorf 2002, S. 37.

[201] Theodor Eschenburg, Ulrich Frank-Planitz, Gustav Stresemann, Stuttgart 1978, S. 43; Kahl war wohl derjenige der den Ausdruck „Vernunftrepublikaner" prägte, John P. Birkelund, Gustav Stresemann, Patriot und Staatsmann, S. 264.

[202] Auf dem 2. Parteitag der DVP im Oktober 1919 wich das Parteiprogramm bei der Frage Monarchie oder Republik auf eine Kompromissformel aus: Die DVP sehe in einem durch freien Volksentschluss gesetzmäßig aufzurichtenden Kaisertum das „Sinnbild deutscher Ein-

zum deutschen Recht auf Kolonien[203] sowie zur Freiheit der Wirtschaft.[204] Die DVP bezeichnete sich als „wirtschaftsfreundliche“ und „kapitalistisch orientierte“ Partei.[205] Von der Schwerindustrie unterstützt[206] stand die DVP im Gegensatz zu den politischen Zielen der SPD. Wie die weiter rechts stehende Deutschnationale Volkspartei lehnte die DVP als Partei des „nationalen Liberalismus“ die Revolution von 1918/19 ab.[207] Sie hielt hingegen Distanz zu dem in deutschnationalen Kreisen vortretenden Antisemitismus. Dem Putsch des obersten Reichswehrgenerals Walther von Lüttwitz im März 1920 brachte die DVP mehr Sympathie entgegen als die Deutschnationalen, zu deren Mitgliedern der von Lüttwitz zum Reichskanzler ernannte Wolfgang Kapp zählte.[208] Während die linksliberale Presse das undurchsichtige Verhalten Stresemanns und der DVP während des Putsches heftig kritisierte, erreichte die DVP bei der Reichstagswahl vom 6. Juni 1920 mit knapp 14 % aller Stimmen ihr bestes Ergebnis überhaupt.[209] Mit dem Beitritt zu der unter Konstantin Fehrenbach im Juni 1920 gebildeten Koalition von Zentrum und DDP beteiligte sich die DVP – trotz ihrer Vorbehalte gegenüber der Republik – erstmals an einer Reichsregierung.[210] Knapp ein Jahr später zerbrach die Koalition, weil führende Köpfe der DVP das Londoner Ultimatum der Alliierten ablehnten, um nicht als „Erfüllungspolitiker“ zu gelten.[211] Im November 1922 beteiligte sich die DVP erneut an einer Reichsregierung. Sie bildete mit dem Zentrum, der DDP und der Bayerischen Volkspartei (BVP) die von dem parteilosen Wilhelm Cuno geführte Regierung, der weitere parteilose "Fachminister" angehörten.[212] Doch auch diesem Kabinett gelang es nicht, sich mit den Alliierten über die Frage der Reparationen zu verständigen und die inzwischen äußerst bedrohliche Inflation[213] in den Griff zu

---

heit“ und die für das deutsche Volk nach seiner Geschichte und Wesensart „geeignetste Staatsform“, doch sei die DVP bereit innerhalb der jetzigen Staatsform mitzuarbeiten.

203 Ernst Rudolf Huber, Deutsche Verfassungsgeschichte, Band V, Stuttgart 1978, S. 981.

204 Ernst Rudolf Huber, Deutsche Verfassungsgeschichte, Band V, Stuttgart 1978, S. 981.

205 Dieter Fricke, Lexikon zur Parteiengeschichte, Die bürgerlichen und kleinbürgerlichen Parteien und Verbände in Deutschland, Band II, Köln 1984, S. 414.

206 Dieter Fricke, Lexikon zur Parteiengeschichte, Die bürgerlichen und kleinbürgerlichen Parteien und Verbände in Deutschland, Band II, Köln 1984, S. 418-419.

207 Wolfgang Stresemann, Mein Vater Gustav Stresemann, München 1979, S. 168.

208 Dieter Fricke, Lexikon zur Parteiengeschichte, Die bürgerlichen und kleinbürgerlichen Parteien und Verbände in Deutschland, Band II, Köln 1984, S. 428.

209 Theodor Eschenburg, Ulrich Frank-Planitz, Gustav Stresemann, Stuttgart 1978, S. 49.

210 Theodor Eschenburg, Ulrich Frank-Planitz, Gusatv Stresemann, Stuttgart 1978, S. 49.

211 Dieter Fricke, Lexikon zur Parteiengeschichte, Die bürgerlichen und kleinbürgerlichen Parteien und Verbände in Deutschland, Band II, Köln 1984, S. 430.

212 Ludwig Richter, Die Deutsche Volkspartei, Düsseldorf 2002, S. 264.

213 Kurt Koszyk, Gustav Stresemann, Der kaisertreue Demokrat, Eine Biographie, Köln 1989, S. 256.

bekommen, was zum Rücktritt der Regierung im August 1923 führte.[214] Ihr folgte am 13. August eine von Gustav Stresemann geführte Regierung der Großen Koalition von DVP, Zentrum, DDP und SPD, in der Stresemann zugleich das Amt des Außenministers übernahm.[215] Nachdem die SPD auf dem Höhepunkt der innenpolitischen Krise der Regierung Stresemann im November 1923[216] das Vertrauen entzogen hatte, bildete der Zentrumspolitiker Wilhelm Marx eine neue Koalition aus Zentrum, BVP, DVP und DDP,[217] der Stresemann weiterhin als Außenminister angehörte. Dieses Amt übte er bis zu seinem Tode am 3. Oktober 1929 aus und setzte seine Politik der Verständigung mit den Alliierten gegen den Widerstand des rechten, der Schwerindustrie nahe stehenden Flügels seiner Partei, konsequent fort. Doch trotz der außenpolitischen Erfolge Stresemanns - vom Dawes-Plan[218] über die Konferenz von Locarno[219] und den Beitritt Deutschlands zum Völkerbund[220] bis zur Annahme des Young-Plans - und trotz ihrer guten finanziellen Ausstattung durch die Industrie verlor die DVP nach 1920 kontinuierlich Stimmen an die DNVP,[221] später auch an die Nationalsozialistische Deutsche Arbeiterpartei (NSDAP). Bei den Reichstagswahlen im März 1933 konnte sie nur noch 2 Mandate erringen und die Wahlkreisverbände begannen sich aufzulösen.[222]

Nachdem O. Hugo, einer der beiden letzten Mandatsträger der DVP zur NSDAP übergetreten war, unterschrieb Eduard Dingeldey am 4. Juli 1933 die Auflösungserklärung der Partei.

### b. Kahls Wirken in der Deutschen Volkspartei

Nach dem Ende des Ersten Weltkrieges und der Spaltung der Nationalliberalen Partei schloss Kahl sich der an Stresemann orientierten Deutschen Volkspartei an. Außer der im Gegensatz zur DDP eher rechtsliberalen Politik der DVP[223] mag auch sein stets freundschaftliches Verhältnis[224] zu Stresemann Kahls Entschluss beeinflusst haben, den Gründungsaufruf der DVP zu unterzeichnen. Wie eng das Verhältnis beider zueinander war lässt sich daran erkennen, dass Stre-

[214] Theodor Eschenburg, Ulrich Frank-Planitz, Gustav Stresemann, Stuttgart 1978, S. 61.
[215] Theodor Eschenburg, Ulrich Frank-Planitz, Gustav Stresemann, Stuttgart 1978, S. 62.
[216] Ludwig Richter, Die Deutsche Volkspartei, Düsseldorf 2002, S. 302.
[217] Ludwig Richter, Die Deutsche Volkspartei, Düsseldorf 2002, S. 305.
[218] Karl Heinrich Pohl, Politiker und Bürger, Gustav Stresemann und seine Zeit, Göttingen 2002, S. 238.
[219] Wolfgang Stresemann, Mein Vater Gustav Stresemann, München 1979, S. 605 – 606.
[220] Otto Kimminich, Deutsche Verfassungsgeschichte, Frankfurt am Main 1970, S. 485.
[221] Karl Heinrich Pohl, Politiker und Bürger, Gustav Stresemann und seine Zeit, Göttingen 2002, S. 171.
[222] Dieter Fricke, Lexikon zur Parteiengeschichte, Die bürgerlichen und kleinbürgerlichen Parteien und Verbände in Deutschland, Band II, Köln 1984, S. 437.
[223] Ludwig Richter, Die Deutsche Volkspartei, Düsseldorf 2002, S. 31.
[224] John P. Birkelund, Gustav Stresemann, Patriot und Staatsmann, Hamburg 2003, S. 168.

semann ihm allweihnachtlich eine Kiste Zigarren schickte um sich für dessen Treue und Verbundenheit zu bedanken.[225]

In der Fraktion der Deutschen Volkspartei galt Kahl als der treueste Gefolgsmann Stresemanns, dessen Rat jener für sich als unentbehrlich ansah.[226] So schrieb Stresemann, getragen von Rückzugsgedanken aus Partei und Politik, am 13. März 1929 an Kahl:

*„Ich will diese Dinge nach den Ostertagen nach meiner Rückkehr nach Berlin weiterverfolgen. Ehe ich es tue, hätte ich gerne zu meiner inneren Beruhigung die Auffassung eines Mannes gehört, der wie Sie, verehrter Herr Geheimrat Kahl, die Dinge in abgeklärter Weise ansieht, und von dem ich überzeugt bin, daß er mir nicht ein irgendwie geschminktes, sondern offenes und rückhaltloses Bild der Lage und der daraus für mich sich ergebenden Konsequenzen zeigen wird."*[227]

Stresemanns Sohn Wolfgang bestätigte das Bild von der Freundschaft Kahls zu Stresemann:[228]

*„Es gab noch andere nach rechts tendierende Abgeordnete, aber eine sehr deutliche Mehrheit unterstützte meinen Vater. Da war der von allen hochverehrte Staatsrechtler Professor Kahl, einer der letzten Augenzeugen der Kaiserkrönung in Versailles."*

Auch Radbruch (SPD) beschäftigte sich mit dem Verhältnis Kahls zu Stresemann. So schrieb er in seinen Erinnerungen zu diesem:[229]

*„Die Deutsche Volkspartei erwies sich aber nicht nur als eine Schwierigkeit für die gesamte Politik, sondern auch für Stresemann persönlich: es spielten sich immer wieder innerhalb seiner eigenen Partei in seinem Rücken aufreibende Intrigen ab, bei denen aber der alte Prof. Wilhelm Kahl ihm als ein getreuer Eckart zur Seite stand."*

### aa. Vorsitzender der Parteitage

Seit 1919 war Wilhelm Kahl Vorsitzender sämtlicher Parteitage der Deutschen Volkspartei, deren Ehrenvorsitzender sowie Mitglied ihres Zentralvorstandes.[230]

Der Parteitag konnte nur durch Beschluss des Zentralvorstandes einberufen werden, und hatte nur wenig Befugnisse. Ganz im Gegensatz zu den Nationalliberalen – bei denen der Parteitag höchste Instanz gewesen war – war der Partei-

---

[225] Henry Bernhard, Wolfgang Goetz, Paul Wiegler, Gustav Stresemann, Vermächtnis, Der Nachlass in drei Bänden, Band I, Berlin 1932, S. 531.

[226] Henry Bernhard, Wolfgang Goetz, Paul Wiegler, Gustav Stresemann, Vermächtnis, Der Nachlass in drei Bänden, Band III, Berlin 1932, S. 10; Band II, Berlin 1932, S. 413.

[227] Gustav Stresemann an Wilhelm Kahl, in Gustav Stresemann Schriften, S. 245, herausgegeben von Arnold Harttung, Berlin 1976.

[228] Wolfgang Stresemann, Mein Vater Gustav Stresemann, München 1979, S. 194.

[229] Arthur Kaufmann (Hrsg.), Gustav Radbruch, Biographische Schriften, Heidelberg 1988, Band 16, S. 116.

[230] Kurt Koszyk, Gustav Stresemann, Der kaisertreue Demokrat, Eine Biographie, Köln 1989, S. 341.

tag der DVP reiner Akklamations- und Deklarationskörper. Als Wahlkörper für die Führungsgremien fiel er ebenfalls aus[231] und hatte keinen Einfluss auf die Besetzung des Zentralvorstandes, des Reichsausschusses, des geschäftsführenden Ausschusses und des Parteivorsitzes. Diese Maßnahmen konnte der Parteitag nur zur Kenntnis nehmen.[232] Seine Aufgabe beschrieb der Abgeordnete Kempkes in der ersten Sitzung des Zentralvorstandes 1919:

*„Über den Vertretertag hinaus sieht der Entwurf einen Parteitag vor, der nur in ganz seltenen Fällen einmal einberufen werden soll, wenn es sich um eine große, wuchtige Parteidemonstration nach außen hin handelt. Solche Fälle sind denkbar und kommen vor, und daher erscheint es zweckmäßig, im Statut wenigstens die Möglichkeit offen zu lassen, einen viel größeren Kreis von Personen, als sie für den Vertretertag bestimmt sind, zuzulassen, einen Kreis von Personen, der letzten Endes alle eingeschriebenen Parteimitglieder umfasst."*[233]

Kahl definierte die Aufgabe des Parteitages dahin,

*„daß Sie und der ganze Kreis ein Bekenntnis ablegen zu den Wahrheiten, zu den Tatsachen, die der Herr Vortragende (Stresemann) uns vorgelegt hat, damit es als ein einheitliches Zeichen hinaustöne, in die Reihen unserer Gegner und Freunde im Reich."*[234]

Kahls Stellung auf den Parteitagen der DVP beschrieb Gustav Stresemann:

*„Seit 1919 ist Wilhelm Kahl Vorsitzender aller Parteitage der Deutschen Volkspartei gewesen. Die Versammlung von 1000-2000 Menschen hat nie eine Debatte über die Wahl des Vorsitzenden gekannt. Sie liegt in ihrer Hand. Die Stellung des Vorsitzenden dieser Versammlung ist politisch eine bedeutsame. In jeder Partei gibt es Gegensätze, die um die Macht ringen. Aber nie ist in irgendeinem Moment der Gedanke aufgetaucht, daß ein anderer als Kahl die Versammlung leiten könne. Die Form, in der er diese große Versammlung eröffnete, die Begrüßung, die er an die Vertreter des Auslandes richtete, der Dank, den er den Rednern ausspricht, alles ist so fein abgewogen, so sorgfältig überdacht, so stark in der Wirkung, daß niemand wüßte, wer ihn an dieser Stelle ersetzen könnte."*[235]

### aaa. Erster Parteitag der Deutschen Volkspartei[236]

Auf dem ersten Parteitag der DVP in Jena 1919 wurde Wilhelm Kahl auf Vorschlag von Backheuer zum Vorsitzenden gewählt, nachdem er bereits auf der am 12. April 1919 einberufenen ersten Sitzung des Zentralvorstandes von Stresemann zum Vorsitzenden des ersten Parteitages vorgeschlagen worden war. Der Vorschlag erfolgte, nachdem Staatssekretär von Krause seine Teilnahme hatte

---

[231] Eberhard Kolb, Ludwig Richter, Nationalliberalismus in der Weimarer Republik, Die Führungsgremien der DVP 1918 - 1933, Erster Halbband, Düsseldorf 1999, S. 30, 31.
[232] Ludwig Richter, Die Deutsche Volkspartei, Düsseldorf 2002, S. 127.
[233] BAK R 45 II / 34, 253.
[234] Wolfgang Hartenstein, Die Anfänge der Deutschen Volkspartei 1918-1920, Düsseldorf 1962, S. 105.
[235] Gustav Stresemann, Kahl der Politiker und Parlamentarier, DJZ 1929 Sp.800.
[236] Erster Parteitag der Deutschen Volkspartei am 13. April 1919 in Jena.

absagen müssen und wurde einhellig gebilligt.[237] Daraufhin folgend sprach Kahl zunächst die ernste Lage des Vaterlandes an,

*„wie sie sich niemals in der Geschichte des ganzen Vaterlandes, geschweige denn in der Geschichte der nationalliberalen Partei, unserer Vorgängerin, je gefunden hat."* [238]

Aus diesem Ernst der Lage folge eine gesteigerte Verantwortung, der sich die DVP zu stellen habe. Jedem müsse bewusst sein, dass man große und unschätzbare Güter zu bewahren habe. Wegen der Vergangenheit der Partei - die DVP sei immer noch die Partei der Reichsgründung - müsse man dafür sorgen, *„daß das Reich, das einzig noch bestehende aus der Welt der um uns liegenden Trümmer, erhalten bleibe."*[239] Die DVP sei und bleibe die Partei Bismarcks sowie der Kaisertreuen:

*„Wir lassen uns unsere große geschichtliche Vergangenheit niemals rauben und nehmen. Wir sind mit tausend Fäden nicht nur unseres Herzens sondern auch unseres Verstandes auf das, was für unser Vaterland das Beste ist, an unsere Vergangenheit gebunden, und wir sind der Überzeugung, daß das Beste, was die Gegenwart und die nächste Zukunft besitzt, nichts anderes ist, als ein überlieferter Besitz aus der Zeit des deutschen Kaisertums."* [240]

Zwar schließe das Festhalten an der alten Zeit nicht aus, dass man sich neu gestalte, jedoch gleiche man auch in einer neuen Gewandung einem Menschen, der einen neuen Kittel anzieht, in dem das alte, treue deutsche Herz unverändert fortschlage. Neben Schaffung einer neuen Organisation gehöre die Formulierung neuer Inhalte gegenwärtig zu den Hauptaufgaben der Partei. Hierbei könne man sich nicht den Anforderungen der neuen Zeit verschließen, dürfe jedoch nicht *„das große, gute Alte"* aus den Augen lassen. Der neuen Zeit müsse man mit absoluter Unbefangenheit und großem, weiten Blick, mit großzügigen Gedanken entgegentreten und sie zum eigenen Inhalt machen.[241] Auf diesem Vertretertag müsse man in größter Einigkeit und Einmütigkeit verhandeln. Man dürfe nicht das Beispiel der Demokraten nachahmen, die, aus disparaten Elementen zusammengesetzt, bald halb nach links, bald halb nach rechts schwankten.[242] Auch dürfe man sich nicht im Kleinen verlieren:

*„Wenn rings um uns herum die Welt in ihren Fugen kracht, dann kann man immer und überall nur das Große ins Auge fassen. (...) Da müssen wir ein sammelndes Beispiel geben, das Beispiel, daß wir eben nicht mit kleinen Mitteln kämpfen, daß für uns nach wie vor nicht die Partei das Erste ist, sondern aus der alten Zeit nehmen wir in die neue auch den alten schönen Grundsatz mit hinüber: Immer und in jeder Stunde das Vaterland über der Partei."*[243]

---

[237] BAK R 45 II / 34, 313.
[238] Bericht über den ersten Parteitag der Deutschen Volkspartei, S. 6.
[239] Bericht über den ersten Parteitag der Deutschen Volkspartei, S. 7.
[240] Bericht über den ersten Parteitag der Deutschen Volkspartei, S. 7.
[241] Bericht über den ersten Parteitag der Deutschen Volkspartei, S. 7.
[242] Bericht über den ersten Parteitag der Deutschen Volkspartei, S. 7-8.
[243] Bericht über den ersten Parteitag der Deutschen Volkspartei, S. 8.

### bbb. Zweiter Parteitag der Deutschen Volkspartei[244]

Auf dem zweiten Parteitag der DVP vom 18-20 Oktober 1919 in Leipzig gab Kahl den Vorsitz an den Senatspräsidenten Koenige ab, da er selber als Referent an den Verhandlungen beteiligt war. In seiner Rede „Die deutsche Volkspartei und das Reich", referierte er über das Programm der Partei zum Staatswesen.[245] Der Einheitsstaat sei das politische Ziel der DVP, doch sei dieser derzeit nicht erreichbar. Grund für diese Forderung sei die Geschichte Deutschlands:

*„Die Kleinstaaterei in Deutschland war häufig genug Grund und Quelle seiner inneren Zerrissenheit wie seiner politischen Ohnmacht nach außen. Auf diese haben von je her unsere Feinde spekuliert, und auch jetzt wieder haben sie Versuche angesetzt, die Einzelstaaten von Nord und Süd gegeneinander auszuspielen und so unsere Kleinstaaterei zu ihren politischen Zwecken auszunutzen. (...) Schon hier füge ich ein: Als Symbol und zugleich als Klammer dieser Einheit erstreben wir die Wiederauferrichtung eines Volkskaisertums."*[246]

Auf dieses Volkskaisertum ging Kahl im weiteren Verlauf seiner Rede ein. Ihm sei es unverständlich wie Abgeordnete der DDP, bis zum Verlust des Weltkrieges selbst Angehörige der Nationalliberalen Partei und Anhänger der Monarchie, in so kurzer Zeit ihre Ansichten zur Staatsform hätten ändern können und in höhnischer Weise die Abgeordneten der DVP wegen deren Ansichten verspotteten:[247]

*„Wir lehnen ab und bekämpfen, man möge im Übrigen zur Staatsform stehen wie man wolle, möge Republikaner sein oder Monarchist, jede geschichtswidrige und vaterlandslose, pietätlos frivole Kritik an dem geschichtlichen Tatbestande der deutschen Monarchie. (...) Ich meine, die junge Republik, der ich zunächst auf ihrem Lebenswege im Interesse des Vaterlandes alles Gute wünsche, habe ihre beste Ausstattung vom monarchischen Obrigkeitsstaat erhalten, und ohne diese solide Grundlage ihres Reichsbaues hätte sie selbst keine Stund bestehen können. Daher können wir das wohlfeine, geringschätzige kritiklose Achselzucken über unsere großen vaterländischen Werte aus der Vergangenheit nicht ertragen und wollen es nicht ertragen."*[248]

Zwar sei die Republik als solche eine durchaus anerkannte, vollgültige Staatsform. Dies sei jedoch nicht die Frage, die man an dieser Stelle stellen müsse:

*„Die Frage ist für uns nicht die nach der Berechtigung der Republik überhaupt, sondern nach ihrer Berechtigung und Gebrauchsfähigkeit für Deutschland. Ob sie für uns als die durch die Revolution gegebene Dauerform unseres Staates einen Anspruch habe, ob wir uns gewissermaßen jetzt schon auf die Republik als solche einschwören sollen, das ist die Frage, die wir verneinen.*

*Wir wollen die Frage, ob die Zukunft Deutschlands das Gewand der Republik oder der Monarchie an sich tragen werde, dem Urteil der Geschichte anheim stellen. Wir wollen von der*

---

[244] Bericht über den zweiten Parteitag der Deutschen Volkspartei, 19. Oktober 1919.
[245] Bericht über den zweiten Parteitag der Deutschen Volkspartei, S. 97.
[246] Bericht über den zweiten Parteitag der Deutschen Volkspartei, S. 98.
[247] Bericht über den zweiten Parteitag der Deutschen Volkspartei, S. 102.
[248] Bericht über den zweiten Parteitag der Deutschen Volkspartei, S. 103.

*Republik erst den Befähigungsnachweis erbracht sehen. Wir halten die Monarchie für die dem Wesen und der Geschichte der deutschen Volksentwicklung entsprechende Staatsform."*[249]

Man betrachte die Republik vorläufig als eine Tatsache und arbeite treu und opferwillig in ihr mit, dies jedoch nur aus der Liebe zum Vaterland und seinem Wiederaufbau. Das Schauspiel, was Herr Scheidemann und Genossen am 9. November auf der Freitreppe des Reichstages gegeben haben, sei noch nicht die endgültige Stimme, das letzte Urteil über die künftige Staatsform.[250]
Das Kaisertum sei die Schicksalsfrage des deutschen Volkes, deren Beantwortung man jedoch in der jetzigen Situation, in der nicht die Staatsform, sondern das Volk selbst im Mittelpunkt stünde, der Geschichte und Gott anvertrauen müsse.[251]

### ccc. Dritter Parteitag der Deutschen Volkspartei[252]

Zu Beginn des dritten Parteitages der DVP in Nürnberg 1920 wurde Wilhelm Kahl als Vorsitzender des Parteitages erneut bestätigt. In seinem Dank für das ihm gewährte Vertrauen bat er, man möge auf dem nächsten Parteitag einen jüngeren Vorsitzenden bestimmen.[253] Nach einem Überblick über die politische Lage und nach Wahl seiner Stellvertreter berichtete Kahl von seinen ersten politischen Erfahrungen im Wahlkreis Erlangen-Fürth, wo er als junger Professor *„berufsmäßiger Durchfallskandidat"* gewesen sei. Sein fester Kurs sei damals Bismarcks Politik gewesen. Seit dieser verlassen worden sei, sei es mit Deutschland abwärts gegangen. Man müsse nun wieder versuchen, die Grundlinien des Geistes von Bismarcks Politik zurückzuholen, welcher es so gut verstanden habe, die Stärke des Nationalen mit der Würde des Internationalismus zu verbinden.[254] Nach Begrüßung der *„deutschen Brüder in Österreich"* brachte Kahl seine Enttäuschung und Empörung darüber zum Ausdruck, dass ein Anschluss Österreichs in naher Zukunft nicht in Betracht komme. Durch das *„Versailler Schandinstrument"* sei man zwar schon an schwere Ungerechtigkeiten gewöhnt worden, alles übertreffend sei jedoch die Schamlosigkeit der Handhabung des Grundsatzes der Selbstbestimmung der Völker.
Beim Festmahl anlässlich des Parteitages dankte Kahl am 4. Dezember 1920 Stresemann für seine Verdienste um die Deutsche Volkspartei.[255] Jener habe sich während der Arbeiten in Weimar mit ergreifender Bescheidenheit zurückgehalten und sich als Vorsitzender der Reichstagsfraktion die Anerkennung der ge-

---

[249] Bericht über den zweiten Parteitag der Deutschen Volkspartei, S. 103.
[250] Bericht über den zweiten Parteitag der Deutschen Volkspartei, S. 104.
[251] Bericht über den zweiten parteitag der Deutschen Volkspartei, S. 105-106.
[252] Parteitag der Deutschen Volkspartei am 3. und 4. Dezember 1920 in Nürnberg.
[253] BAK R 45 II / 26, 15.
[254] BAK R 45 II / 26, 29.
[255] BAK R 45 II / 26, 671-687.

samten Partei verdient. Ihm sie es zu verdanken, dass es keinen Augenblick der Ratlosigkeit gegeben habe, sondern jeder gewusst habe, welchen Weg die DVP gehen müsse.

**ddd. Vierter Parteitag der Deutschen Volkspartei**[256]

Nachdem Stresemann den vierten Parteitag der DVP in Stuttgart 1921 eröffnet hatte, wurde Kahl trotz seiner Bitte vom letzten Parteitag, einen Jüngeren bestimmen zu wollen, abermals zum Vorsitzenden gewählt. Stresemann begründete dies:

*„Von dem ersten Parteitag in Jena an, über Leipzig und Nürnberg hat die Leitung des Parteitags in den Händen eines Mannes gelegen, dem unser ganzes Vertrauen, ich darf wohl sagen die ganze Liebe der Partei entgegenschlägt. Ich glaube, es bedarf keiner Wahl, sondern ich darf ihre einmütige Zustimmung im Voraus feststellen, wenn ich sie bitte, auch die Leitung des diesjährigen Parteitages unserem hochverehrten Freund Herrn Geheimrat Kahl zu übertragen (Lebhafter Beifall).“*[257]

Daraufhin führte Kahl aus, die vorangegangenen Parteitage hätten bereits unter dem Zeichen des Unglücks des Vaterlandes gestanden. Habe man bereits damals geglaubt, den Berg überschritten zu haben, sei man jedes Mal eines Besseren belehrt worden. Nun fange der *„Fluch von Versailles“* zu wirken an. Solange dieses Verbrechen bestehe, sei an Völkerversöhnung nicht zu denken. Auch die kommenden Generationen würden diesen Frieden nicht anerkennen.[258] Jedoch bestehe immer noch die Hoffnung, dass nicht ausschließlich von der

*„herkömmlichen Lüge der Schuld Deutschlands, sondern auch einmal von dem Rechte Deutschlands die Rede sein wird.“*

Einziger Zweck dieser Lüge sei es, den Militarismus und Imperialismus Frankreichs zu stützen, *„dies aus Angst, schlotternder Angst, Todesangst vor Deutschland.“*[259] Frankreich müsse fürchten, dass dereinst die Stunde der Abrechnung kommen werde. Zu diesen außenpolitischen Sorgen gesellten sich noch die innenpolitischen, wirtschaftlicher und finanzieller Not, als Folge der stillschweigenden, gegen die Reichseinheit gerichteten Kräfte.[260]

Nachdem Stresemann die politische Lage ausführlich erläutert hatte, fuhr Kahl mit seinem Bericht über die Reform der Rechtspflege fort.[261] Hier sprach er auch seine Auffassung über die Todesstrafe an. Deren Abschaffung komme in der gegenwärtigen Lage wegen der Kriminalität und der Revolution nicht in Be-

---

[256] 24. und 25 Oktober 1921 in Stuttgart.

[257] Rede Stresemanns zur Eröffnung des vierten Parteitages der DVP, BAK 45 II / 27, 7.

[258] BAK 45 II / 27, 13.

[259] BAK 45 II / 27, 13.

[260] BAK 45 II / 27, 15.

[261] BAK 45 II / 27, 179 ff.

tracht.[262] Der Staat brauche für die allerschwersten Fälle der Tötung und des Hochverrats diese Mittel. Die Schwäche der Todesstrafe bestehe derzeit nur darin, dass sie die vielfachen Schuldunterschiede nicht berücksichtige, dass dem Richter eine geteilte und eine wiedergutzumachende Freiheitsstrafe an die Seite gestellt werden müsse, um die unterschiedlichen Fälle von Mord und Hochverrat angemessen bestrafen zu können.[263]
Zum Schluss seiner Ausführungen verwahrte sich Kahl gegen die vom Reichsjustizministerium für politische Straftaten geplante Amnestie. Dadurch werde der Ernst der Strafjustiz gemindert, da jeder Verbrecher damit rechnen könne, durch eine Oberrevision wieder freizukommen.[264] Es gebe im Reichstag Kommunisten und Unabhängige, die es zu ihrer Lebensaufgabe gemacht hätten, die Rechtspflege zu untergraben. Dagegen müsse man mit *„der alten germanischen Auffassung und Achtung vor dem Richterspruch"* ankämpfen:[265]

*„Die systematische Niederreißung der Autorität unserer Rechtspflege, das ist es was wir unter keinen Umständen vertragen können. Sie haben uns viel heruntergerissen und zerstört, sie haben uns zerstört das herrliche Heer und Gott weiß was noch; unsere Justiz, unsere Rechtspflege, den Grund und Eckpfeiler unserer Sicherheit, den letzten, den lassen wir uns nicht zerstören, da rufen wir ihnen zu: Hand ab! Hier beißt ihr auf Granit!"*[266]

### eee. Fünfter Parteitag der Deutschen Volkspartei

Auch auf dem fünften Parteitag der Deutschen Volkspartei in Hannover 1924 wurde Wilhelm Kahl zum Vorsitzenden gewählt.[267] In seiner Rede am Begrüßungsabend in der Stadthalle in Hannover[268] erinnerte Kahl an die Zeiten, in denen jeder Frühling mit dem 22. März und dem 1. April teure Gedenktage für jeden Deutschen herauf geführt hatte: am 22. März den Geburtstag *„unseres unvergesslichen alten Heldenkaisers"*, und am 1. April den des *„größten Deutschen"*, Otto von Bismarcks:[269]

*„Diese Tage hatten stets die Herzen für die beiden großen Männer höher schlagen lassen, die endlich den Traum langer Jahrhunderte, die Einigung des Deutschen Volkes, verwirklicht haben. Wenn man sich heute vorstellt, daß der Schläfer im Sachsenwalde wieder aufstände, sein großes blaues Auge auf uns richten und uns früge, was wir mit seinem Erbe angefangen hätten, so würden wir niedergedrückt sein und erschüttert über den Gegensatz zwischen jenem Einst und dem Trümmerhaufen den das Deutsche Reich heute bildet."*[270]

---

[262] BAK 45 II / 27, 197.
[263] BAK 45 II / 27, 197.
[264] BAK 45 II / 27, 205.
[265] BAK 45 II / 27, 207.
[266] BAK 45 II / 27, 207.
[267] Beilage zum Hannoverschen Kurier vom 20. März 1924, BAK 45 II / 28, 159.
[268] BAK 45 II / 28, 1.
[269] Beilage zum Hannoverschen Kurier vom 20. März 1924, BAK 45 II / 28, 159.
[270] Beilage zum Hannoverschen Kurier vom 20. März 1924, BAK 45 II / 28, 159.

In seiner Eröffnungsrede am folgenden Tag forderte Kahl die Partei zur Einmütigkeit auf. Unklarheiten und Unstimmigkeiten in den eigenen Reihen seien das einzige, was die Deutsche Volkspartei gefährden könne, nicht die Vorwürfe von Misserfolgen. Vor den anstehenden Wahlen habe sich die Forderung nach einem Ruck nach rechts eingebürgert. Wenn damit Heranrücken ans Vaterland, der Kampf gegen alles Reichsfeindliche, die Bekämpfung der linken sowie linksradikalen Irrtümer gemeint sei, so sei dieser Ruck durchaus zu begrüßen.
Sollte dies jedoch ein Abrücken von den Errungenschaften der Vorfahren bedeuten, so sei ein solcher Ruck nach rechts nicht hinnehmbar.[271]

### fff. Sechster Parteitag der Deutschen Volkspartei[272]

Auf dem sechsten Parteitag 1924 in Dortmund erinnerte Kahl, zuvor als Vorsitzender desselben bestätigt, zunächst an den letzten Parteitag in Hannover, der ebenso wie dieser ein Wahlparteitag gewesen sei. Die Verluste, die die DVP in der letzten Wahl erlitten habe,[273] seien auf eine richtige Politik zurückzuführen, die allerdings opferreich und nicht volkstümlich, im Interesse des Vaterlandes jedoch absolut notwendig gewesen sei.[274] Das Hauptverdienst an der erfolgreichen Außenpolitik der letzten Monate, sowie an der gütlichen Einigung in innenpolitischen Fragen trage der Parteivorsitzende Stresemann und mit ihm die gesamte Partei.
Im Anschluss an eine Rede des Oberbürgermeisters von Dortmund führte Kahl aus, er werde den Dortmunder Parteitag immer in treuer Erinnerung behalten. Dieser finde als erster auf einem *„Stückchen befreiter deutscher Erde"* statt und stehe damit als Symbol für alle Regionen Deutschlands, in denen bald überall die Freiheitsglocken läuten würden.[275] Ein besonderer Dank gelte auch den Ausrichtern des Parteitages, die eine so *„glänzende Stätte unter unseren Farben schwarz-weiß-rot bereitet haben."*[276]

### ggg. Achter Parteitag der Deutschen Volkspartei[277]

Kahl wurde am 18. Juli 1929 darum gebeten, auch diesen Parteitag der DVP zu leiten. Staatssekretär a.D. Kempkes schrieb ihm dazu:

---

[271] Sonderausgabe der Nationalliberalen Correspondenz vom 30. März 1924, BAK 45 II / 28, 162.
[272] Am 13., 14. November 1924 in Dortmund.
[273] Der Stimmenanteil bei den Wahlen vom 4. Mai 1924 sank bei der DVP um annähernd 30 % von 3,9 auf 2,69 Millionen Stimmen (9,2%). Die Mandatszahl ging damit von 65 auf 45 zurück. Damit wurden die schlimmsten Erwartungen in der DVP übertroffen. Ludwig Richter, Die Deutsche Volkspartei, Düsseldorf 2002, S. 330 f.
[274] BAK R 45 II / 29-2, 8.
[275] BAK R 45 II / 29, 115.
[276] Alle bisherigen Parteitage der Deutschen Volkspartei waren mit schwarz - weiß - roten Bannern und Fahnen geschmückt.
[277] Vom 21.-24. März 1930 in Mannheim.

*„Da ein Parteitag ohne ihren Vorsitz gar kein Parteitag der Deutschen Volkspartei ist, bin ich sicher, daß Sie diese Bitte der Partei nicht abschlagen werden."*[278]

Nachdem Kahl diese Bitte angenommen hatte, wurde er auch zum Vorsitzenden des letzten Parteitages der Deutschen Volkspartei 1930 in Mannheim gewählt. Daraufhin führte er in seinem Schlusswort aus, was den Liberalismus auszeichne.[279] Dieser habe auch heute noch gerade auf dem Gebiet der praktischen Politik große Bedeutung. Sein Wesen bestehe darin, dass er die Zeichen der Zeit erkannt habe. In diesem Sinne bilde der Liberalismus die Grundlage der gesamten politischen Arbeit und sei heute der verantwortungsvolle Tatsachenmut zur neuen Zeit:

*„Uns allen ist die Einstellung auf die neue Zeit sehr schwer gefallen. Keiner kann jetzt seine Lebensführung exponieren, um darzulegen, wie außerordentlich schwer es ihm damals war, vom November 1918 bis August 1919 und noch danach. Haben wir aber die Einstellung zur neuen Zeit, und die müssen wir haben, ehrlich gefunden, so haben wir sie gefunden aufgrund unseres sittlich höchsten Prinzips des Liberalismus. Eben deshalb sage ich: daran müssen wir festhalten."*[280]

### bb. Andere parteipolitische Ämter

#### aaa. Mitglied des Zentralvorstandes der DVP

Außer als Vorsitzender der Parteitage war Kahl Mitglied des Zentralvorstandes,[281] und dies, wie Geheimrat Schmidt aus Braunschweig auf der Vorstandssitzung vom 14. Dezember 1929 bemerkte, über 40 Jahren lang.[282]
Während Kahl zu Lebzeiten Stresemanns nur selten an Sitzungen des Zentralvorstandes teilgenommen, und dort nur in Ausnahmefällen Reden gehalten hatte, übernahm er nach dem Tode Stresemanns in der Sitzung des Zentralvorstandes vom 14. Dezember 1929 den Vorsitz.[283] Bei der dortigen Aussprache über die

---

278 BAK R 45 II / 30, 115.
279 BAK R 45 II / 31, 341ff.
280 BAK R 45 II / 31, 343.
281 BAK R 45 II / 38, 59, 77, BAK R 45 II / 39, 21, BAK R 45 II / 44, 77, Anschriftenverzeichnis, herausgegeben von der Reichsgeschäftsstelle der DVP nach dem Stande von Juli 1929, S. 6 ( BAK Zsg.1-42/14); Die Deutsche Volkspartei, Aufbau und Anschriftenverzeichnis nach dem Stande vom April 1920, herausgegeben von der Reichsgeschäftsstelle der Deutschen Volkspartei, S. 10 (BAK Zsg.1-42 / 14 (1)). Der Feststellung von Wolfgang Hartenstein in „Die Anfänge der Deutschen Volkspartei 1918-1920",Düsseldorf 1962, Wilhelm Kahl sei außer auf dem Parteitag in keinen wichtigen Gremien der DVP vertreten gewesen ist demnach in Bezug auf seine Mitgliedschaft im Zentralvorstand nicht zu folgen.
282 BAK R 45 II / 44, 149. Die Mitgliedschaft Kahls im Zentralvorstand erklärt sich bereits daraus, dass alle Mitglieder der Reichstagsfraktion gleichzeitig Mitglieder des Zentralvorstandes der DVP waren. (siehe dazu Ludwig Richter, Die Deutsche Volkspartei, Düsseldorf 2002, S. 129).
283 BAK R 45 II / 44, 105.

zukünftige Besetzung des Parteivorsitzes wurde neben Dr. Scholz und Dr. Luther als Vorsitzenden auch vorgeschlagen, ein Direktorium aus drei Personen zu bestimmen, dessen Leitung Kahl übernehmen sollte.[284] Dieser Vorschlag wurde jedoch abgelehnt, da die DVP als liberale Partei immer das Führerprinzip, die eigene, selbständige persönliche Verantwortung in den Fordergrund gestellt habe, und diese Verantwortung durch ein solches Direktorium nicht möglich sei.[285] [286] Am Ende dieser Sitzung, deren Thema neben der Wahl des neuen Parteivorsitzenden vor allem die soeben im Reichstag verabschiedete Finanzreform war, dankte Ernst Landgrebe im Namen des gesamten Vorstandes Kahl für die Übernahme des Vorsitzes:

*„Meine Damen und Herren! Wir kennen Herrn Geheimrat Kahl, der uns seit Jahren auf unseren Parteitagen geführt hat, als weisen Führer, und wir freuen uns, daß er auch heute an dieser Stelle gestanden hat. Dafür sind wir ihm dankbar, und ich bin der Auffassung, daß es gerade seiner verbindlichen Art sowohl seiner Klarheit als auch der geistigen Schärfe, mit der er zu den Dingen Stellung genommen hat, gelungen ist, die Einigkeit herbeizuführen, die wir alle so sehr wünschen und gewünscht haben und die uns zu einer einmütigen Beschlussfaßung geführt haben. Wir freuen uns einen solchen Führer zu haben, der uns aber auch ein Symbol ist: das Symbol der Einigkeit in der Partei. Wir wünschen, daß er uns noch lange erhalten bleiben werde.“*[287]

Nach dem Urteil Stresemanns hielt Kahl die bedeutendste Rede einer Zentralvorstandssitzung am 24.05.1925. Er äußerte sich darin über die Gegenwartsaufgabe des Liberalismus. Stresemann notierte dazu in seinem Tagebuch:

*„Eine wundervolle Ansprache, die man wohl als ein politisches Testament betrachten kann, richtete Kahl an uns, worin er namentlich den Tatsachenmut des Liberalismus betonte und mit starken Worten für unbedingte Anerkennung und Würdigung der jetzigen Staatsform eintrat.“*[288]

In seiner Rede führte Kahl aus, der Liberalismus sei keine konstante Größe, sondern in seinen Inhalten von den Zeitumständen bedingt:[289]

*„Heute können wir mit dem Liberalismus der vierziger Jahre nichts anfangen. (...) Auch der Liberalismus des alten Freisinns kann für uns nicht in Betracht kommen. (...) Unser Liberalismus erschöpft sich auch nicht in dem Schwärmen für Republik und formale Demokratie. Der Liberalismus der Nationalliberalen Partei war von vornherein national eingestuft. Die Einheit des Reichs war sein Grundgedanke; in der Verwirklichung der Reichseinheit fand er*

---

[284] BAK R 45 II / 44, 151.
[285] BAK R 45 II / 44, 141.
[286] Am Schluss der Debatte über den zukünftigen Parteivorsitzenden wurde Dr. Scholz gewählt, der die Wahl per Telegramm annahm. (BAK R 45 II / 44, 195).
[287] BAK R 45 II / 44, 401.
[288] Henry Bernhard, Wolfgang Goetz, Paul Wiegler, Gustav Stresemann Vermächtnis, Der Nachlass in drei Bänden, Berlin 1932, S. 302.
[289] Eberhard Kolb, Ludwig Richter, Nationalliberalismus in der Weimarer Republik, Die Führungsgremien der Deutschen Volkspartei 1918-1933, Erster Halbband, Düsseldorf 1999, S. 584.

*die ihm gestellte große geschichtliche Aufgabe. Alle Politik die er trieb stand unter diesem ausschließlichen Gesichtspunkte. (...)*

*Was ist nun heute Liberalismus? (...) In diesem Sinne verstehe ich unter Liberalismus den verantwortungsbewußten Tatsachenmut, der die aus dem unerbittlichen Ablauf der Geschichte sich ergebenden Folgerungen zieht und in diesem Sinne fortschreitet. Diese Folgerungen zu ziehen war zunächst eine schwere sittlich-politische Aufgabe für den Einzelnen in den Tagen der Katastrophe. Das war für jeden von uns ein schweres Ringen. Tatsache ist aber, daß wir vor einer absolut neuen Schichtung nicht nur der Staats-, sondern der Weltordnung stehen. Dabei sind wir erst am Anfang dieser Entwicklung. Auch die Parteien mußten sich neu orientieren. Dabei war und ist für uns gewiß, daß wir festhalten an den großen geschichtlichen Gütern der deutschen Vergangenheit, nichts preisgeben, was gut und wohlgeführt war im alten Staat. Weil wir das tun, deshalb können wir auch mit klarem festem Blick den neuen Tatsachen ins Auge sehen. Da stelle ich an die Spitze die Achtung vor der Verfassung. Diese Verfassung hat gewiß viele Mängel; wir selbst haben Anträge zu ihrer Verbesserung gestellt. Aber ich sehe von allen Einzelheiten ab. Ich sehe aufs Ganze. Dabei brennt mir eins auf dem Herzen: das ist die Stellung zur Verfassung an sich. Ich fordere als Teil des Liberalismus die Achtung vor der Verfassung, auch wenn sie mangelhaft ist. Damit hängt zusammen die Achtung vor dem Staat. Ich denke in erster Linie an unsere Jugend. Sollen wir unsere Jugend in der Verhöhnung des Staates erziehen oder in der Treue zum Staat? Die Entscheidung kann uns nicht schwer fallen, wir wollen bei unserer Jugend die Freude am Staate wecken. Es ist schließlich immer noch das Bismarcksche Reich, dem zu dienen unsere Jugend als höchste Pflicht ans Herz gelegt werden muß. Aus dieser grundsätzlichen Auffassung ergeben sich Rückwirkungen auf die Parteipolitik. (...) Ich bin ein Freund der großen Koalition gewesen. Die grundsätzliche Scheidung zwischen Bürgertum und Sozialdemokratie wäre ein Unglück. (...) Die Deutsche Volkspartei hat zweifellos große vaterländische Ideale, die sie zusammenbinden. (...) Die Verschlossenheit des Konservativismus gegenüber den Bedürfnissen der Fortentwicklung trägt eine Hauptschuld an dem raschen Zusammenbruch des alten Staates. Auf diesem Weg wünsche ich unsere Partei nicht zu sehen. In 52 Jahren meines politischen Lebens habe ich auf dem Boden des Liberalismus gestanden, der sich zum Tatsachenmut bekennt. Wir haben diesen innersten Kern unseres politischen Wesens in den letzten Jahren nicht immer erkennbar für das Volk herausgestellt.“*

### bbb. Reichsausschuss

Es gehörte zu den Aufgaben des Parteivorstandes in eiligen Fällen bei Anstehen wichtiger politischer Entscheidungen, zur Besprechung vertraulicher Angelegenheiten und zur Aufstellung des Reichswahlvorschlags, den Reichsausschuss einzuberufen.[290]

Dieser bestand aus den Mitgliedern des Geschäftsführenden Ausschusses, den Vorsitzenden der Wahlkreisverbände oder deren Stellvertretern, den Wahlkreisgeschäftsführern und den leitenden Beamten der Reichsgeschäftsstelle. In diesem Parteigremium besaßen somit die regionalen Parteiorganisationen und der Parteiapparat starken Einfluss.[291]

---

[290] Ludwig Richter, Die Deutsche Volkspartei, Düsseldorf 2002, S. 133-134.

[291] Ludwig Richter, Die Deutsche Volkspartei, Düsseldorf 2002, S. 134.

Kahl nahm erst Ende seiner politischen Laufbahn auch an den Sitzungen dieses Parteigremiums teil. Besonders hervorzuheben ist seine Rede vor dem Reichsausschuss Ende 1930, in welcher er seine Ablehnung gegenüber dem Nationalsozialismus begründete.[292]

## 2. Fusionsbestrebungen der liberalen Parteien

Eines der politischen Ziele Kahls war es, die liberalen Parteien der Weimarer Republik zu vereinen. Das zeigte sich bereits in einer Rede vor der Nationalversammlung am Donnerstag, den 20. Februar 1919. Darin bezweifelte er, dass die Koalition aus Liberalen und Sozialdemokraten noch lange Zeit halten werde.[293] Darauf lasse bereits das Koalitionsprogramm schließen, welches so viele Allgemeinheiten enthalte, dass es bei konkreten Fragen notwendig zu Reibereien kommen müsse. Für die bürgerlichen Parteien habe sich der politische Wandel viel zu rasch vollzogen, so dass der Glaube an einen Zusammenhalt des Mehrheitsblockes auf schwachen Füßen stehe.[294]
Auf Vorwürfe des demokratischen Abgeordneten Falk[295] wegen der Mitgliedschaft des Herrn Fuhrmann[296] bei der Deutschen Volkspartei antwortete Kahl:

*„Also bitte, lassen sie das Persönliche! Ich meinerseits würde es gar nicht in die Debatte geworfen haben, wenn wir nicht angegriffen worden wären. Es ist durchaus wünschenswert, daß die Reibungsflächen unter uns nicht vermehrt werden. Ich habe gar kein Bedürfnis dazu, weil ich nämlich die Hoffnung habe, daß es – nicht mit den Herren, die hier sind, die sind verdorben, sondern mit denen, die noch draußen sind, bei der Demokratie – einmal ein freundliches Wiedersehen gibt, allerdings nicht in der Deutschen Demokratischen, sondern in der Deutschen Volkspartei.“*[297]

Erste Gelegenheit zum Zusammenschluss schien zunächst die Liberale Vereinigung zu bieten. Diese wurde im Herbst 1924 unter anderem von den aus der Demokratischen Partei ausgetretenen Abgeordneten Schiffer und Gerland gegründet.[298] Ziel der Vereinigung war es, eine stärkere Annäherung der DDP an

---

[292] BAK R 45 II / 32, 707 ff; auf diese Rede wird in dem Abschnitt 4. / 5. Wahlperiode eingegangen.
[293] Stenographische Berichte der Nationalversammlung, Band 326, S. 219.
[294] Stenographische Berichte der Nationalversammlung, Band 326, S. 219.
[295] Stenographische Berichte der Nationalversammlung, Band 326, S. 194.
[296] Paul Fuhrmann gehörte bis zu seinem Parteiausschluss im Frühjahr 1919 zu der Gruppe der DVP, die einen Zusammenschluss mit der DNVP weitaus mehr begrüßten als ein Zusammengehen mit der DDP. So hatte Stresemann bereits bei der Gründung der DVP versucht, Fuhrmann als Kandidaten des rechten Flügels der NLP von der Partei fernzuhalten. Auch andere Gründungsväter der DVP waren der Ansicht, eine herausragende Position von Fuhrmann innerhalb der DVP müsse mit allen Mitteln verhindert werden. Ludwig Richter, Die Deutsche Volkspartei, Düsseldorf 2002, Seite 79, FN 13, S. 42, FN 56.
[297] Stenographische Berichte der Nationalversammlung, Band 326, S. 194.
[298] Braunschweigsche Staatszeitung vom 07.02.1926 (BAK Zsg. 103 / 1372).

die DVP zu finden.[299] In ihrem Gründungsaufruf, den unter anderem C.F. von Siemens unterzeichnet hatte, der die liberale Vereinigung weitestgehend finanzierte, wurde erklärt, es gehe der Vereinigung nicht darum, eine neue Partei zu gründen, sondern lediglich *„mit ihren Gedanken und Bestrebungen die Parteien zu durchdringen und auf solchem Wege die Einigung des Liberalismus vorzubereiten“.*[300] In ihrem Gründungsaufruf hieß es, die Liberale Vereinigung stelle sich bewusst auf den Boden der republikanischen Staatsform, als der nach Lage der Tatsachen unumgänglichen Voraussetzung für die Fortexistenz des Reiches und seiner Weiterentwicklung.[301] Die Konstituierung der liberalen Vereinigung fand am 27. November 1924 in Berlin statt.[302] Nachdem vor allem Vertreter der DDP eine Mitarbeit zunächst abgelehnt hatten, gelang es der Vereinigung nach und nach, führende Vertreter der DDP und DVP zur Mitarbeit zu gewinnen. Wilhelm Kahl erklärte noch vor dem offiziellen Vertretertag der Liberalen Vereinigung am 16. Mai 1925 zusammen mit Hermann (von) Richter und Alexander zu Dohna seinem Eintritt,[303] und wurde an seinem 75. Geburtstag deren erster Ehrenvorsitzender, 1928 folgten Stresemann und Koch-Weser.[304] Trotzdem gelang es der Vereinigung nicht, größeren Einfluss auf die Politik zu nehmen. Auch die DVP lehnte jede Beteiligung an ihr ab.
In der Zentralvorstandssitzung vom 24. Mai 1925 erhob sie den Anspruch, alleinige Hüterin der liberalen Tradition zu sein. Deshalb lehne sie

*„die Beteiligung an Vereinigungen (ab), die eine eigene Parteibildung anstreben, oder vermöge ihrer Einrichtungen zu einer solchen führen müssen, entschieden ab“.*[305]

Erst 1926 durch den Eintritt der DDP in die Reichsregierung ergaben sich günstigere Bedingungen für die Liberale Vereinigung. Sie versuchte nun gemeinsame Grundpositionen aller liberalen Parteien zu formulieren, und auch Mitglieder der

---

299 Dieter Fricke, Lexikon zur Parteiengeschichte, Die bürgerlichen und kleinbürgerlichen Parteien und Verbände in Deutschland, Band III, Köln 1983-1986, S. 356 ff.

300 Liberale Vereinigung, Mitglieder und Vertreterversammlung zu Berlin im Gebäude des Reichswirtschaftsrates am 16. Mai 1925, S. 30 (BAK Zsg. 126 / 214); Satzung der Liberalen Vereinigung BAK Zsg. 1-194/1.

301 Liberale Vereinigung, Mitglieder und Vertreterversammlung zu Berlin im Gebäude des Reichswirtschaftsrates am 16. Mai 1925, S. 30, 31 (BAK Zsg. 126 / 214).

302 Larry Eugene Jones, The Dying Middle, Weimar Germany and the failure of bourgeois unity, 1924-1930, Wisconsin 1970, S. 46.

303 Larry Eugene Jones, The Dying middle, Weimar Germany and the failure of bourgeois unity, 194-1930, Wisconsin 1970, S. 52.

304 Dieter Fricke, Lexikon zur Parteiengeschichte, Die bürgerlichen und kleinbürgerlichen Parteien und Verbände in Deutschland, Band III, Köln 1985, S. 356 ff.

305 Entschließung des Zentralvorstands der DVP vom 24.05.1925; in Deutscher Liberalismus, herausgegeben im Auftrage der Reichsgeschäftsstelle der DVP, Berlin 1925, S. 3, zit. nach Dieter Fricke, Lexikon zur Parteiengeschichte, Die bürgerlichen und kleinbürgerlichen Parteien und Verbände in Deutschland, Band III, Köln 1985, S. 356.

Reichspartei des deutschen Mittelstandes wurden gewonnen. Zu dieser Zeit veranstaltete die Liberale Vereinigung eine von insgesamt sechs Tagungen, auf der Kahl als Ehrenvorsitzender[306] eine Ansprache über die liberale Tradition hielt. Ausgehend von deren Anfängen im Humanismus über ihre Blütezeit unter Bismarck betonte Kahl die Sehnsucht der Liberalen nach gesteigertem Einfluss auf das öffentliche Leben. Der Liberalismus sei bei der Staatsumwälzung 1918/19 zu kurz gekommen und die Parteibildungen wären oft übereilt erfolgt.[307] Da in den zwar zersplitterten, einander politisch jedoch nahe stehenden Parteien immer noch das vereinigende Ideal des Liberalismus vorhanden sei, müsse es das Ziel der Liberalen Vereinigung sein, mit ihren hohen Idealen die Parteien zu beeinflussen und in diesem Sinne auch auf die praktische Politik Einfluss zu nehmen.[308] Dennoch beschränkten die Parteien ihre Mitarbeit auf unverbindliche Kontakte.

1927 zog sich C.F. von Siemens aus der Liberalen Vereinigung zurück, weil einflussreiche Kreise für diese, nach der Beteiligung der DNVP an der Reichsregierung, keine Erfolgschancen mehr sahen.[309] Erst nach den Verlusten der liberalen Parteien bei den Reichstagswahlen 1928 kam es, beeinflusst durch Fusionsbestrebungen von DDP und DVP, zu einer erneuten Belebung der liberalen Vereinigung.[310]

Am 05. Juni 1928 wurden Stresemann und Koch-Weser Ehrenvorsitzende. Dies erweckte zumindest den Anschein, als ob beide Parteien endlich verstanden hätten, dass nur ein Zusammenschluss die Aussicht eröffnen könne, gegenüber den starken Blöcken der Sozialdemokraten und Kommunisten, sowie gegenüber den Splittergruppen der Rechten, politisch am Leben zu bleiben.[311]

Diese Hoffnung wurde jedoch bereits zwei Monate später enttäuscht. Der Widerstand der beiden Parteien gegen die Gründung einer liberalen Gesamtpartei zeigte sich am 01. Juli 1928 auf dem, im Plenarsaal des Reichstags veranstalteten Liberalen Tag, am Nichterscheinen der beiden Ehrenvorsitzenden Stresemann und Koch-Weser.[312] Darüber konnten auch deren telegraphische Sympathiebekundungen nicht hinwegtäuschen. Kahl dagegen erklärte auf dieser Veranstaltung, es müsse und könne die vollkommene Lösung einer großen deutschen liberalen Partei mit parlamentarischer Einheitsfront gefunden werden. Die Voraussetzungen hierfür seien jedoch wegen des offenkundigen Widerstandes in

---

[306] Kahl war seit 1925 Ehrenvorsitzender der Liberalen Vereinigung.

[307] Die Liberale Vereinigung, S. 8.

[308] Die Liberale Vereinigung, S. 8.

[309] Dieter Fricke, Lexikon zur Parteiengeschichte, Die bürgerlichen und kleinbürgerlichen Parteien und Verbände in Deutschland, Band III, Köln 1985, S. 356 ff.

[310] Dieter Fricke, Lexikon zur Parteiengeschichte, Die bürgerlichen und kleinbürgerlichen Parteien und Verbände in Deutschland, Band III, Köln 1985, S. 356 ff.

[311] Hamburger Fremdenblatt vom 06.06.1928 (BAK Zsg. 126/214).

[312] Frankfurter Zeitung vom 2. Juli 1928, BAK Zsg. 126 / 214.

beiden beteiligten Parteien noch nicht gegeben. Resignierend schrieb Kahl 1929 an Stresemann:[313]

*„Der Gedanke einer Neugründung in der gegenwärtig verworrenen Lage ist selbstverständlich abzulehnen, wiewohl ich an der Hoffnung einer großen liberalen Partei unerschütterlich festhalte. Aber sie würde nicht aus den Trümmern der etwa heute zerschlagenen DVP erwachsen."*

Zunächst gelte es, so Kahl, die Gründe der Hemmung beiderseitiger Verständigung zu beseitigen.[314] Diese lägen zum einen in dem weit verbreiteten Irrtum eines grundsätzlichen Gegensatzes zwischen Demokratie und Liberalismus, zum anderen jedoch auch in dem geschwundenen Glauben an den Liberalismus selbst. Dieser strebe die höchste erreichbare Anpassung der politischen Mittel an, die durch die jeweiligen Zeitverhältnisse herausgestellten Bedürfnisse von Volk und Staat. Als Wille zum Fortschritt habe er sich heute auf allen Gebieten der äußeren und inneren Politik neu zu orientieren.[315]
In seinem Schreiben an Stresemann beklagte Kahl ferner das Unverständnis in der eigenen Partei über das Wesen des Liberalismus:

*„Wie Sie zutreffend ausführen: mangelnde Weltanschauung, von Liberalismus bei ¾ keine Spur, Interessengruppen!"*[316]

Während die Einigungsbestrebungen zu Beginn des Jahres 1929 durch die Gründung zahlreicher liberaler Reformklubs[317] erneut Aufwind bekommen hatte, wurde sie durch den Tod Stresemanns Ende 1929 zurückgeworfen. War es doch vor allem Stresemann gewesen, der die Einigung der liberalen Parteien auch kurz vor seinem Tode durch ein Treffen mit Koch - Weser,[318] in den letzten Monaten entschieden vorangebracht hatte.[319] Nach dessen Tod versuchte Koch-Weser allein, die Gründung einer großen Mittelpartei voranzubringen. Nach einem Treffen am 23. Oktober 1929 mit Julius Curtius, Hans Luther und Wilhelm Kahl erklärten Curtius und Luther jedoch, sie sähen sich außerstande das Vorhaben weiter zu fördern.[320] Kahl, der mit seinem Einsatz für die Bildung einer Mittelpartei auch nach dem Tod Stresemanns nicht nachließ, antwortete am 21. November:

---

[313] Undatierte Abschrift eines Schreibens an Stresemann, PA NL Stresemann 104, 24ff.
[314] Frankfurter Zeitung vom 2. Juli 1928, BAK Zsg. 126 / 214.
[315] Frankfurter Zeitung vom 2. Juli 1928, BAK Zsg. 126 / 214.
[316] Undatierte Abschrift eines Schreibens an Stresemann, PA NL Stresemann 104, 24ff.
[317] u.a. Front 1929, Februar Club, Reichsgemeinschaft Junger Volksparteiler, Jungdeutscher Orden (dieser bestand zwar schon seit 1920, trat aber im Jahre 1929 in Kontakt mit der Front 1929 und dem Februar Club).
[318] In dem Treffen wurde der Zusammenschluss von DVP und DDP vereinbart (persönliche Notizen Koch Weser in BAK NL Koch-Weser 12/101, 127).
[319] Ludwig Richter, Die Deutsche Volkspartei, Düsseldorf 2002, S. 564-565.
[320] BAK NL Koch-Weser, NL 12/101, 37, 101.

*„Daß die Angelegenheit ihres Schreibens vom 19. November mir sehr am Herzen liegt, brauche ich nicht erst zu versichern. Aber nach gewissenhafter Überlegung bedarf es doch noch eines kurzen Aufschubs. Den rein persönlichen Grund daß ich durch den unerwarteten Tod meiner Tochter Aschoff in tiefste Trauer versetzt bin, stelle ich dabei ganz in den Hintergrund. Die Sache selbst liegt so, daß auf meinen Antrag hin binnen kurzer Frist eine Fraktionssitzung mit ausschließlich dieser Tagesordnung stattfinden wird. Ich halte es nicht für loyal und auch nicht für politisch ratsam, schon vor dieser Sitzung in eine Art Verhandlung einzutreten. Die von ihnen genannten Herren (v. Kardorff und Mittelmann) stehen ohnehin auf unserem Standpunkt des guten Willens einer Verständigung. Sie werden am 27. Abends auf einer Versammlung der Deutschen Volkspartei über die Fusionsbestrebungen sprechen.[321] (...) Was schließlich Geheimrat Schmidt aus Braunschweig gesagt hat, gibt mehr seine Erwartungen als meine Ansicht wieder. Ich werde in meinem Alter die Leitung der Sache schwerlich mehr übernehmen können."[322]*

Wie sehr die Einheit des Liberalismus Kahl eine Herzensangelegenheit war,[323] kam in seinem 1929 verfassten Artikel *„Der Liberalismus der Deutschen Volkspartei"* zum Ausdruck:

*„Aus dieser Überzeugung ist auch das neuerliche Bestreben der Wiedervereinigung der Parteien des Liberalismus erwachsen. Hauptträger dieser Bewegung ist die im Mai 1925 gegründete „Liberale Vereinigung". Auf ihrem Liberalen Tag am 1. Juli 1928 ist die sofortige Fusion sehr kategorisch gefordert worden."[324]*

Kahls Hoffnung auf eine Einigung des Liberalismus wurde jedoch von der Mehrheit seiner Fraktion nicht geteilt. Das hatte dieser schon vor der Fraktionssitzung vorausgesehen. In einem am 24. November an Koch-Weser gerichteten Schreiben wies er auf die mangelnde Unterstützung seines Vorhabens in der eigenen Fraktion hin:

*„(...)Freilich kann ich nicht leugnen, daß ich nicht sehr optimistisch gestimmt bin. Bei vielen ist der Mangel an Verständnis für die Zeichen der Zeit geradezu unglaublich. (...)"[325]*

Auf Kahls Mitteilung in der Fraktionssitzung der DVP vom 28. November 1929, man sei „aus den verschiedensten Parteilagern der Mitte in der letzten Zeit an ihn mit der Bitte herangetreten", die „Frage der Bildung einer umfassenden Partei in die Hand zu nehmen", erwiderte der Vorsitzende Zapf lediglich, Kahl solle „weiter in diesem Sinne arbeiten, die Fraktion behalte sich eine Stellungnahme

---

321 Siegfried v. Kardorff forderte auf einer Veranstaltung der volksparteilichen Vereinigung für Handel und Industrie am 27. November 1929 die Gründung einer Arbeitsgemeinschaft aller gemäßigten Mittelparteien (Ludwig Richter, Die Deutsche Volkspartei, Düsseldorf 2002, S. 589).

322 BAK NL Koch-Weser, NL 12/101, 119.

323 A. Weber in seinen Erinnerungen BAK NL Weber 2, S. 6 (zit. nach Ludwig Richter, Die Deutsche Volkspartei, Düsseldorf 2002, S. 563).

324 Wilhelm Kahl, Der Liberalismus der Deutschen Volkspartei, in Volk und Reich der Deutschen, Berlin 1929, S. 102.

325 Schreiben Kahls an Koch Weser vom 24. November 1929, BAK NL Koch-Weser, NL 12/101, 121.

(...) vor."[326] Diese Antwort ließ keinen Zweifel daran, dass Kahl mit seinen Bemühungen um Gründung einer Mittelpartei in der DVP nahezu alleine stand. Trotzdem kam es am 17. März 1930 zu einem Treffen von Kahl, Koch-Weser, Weber und Vertretern der Reichsgemeinschaft junger Volksparteiler im Hotel Continental in Berlin, zu dem Kahl und Weber eingeladen hatten.[327] Dort wies Kahl darauf hin, dass die steigende Gefahr des Nationalsozialismus eine Einigung der Mittelparteien dringend erforderlich mache.[328]
Von dieser Notwendigkeit einer Einigung sprach er nochmals auf Parteitag der DVP vom 21.-24. März 1930:

*„Und im Hinblick gerade darauf (das Wohl des Vaterlandes über das der Partei (d. Verf.)) gebe ich hier auch noch weiter der Hoffnung Ausdruck, daß es endlich gelingen möge, eine Sehnsucht zu befriedigen, die in aller Herzen lebt, deren Gestaltung nur außerordentlich schwierig ist, nämlich der Sehnsucht, auch über den Kreis der Partei hinausgreifend alle diejenigen Kräfte zu einer großen einheitlichen Armee zu sammeln, die, wenn auch mit politischen Verschiedenheiten im einzelnen, im großen und ganzen doch auch nur das eine Ziel, das vaterländische Ziel, im Auge haben. Mir fällt es jetzt nicht ein, jetzt auf das große Problem der Sammlung und der Wege, auf denen man dazu kommen möge, zu reden. Ich habe nur ein Bedürfnis: mich selbst öffentlich zu diesem großen Gedanken zu bekennen, und den herzlichen Wunsch dazuzufügen, daß ernst gemacht werde, die Schwierigkeiten, die zweifellos groß sind, zu überwinden, die noch zu überwinden sind. Im Geiste des Vaterlandes und des Gedankens: das Vaterland über die Partei! möchte ich auch noch ganz im Besonderen unsere volksparteiliche Jugend hier begrüßt haben. (...) , weil ich für diese Bewegung vollstes Verständnis habe, sondern insbesondere deshalb, weil ich mir ausdrücklich das Recht zuerkenne, ihre politischen Ideale auch selbständig zum Ausdruck zu bringen."*[329]

Dem schloss sich nun auch der Parteiführer der DVP Scholz an. Er forderte die Parteien, die zu positiver politischer Arbeit bereit seien auf, sich enger zusammen zu schließen und unter Unständen auch vor eigenen Parteischranken nicht Halt zu machen.[330] Nun regte sich jedoch Widerstand in der DDP gegen den Kurs von Koch-Weser. Der Parteiausschuss der DDP lehnte am 25. Mai 1930 eine Fusion mit der DVP mit 118 gegen 25 Stimmen deutlich ab.[331] Auch der Gründung einer parlamentarischen Arbeitsgemeinschaft wurde nicht zugestimmt. Seit dem 23. Juni 1930 nahm Koch-Weser daraufhin intensive Verhandlungen mit der Volksnationalen Reichsvereinigung auf, an der seitens der jungliberalen Clubbewegung unter anderem Josef Windschuh, Theodor Eschenburg

---

[326] BAK R 45 II / 67, 173.
[327] Brief Webers an Koch-Weser vom 13. März 1930, BAK NL Koch-Weser, NL 12/101, 145.
[328] DVP Braunschweig, Braunschweiger Stadtarchiv, GX6/612 (zit. nach Larry Eugene Jones, The dying middle, Weimar Germany and the failure of bourgeois unity 1924-1930, Wisconsin 1970, S. 425).
[329] BAK R 45 II / 31, 83, 85.
[330] BAK R 45 II / 31, 135.
[331] Ludwig Richter, Die Deutsche Volkspartei, Düsseldorf 2002, S. 635.

und Rochus von Rheinbaben teilnahmen. Man hoffte, mit einer neu zu gründenden Partei nicht nur die jungen Liberalen anzusprechen, sondern auch auf Seiten der DVP prominente Anhänger anzuziehen. An der Tagung vom 26. Juli 1930 nahm neben Adolf Kempkes und Frank Glatzel auch Wilhelm Kahl teil. Die Gründung einer Mittelpartei wurde jedoch von Kempkes abgelehnt. Nachdem Kahl und Kempkes die Versammlung verlassen hatten, teilte Koch-Weser Kahl am Abend telefonisch die Gründung der Deutschen Staatspartei mit. Von dieser jedoch distanzierte sich Kahl.[332]

Zwar sympathisierten starke Kräfte in der DVP mit der Neugründung, doch hielt man das Vorgehen Koch-Wesers, der die Neugründung hinter dem Rücken des Parteivorstandes betrieben hatte, für illoyal.[333] Zudem strebte die Führung der DVP nicht ein Zusammengehen mit der Staatspartei als ganzer an, sondern vielmehr eine Vereinigung mit dieser ohne deren linke Kreise.[334] Dazu unterbreitete Dr. Scholz dem Vertreter Koch-Wesers, Dr. Höpker-Aschoff, ein Angebot, in dem er sich bereit erklärte, auf die Führung der Partei zu verzichten.[335] Höpker-Aschoff lehnte dieses Angebot ab, machte jedoch den Gegenvorschlag, Staatspartei und Volkspartei auf gleichberechtigter Grundlage zu einer neuen Partei unter der vorläufigen Führung Kahls zusammen zu schließen.[336]

Kahl lehnte diesen Vorschlag jedoch ab. Einem solchen Zusammenschluss würde die programmatische Verständigung fehlen, die notwendig vorauszugehen habe. Zwischen den Demokraten und der Volkspartei gebe es im Bewusstsein der Wählerschaft Differenzen, die zunächst ausgeräumt werden müssten. Andernfalls würde der Zusammenschluss gewiss wieder auseinander brechen und die Gegensätze würden dadurch nur noch weiter verschärft werden. Vor allem stünden die Meinungsverschiedenheiten im Hinblick auf die Haltung gegenüber der Sozialdemokratie jeder echten Einheit im Wege. Die Staatspartei sehe hier einen grundsätzlichen Gegensatz. Die Volkspartei hingegen würde auf die politischen Folgerungen aus einer bestimmten Zeitlage eingehen und somit die volle Freiheit der Koalitionsbildung für die Zeit nach den Wahlen behalten.[337] Nachdem die Volkspartei in den Septemberwahlen 1930 empfindliche Verluste hatte hinnehmen müssen - sie verlor über 1,1 Mio. Wähler und erreichte damit nur

---

332 Ludwig Richter, Die Deutsche Volkspartei, Düsseldorf 2002, S. 654-655; NLC vom 30.7.1930, Nr. 145

333 Kahl hatte bereits 1929 in einem Brief an Stresemann zum Ausdruck gebracht, dass er zwar an der Hoffnung einer großen liberalen Partei festhalte, dass diese jedoch nicht auf den Trümmern der DVP gegründet sein dürfe.

334 Karl-Hermann Beeck, Die Gründung der Deutschen Staatspartei im Jahre 1930 im Zusammenhang der Neuordnungsversuche des Liberalismus, Köln 1955, S. 149.

335 NLC, 57. Jg., Nr. 153 vom 9. August 1930.

336 Karl-Hermann Beeck, Die Gründung der Deutschen Staatspartei im Jahre 1930 im Zusammenhang der Neuordnungsversuche des Liberalismus, Köln 1955, S. 124.

337 NLC, 57 Jg., Nr. 159 vom 19. August 1930.

noch 30 Sitze im Reichstag - beschränkte man sich unter der neuen Parteiführung Dingeldeys, unter welchem es innerhalb der DVP zu einem deutlichen Ruck nach rechts kam, auf die Konsolidierung der eigenen Partei.[338]
Damit waren die Versuche der Bildung einer großen liberalen Mittelpartei endgültig gescheitert. Die Liberale Vereinigung, von der seit 1930 kaum noch die Rede war, löste sich 1933 auf.[339]

### 3. Mitglied der Verfassungsgebenden deutschen Nationalversammlung

#### a. Die Verfassungsgebende Nationalversammlung

Nach dem Zusammenbruch der staatlichen Ordnung, im November 1918 war über Nacht die Monarchie aus Deutschland verschwunden.[340] Arbeiter und Soldatenräte übernahmen die öffentliche Gewalt. Drei Mehrheitssozialisten und drei Unabhängige Sozialdemokraten bildeten am 09. November 1918 den Rat der Volksbeauftragten. An dessen Spitze stand der Sozialdemokrat Friedrich Ebert, dem vom letzten kaiserlichen Reichskanzler, Prinz Max von Baden, die Geschäfte anvertraut worden waren. Dieser lud zum 25. November 1918 Vertreter der obersten Reichsorgane und der Landesregierungen zu einer Reichskonferenz.[341] Diese sprach sich, gegen den Widerstand der radikalen Linken,[342] für die Einberufung einer verfassungsgebenden deutschen Nationalversammlung aus.[343] Damit war bereits im Ansatz die Entscheidung für die Demokratie und die Republik gefallen. Das Rätesystem bildete dazu nur einen, wenn auch gefährlichen Übergang.[344] Für die Wahl zur Nationalversammlung wurden die Wahlbestimmungen der späteren Weimarer Reichsverfassung[345] vorweggenommen, und es fanden allgemeine, unmittelbare, proportionale und geheime Wahlen, unter Einbeziehung des Frauenstimmrechts[346] am 19.01.1919 statt. Die Wahlbeteiligung

---

338 Ludwig Richter, Die Deutsche Volkspartei, Düsseldorf 2002, S. 693.

339 BAK Zsg. 126 / 214.

340 Hans Boldt, Die Weimarer Reichsverfassung, in Karl Dietrich Bracher, Manfred Funke, Hans Adolf Jacobsen, Die Weimarer Republik, Bonn 1987, S. 44.

341 Reinhold Zippelius, Kleine deutsche Verfassungsgeschichte, Vom frühen Mittelalter bis zur Gegenwart, München 2002, S. 127.

342 Friedrich Ebel, Rechtsgeschichte, Ein Lehrbuch, Band II, Heidelberg 1993, Rn. 778.

343 Reinhold Zippelius, Kleine deutsche Verfassungsgeschichte, Vom frühen Mittelalter bis zur Gegenwart, München 2002, S. 127.

344 Hans Hattenhauer, Die geistesgeschichtlichen Grundlagen des deutschen Rechts, 4. Auflage, Heidelberg 1996, S. 280; dazu im einzelnen Jan Kohlmann, Der Marsch zu den Gräbern von Karl und Rosa, Geschichte eines Gedenktages, Frankfurt am Main 2004, Seite 21 ff.

345 Zu Wahlen bestimmt Art 22 der WRV: Die Abgeordneten werden in allgemeiner, gleicher, unmittelbarer und geheimer Wahl von den über 20 Jahre alten Männern und Frauen nach dem Grundsatz der Verhältniswahl gewählt. Der Wahltag muss ein Sonntag oder öffentlicher Ruhetag sein.

346 Friedrich Ebel, Rechtsgeschichte, Ein Lehrbuch, Band II, Heidelberg 1993, Rn. 778.

lag bei 83 %. Die Stimmen verteilten sich wie folgt: SPD 37,9 %, Zentrum 19,7%, DDP 18,5%, USPD 7,6%, DVP 4,4 %, DNVP 10,3%. SPD, DDP und Zentrum, die zusammen 78 % der Stimmen hatten erreichen können, bildeten die Weimarer Koalition. So entfielen die meisten Stimmen auf Parteien, die für den Fortbestand des parlamentarisch regierten deutschen Reiches eintraten.[347] Sie wählten am 11. Februar 1919 Friedrich Ebert zum ersten Reichspräsidenten der Republik und beschlossen am 22. Juni 1919 mit 262 Stimmen gegen jene von DVP, DNVP und USPD die Weimarer Reichsverfassung.[348]

Viele Abgeordnete der im Landestheater in Weimar tagenden Nationalversammlung[349] sammelten hier ihre ersten parlamentarischen Erfahrungen. Etwa zwei Drittel aller Abgeordneten waren Neulinge, wobei sich deren Anteil unter den Fraktionen nicht wesentlich unterschieden.[350] Lediglich die USPD und die DVP bildeten hier die Ausnahme. Bei der USPD gab es 45 % Altgediente, bei der DVP hingegen nur 13,6%.[351] Die deutlichste Veränderung bestand jedoch darin, dass dem Parlament nun auch Frauen angehörten, wobei sich der Frauenanteil innerhalb der Fraktionen wesentlich voneinander unterschied.[352] Der Anteil der Frauen sank dabei von links nach rechts. War bei der USPD fast jede siebte Abgeordnete eine Frau, so war es in der DVP nur eine[353] von insgesamt 22.[354]

Kennzeichnend für die Arbeit der Nationalversammlung und die der Fraktionen waren die unsicheren politischen Umstände, unter denen die Abgeordneten in Weimar zu leiden hatten. Zu den schlechten Verkehrsverbindungen kam das Fehlen einer Bibliothek und unzureichendes Aktenmaterial. Gründe, warum dennoch Weimar und nicht etwa Berlin als Sitz der Nationalversammlung bestimmt wurde, war zum einen die Sorge vor Strömungen der radikalen Linken, zum anderen jedoch auch, dass dadurch ein Zeichen des Umdenkens gesetzt werden sollte.[355] Die widrigen Umstände führten schließlich zu einer immer ge-

---

347 Reinhold Zippelius, Kleine Deutsche Verfassungsgeschichte, Vom frühen Mittelalter bis zur Gegenwart, München 2002, S. 128.

348 Dazu schreibt Gustav Stresemann: „Wir haben an ihr mitgearbeitet, und gerade unserer Freund Kahl u.a. haben nach Möglichkeit da, wo es nötig war mit Hand angelegt. Wir unterlagen und mussten in die Opposition gehen."

349 Volksverlag für Politik und Verkehr (Hrsg.), Die Verfassungsgebende Nationalversammlung, Die Nationalversammlung in Wort und Bild, Stuttgart 1919, S. 2.

350 MSPD, Zentrum, DNVP und DDP zählten 60 bis 65 % Neulinge .

351 Thomas Mergel, Parlamentarische Kultur, Politische Kommunikation, symbolische Politik und Öffentlichkeit im Reichstag, Düsseldorf 2002, S. 43.

352 Mit 8,6% stellte der Frauenanteil eine Zahl dar, die im internationalen Vergleich von keinem anderen Parlament erreicht wurde.

353 Bei der einzigen Abgeordneten der DVP handelte es sich um Klara Mende, geb. Bölter aus Potsdam. Sie war Lehrerin und Schriftstellerin (Die Nationalversammlung in Wort und Bild).

354 Thomas Mergel, Parlamentarische Kultur, Politische Kommunikation, symbolische Politik und Öffentlichkeit im Reichstag, Düsseldorf 2002, S. 44.

355 Hans Hattenhauer, Die geistesgeschichtlichen Grundlagen des deutschen Rechts, 4. Aufla-

ringeren Teilnehmerzahl gerade bei Fraktionssitzungen. Die sich dadurch vergrößernde Arbeitsbelastung für die verbleibenden Abgeordneten hatte bei diesen einen erheblichen Machtzuwachs zur Folge. Das galt vor allem für den Verfassungsausschuss, dem Wilhelm Kahl angehörte. Dessen maßgebliche Köpfe machten die wichtigen Fragen unter sich aus. Dazu berichtete der Abgeordnete Wilhelm Keil (SPD):

*„Clemens Delbrück und Adalbert Düringer von der DNVP, Wilhelm Kahl von der DVP, die Demokraten Konrad Haußmann und Hugo Preuß, der Zentrumsjurist Adolf Gröber, der Mehrheitssozialdemokrat Max Quarck, und Hugo Haase von den Unabhängigen lieferten mit ihren „gehaltvollen Diskussionen" einen „geistigen Genuß", der nicht nur aus der fachlichen Qualität der Beteiligten erwuchs, sondern auch aus der Grundeinstellung, selbst in der Opposition Belange des Staates zu vertreten."*[356]

In den Debatten, nicht nur im Verfassungsausschuss, herrschte ein hohes Maß an Bereitschaft sachlicher Problemlösung. Die Schärfe, mit der man sich später im Reichstag bekämpfte gab es noch nicht. Ein Grund dafür lag sicherlich darin, dass Spartakus und Kommunisten sich an der Wahl nicht beteiligt hatten. Neben den Arbeiten an der Verfassung verabschiedete die Nationalversammlung eine Reihe wichtiger und dringlicher Gesetze. Im Herbst 1919 verlegte sie ihren Sitz nach Berlin und beendete ihre Tätigkeit am 21.05.1920. Die erste Reichstagswahl erfolgte am 06.06.1920 und brachte der Weimarer Koalition eine knappe Mehrheit.[357]

### b. Wilhelm Kahl in der Nationalversammlung

Mit 22 Abgeordneten[358] war die Fraktion der Deutschen Volkspartei neben jener der USPD die kleinste in Weimar,[359] überragte aber nach Meinung Stresemanns als geistige Potenz die frühere Reichstagsfraktion bedeutend.

*„Fast jeder einzelne, der zu uns gehört, ist doch eine Persönlichkeit."*[360]

Auch Erich Koch-Weser, Kasseler Oberbürgermeister und Mitglied der DDP Reichstagsfraktion bezeichnete in einem Tagebucheintrag vom 14.02.1919 die Zusammensetzung der DVP-Fraktion für *„besonders glücklich"*.[361]

---

ge, Heidelberg 1996, S. 281.

[356] Wilhelm Keil, Erlebnisse eines Sozialdemokraten, Band II, Stuttgart 1948, S. 176.

[357] Wahlergebnis vom 6.6 1920: SPD, 21,7 %; Zentrum, 13,6 %; DDP, 8,3 %; DNVP 15,1%; DVP, 13,9%, USPD, 17,9%. Die Wahlbeteiligung lag bei 79,2%. Die Ergebnisse der kleineren Parteien wurden, wie oben ebenfalls weggelassen (Eberhard Kolb, Die Weimarer Republik, 6. Auflage, München 2002, S. 282)

[358] Wilhelm Kahl wurde im Wahlkreis 3, Stadt Berlin, gewählt. Auf die DVP entfielen in diesem Kreis 61 876 Stimmen.

[359] Ludwig Richter, Die Deutsche Volkspartei, Düsseldorf 2002, S. 56.

[360] Ludwig Richter, Die Deutsche Volkspartei, Düsseldord 2002, S. 56.

[361] BAK NL Koch-Weser 17, S. 31.

Zur Bedeutung der DVP in der Weimarer Nationalversammlung schrieb Albrecht v. Graefe (DNVP)[362]:

*„Die Rolle zunächst der Deutschen Volkspartei war in Weimar überhaupt noch eine mehr oder weniger bedeutungslose, obwohl sie in ihren Reihen manchen guten Kopf hatte, so den in seiner Art trefflichen ehrwürdigen Professor Dr. Kahl, der noch aus einer Zeit der alten Nationalliberalen Bennigsen, Miquel und Treitschke stammt, ferner den klugen hessischen Minister a. D. Becker, den Schwerindustriellen Boegler, - allerdings auch den jüdischen Freimaurer Rießer.“*[363]

Dies bestätigte Gottfried Traub (DNVP), der in seinen Erinnerungen über Wilhelm Kahl schrieb, dieser habe sich in der Nationalversammlung *„von einer beneidenswerten Frische und nationalen Stoßkraft“* gezeigt.[364]
Prof. Dr. Jacob Rießer (DVP) erinnerte sich 1923, anlässlich des goldenen Doktorjubiläums von Wilhelm Kahl:

*„Im Plenum[365] aber rief er, ebenso wie später im Reichstag, als Fraktionsredner durch den hinreißenden Schwung seiner von starkem Temperament und der sittlichen Kraft einer reinen und gefestigten Persönlichkeit getragenen Reden tiefen Eindruck hervor, der auch außerhalb der Nationalversammlung in den weitesten Kreisen mitempfunden wurde. Er wußte stets das rechte Wort zu rechter Zeit zu finden, den ringenden und unklaren Empfindungen den befreienden Ausdruck zu verleihen und als ein furchtloser Künder und Vertreter der Wahrheit auch auf seine politischen Gegner bald solchen Eindruck zu machen, daß damals eine Zeitung aus dem gegnerischen Lager ihm das Zeugnis ausstellte, er sei das Gewissen der Nationalversammlung.“*[366]

Die „Kölnische Zeitung“ äußerte sich in einem Artikel über die Politiker der Opposition:[367]

*„Kahl sei eigentlich nicht ein eleganter Redner, aber er spreche menschlich, frei, überzeugend; er glaube zwar nicht an den Glanz der neuen Zeit, aber er flöße auch Gegnern Achtung ein.“*

Unter den Sozialdemokraten galt Kahl als ausgemachter Reaktionär, da er auf Parteitagen und im Parlament als Anhänger der Monarchie auftrat. Dabei wurde jedoch leicht übersehen, dass er in der Zusammenarbeit der großen Koalition äußerst kompromissbereit und in Verfassungsfragen loyal war.[368]

---

[362] Mitglied des Reichstages, bzw. der Nationalversammlung 1912-1928, Mitglied der DNVP.
[363] Albrecht v. Graefe, Damals in Weimar, Ein Blick hinter die Kulissen, Der Verrat am Deutschen Volk, Erinnerungen aus der Nationalversammlung – ein Appell an alle Deutsche, Berlin 1929, S. 11.
[364] BAK, NL Traub, S. 16.
[365] Wilhelm Kahl war neben Becker, Heinze und Rießer der häufigste Redner der DVP in der Nationalversammlung (Ludwig Richter, Die Deutsche Volkspartei, Düsseldorf 2002, S. 56).
[366] Jacob Rießer, Kahl der Parlamentarier, DJZ 1923, Sp. 188.
[367] Kölnische Zeitung vom 27.2.1919, „Die Redner der Opposition“
[368] Wolfgang Hartenstein, Die Anfänge der Deutschen Volkspartei 1918-1920, Düsseldorf

## 4. Mitarbeit Kahls im Verfassungsausschuss

### a. Der Verfassungsausschuss

Der Verfassungsausschuss wurde eingesetzt, nachdem Hugo Preuß am 21.2.1919 der Nationalversammlung seinen zuvor mit Ländervertretern beratenen „Entwurf einer Verfassung der Deutschen Reichs“ vorgelegt hatte. Der 8. Ausschuss tagte vom 4. März bis 2. Juni in erster, und vom 3. Bis 18. Juni in zweiter Lesung.[369] Seine Beschlüsse wurden unter „Korrektur VII“ und „Korrektur VIII“ zusammengefasst. Am 18. Juni 1919 kam die Vorlage „Entwurf einer Verfassung des deutschen Reiches nach den Beschlüssen des 8. Ausschusses (Entwurf V) in das Plenum.

Der Verfassungsausschuss war der 8. Ausschuss der Nationalversammlung, an den das Plenum nach der ersten Lesung den Regierungsentwurf[370] der Reichsverfassung überwies. Dieser bestand aus 28 Mitgliedern,[371] wobei die Besetzung auf Grundlage der Mandatsverteilung in der Nationalversammlung erfolgte.[372] Von den Sozialdemokraten waren Bader, Fischer, Hildebrand, Frau Juchacz, Kahmann, Katzenstein, Meerfeld und Dr. Quarck vertreten, vom Zentrum Dr. Beyerle, Gröber, Mausbach, Dr. Spahn, Stegerwald und Trimborn. Die DDP entsandte Dr. Ablaß, Haußmann, Erich Koch-Weser, D. Naumann sowie Dr. Zöpfel, die DNVP Dr. v. Delbrück, Dr. Düringer und Schultz. Die DVP wurde von Kahl und Dr. Heinze vertreten, die USPD von Dr. Cohn. Als Vorsitzender wurde Haußmann gewählt, zu den stellvertretenden Vorsitzenden Dr. Spahn und Dr. Quarck, zu Schriftführern Katzenstein, Dr. Beyerle und Dr. Zöpfel.

Sowohl auf der Regierungsseite, der zweiundzwanzig Mitglieder angehörten, wie auf Seiten der Opposition befanden sich ausgezeichnete Kenner des Staats-

---

1962, S. 269

[369] Stenographische Berichte der Nationalversammlung, Band 336

[370] Der erste Verfassungsentwurf wurde vom Staatssekretär des Innern Preuß am 3. Dezember 1918 dem Rat der Volksbeauftragten vorgelegt, der diesen billigend zur Kenntnis nahm. Am 3. Januar 1919 schloss das Reichsamt des Inneren den Vorentwurf einer Reichsverfassung ab, welcher auf das Modell eines dezentralisierten Einheitsstaates unter Auflösung Preußens abzielte. Ihm folgte der Entwurf II am Tag nach der Wahl zur Nationalversammlung. Obwohl man zunächst die Länder nicht mit in die Beratungen einbeziehen wollte, wurde am 25. Januar 1919 eine Staatenkonferenz unter Leitung von Ebert in das Reichsamt des Innern einberufen. Dieser Konferenz folgte der Entwurf III, der weitgehende Zugeständnisse an die Länder machte, z.B. war von der Aufteilung Preußens nicht mehr die Rede. Nach Abstimmung der Reichsregierung mit dem Staatenausschuss folgte der Entwurf IV, der am 21. Februar 1919 von Preuß in die Nationalversammlung eingebracht wurde.

[371] Der Verfassungsausschuss konstituierte sich als letzter der von der Nationalversammlung eingesetzten Ausschüsse, da die erste Lesung der Verfassung im Plenum der Nationalversammlung abgewartet werden musste.

[372] Ludwig Richter, Kirche und Schule in den Beratungen der Weimarer Nationalversammlung, Düsseldorf 1996, S. 285.

rechts. Zu ihnen gehörte auch Wilhelm Kahl.[373] Kennzeichnend für die Arbeit der Opposition war, dass sie im Gegensatz zu Reden im Parlament oder bei öffentlichen Proklamationen[374] im Verfassungsausschuss zur sachlichen Arbeit mit den Regierungsparteien bereit war.[375] Aufschlussreich dazu ist eine Aussage Kahls während der Verfassungsberatungen. Er umfasste die Tätigkeit des Ausschusses damit, dass er darauf hinwies, dass die Findung eines Kompromisses die vornehmliche Aufgabe sei.[376]
Dass gerade Kahl von der DVP in den Verfassungsausschuss berufen wurde, lag zum einen an seiner herausragenden Qualifikation als Staatsrechtslehrer, zum anderen daran, dass er sich schon vor den Beratungen des Verfassungsausschusses mit Abgeordneten anderer Fraktionen getroffen hatte, um die staatskirchenrechtlichen Fragen zu klären.

### b. Die Verfassungsberatungen

#### aa. Erste Lesung des Verfassungsentwurfs

Als Altersvorsitzender eröffnete Wilhelm Kahl die erste Sitzung des achten Ausschusses am 4. März 1919, in welchem über die Aufteilung der Materie abgestimmt wurde.
Hierbei wurde er zum Referenten über den ersten Abschnitt des Entwurfs, namentlich über die Art. 1-6 und 10-14 bestimmt. Sein Mitberichterstatter wurde Dr. Quarck von den Sozialdemokraten.[377]

#### (1) Kahl zur Überschrift des ersten Abschnittes der Verfassung[378]

Als Berichterstatter für den ersten Abschnitt der neuen Verfassung schlug Kahl die Überschrift *„Das Reich und seine Gliedstaaten"* vor. Damit werde zum Ausdruck gebracht, dass Deutschland auch weiterhin den Namen „Deutsches Reich" behalte. Den Titel „Deutsche Republik" lehnte Kahl mit dem Hinweis ab, dass darin nicht gleichzeitig die Staatsform zum Ausdruck kommen müsse. Ferner sei in der Überschrift die künftige Gliederung des Staates deutlich zu erkennen. Ein Einheitsstaat sei damit ausgeschlossen, auch wenn dies das politische Ideal und geschichtliche Ziel bleiben werde. Jedoch sei dieses derzeit nicht zu erreichen. Daher bleibe das Deutsche Reich was es bisher gewesen war, ein

---

[373] Ernst Rudolf Huber, Deutsche Verfassungsgeschichte, Band 5, Weltkrieg, Revolution und Reichserneuerung, Stuttgart 1978, S. 1190.
[374] Die sachliche Mithilfe trat bei diesen Auftritten meist ganz hinter den agitatorischen, rein von taktischen Gesichtspunkten diktierten Augenblickseffekt zurück. Auch in Fällen, in denen eine Unterstützung der Regierungsparteien mit den Grundsätzen der Partei vereinbar gewesen wäre, erwies sich der Primat des Taktischen als stärker.
[375] Ludwig Richter, Deutsche Volkspartei, Düsseldorf 2002, S. 59, 60.
[376] Stenographische Berichte der Nationalversammlung, Band 336, S. 83.
[377] Stenographische Berichte der Nationalversammlung, Band 336, S. 22.
[378] Stenographische Berichte der Nationalversammlung, Band 336, S. 23 ff.

Bundesstaat. Danach wandte sich Kahl der Frage zu, ob das neue Deutsche Reich Rechtsnachfolger des alten sei. Es gebe durchaus viele Verbindungen zwischen dem alten und dem neuen Deutschen Reich, wie etwa die starke Stellung des Reichspräsidenten und viele Rechtsätzen außerhalb der Verfassung. Insoweit könne man von einer Kontinuität ausgehen. Andererseits sei durch die Revolution ein solcher Bruch entstanden, dass man kaum noch von Rechtsnachfolge sprechen könne. Der neue Staat sei von ganz anderer Art als der alte, was an seiner Entstehung wie rechtlichen Konstruktion deutlich zum Ausdruck komme. In den Jahren 1870 / 1871 habe keine Zentralregierung ohne Beteiligung der Länder über die Verfassung entscheiden können, nun geschehe dies ohne Einbeziehung der Gliedstaaten. Der jetzige Bundesstaat sei staatenrechtlich eine res sui generis. Neben Cohn (USPD) war Kahl damit der einzige, der die Kontinuität verneinte.
Im Anschluss an Kahls Bericht über die Überschrift zum ersten Abschnitt entwickelte sich eine Debatte zu nahezu allen in seiner Rede gemachten Vorschlägen. Es wurde schon zu Beginn der Debatte deutlich, wie schwierig eine Einigung auch nur unter den 28 Mitgliedern des Verfassungsausschusses sein werde. Zu dem künftigen Namen Deutschlands gab es mehrere Vorschläge. Der Abgeordnete Naumann (DDP)[379] schlug vor, „Deutsches Reich“ durch „Deutscher Bund“ zu ersetzen, um vor allem den Franzosen und Engländern deutlich zu machen, dass sich der neue Staat deutlich von dem alten unterscheide. Er wolle zwar keinen besonderen Antrag stellen, dies jedoch als Diskussionsgrundlage anbieten.
Reichsminister des Innern Dr. Preuß widersprach den Ausführungen Naumanns.[380] Der Name „Deutscher Bund“ würde einen entschiedenen Rückschritt zum Namen „Deutsches Reich“ darstellen. Eher sei es denkbar, in der Überschrift „Deutsche Republik“ und im Texte der Verfassung „Deutsches Reich“ zu sagen. Die Frage, ob das neue Reich Nachfolger des alten sei, stelle sich überhaupt nicht. Es sei selbstverständlich dasselbe Rechtssubjekt mit veränderter Verfassung. Das Reich als solches bestehe fort.
Dr. Cohn (USPD) beantragte den Namen „Deutsche Republik“ zu wählen, da so bereits im Namen der freistaatliche Charakter Deutschlands zum Ausdruck komme.[381] Außenpolitische Bedenken sprächen gegen den alten Namen „Deutsches Reich“. Es brauche ja nicht in der gesamten Verfassung das Wort Reich *„ausgemerzt“* werden, jedoch komme es auf die Überschrift an, die durch „Deutsche Republik“ zu ersetzen sei.
Koch (Cassel) schloss sich Kahl insoweit an, als er den alten Namen beibehalten wolle.[382] Jedoch solle anstelle des Wortes „Gliedstaaten“ der Ausdruck „Länder“

379 Stenographische Berichte der Nationalversammlung, Band 336, S. 24.
380 Stenographische Berichte der Nationalversammlung, Band 336, S. 24.
381 Stenographische Berichte der Nationalversammlung, Band 336, S. 25.
382 Stenographische Berichte der Nationalversammlung, Band 336, S. 25.

gesetzt werden, da dieser auch in anderen Teilen der Verfassung immer wieder genannt sei und auch dem Sprachgebrauch entspreche. Man einigte sich auf die Überschrift „Reich und Länder".[383]

### (2) Kahl zu Artikel 1

Art. 1 des von Hugo Preuß verfassten Regierungsentwurfs lautete:

*„Das Reichsgebiet besteht aus den Gebieten der bisherigen deutschen Gliedstaaten sowie aus den Gebieten, deren Bevölkerung kraft des Selbstbestimmungsrechts Aufnahme in das Reich begehrt, und die durch Reichsgesetz eingegliedert werden. Die Reichsfarben sind schwarz - rot - gold."*[384]

Gerade Artikel 1, mit der in ihm enthaltenen Regelung zu den Reichsfarben, war nicht nur im Parlament sondern im gesamten Volk der Umstrittenste.[385]
Hugo Preuß hatte sich für die Farben der Paulskirchenverfassung entschieden und entsprach damit den Wünschen der politischen Linken, nicht jedoch jenen des Volkes. Dieses verstand es nicht, warum die Farben des Sieges von Sedan und der Schlachten des Weltkrieges gegen jene der gescheiterten Paulskirche eingetauscht werden sollten. Gerade die Opfer, die durch das Deutsche Reich unter diesen Farben erbracht worden waren, hatten sie geheiligt.[386] Gegen den Regierungsentwurf beantragte Kahl man solle die Länder namentlich in Artikel 1 aufzählen, sowie das Selbstbestimmungsrecht der Völker nicht rechtlich verankern, da sich das Reich damit selbst unnötige Fesseln anlege. Dazu sei das Prinzip der Selbstbestimmung noch zu jung. Im Übrigen könne dieses Selbstbestimmungsrecht bei späteren kleineren Grenzberichtigungen, bei denen lediglich eine geringe Bevölkerungszahl betroffen sei, geradezu lächerlich wirken.[387]
Bei der Fassung des Artikel 1 seien auch die Kolonien zu berücksichtigen. Hier stelle sich die Frage, ob man sie als Reichsgebiete bezeichnen solle, was z.B. für den Begehungsort von strafbaren Handlungen von Bedeutung sei. Jedoch sei es richtiger die Kolonien nicht als Reichsgebiete zu bezeichnen. Dann aber stehe die Frage im Raum, ob dies in Artikel 1 festgestellt werden müsse.
Dr. Quarck (SPD) entgegnete den Ausführungen Kahls, die Aufzählung der Länder sei eine Frage reiner Zweckmäßigkeit. Viel wichtiger sei das Problem, ob die Worte „kraft eigenen Selbstbestimmungsrecht" in der Verfassung zu belassen seien.[388] Die von Kahl genannten Fälle könnten kein Anlass sein, darauf zu verzichten. Über die Kolonien könne derzeit keine Aussage getroffen werden,

---

[383] Stenographische Berichte der Nationalversammlung, Band 336, S. 2.
[384] Aktenstück Nr. 59, Anlagen zu den Berichten der Nationalversammlung, Band 335, S. 48.
[385] Hans Hattenhauer, Deutsche Nationalsymbole, Geschichte und Bedeutung, Köln 1998, S. 23.
[386] Hans Hattenhauer, Die geistesgeschichtlichen Grundlagen des deutschen Rechts, 4. Ausgabe, Heidelberg 1996, S. 289.
[387] Stenographische Berichte der Nationalversammlung, Band 336, S. 27.
[388] Stenographische Berichte der Nationalversammlung, Band 336, S. 27.

da die Ergebnisse der Friedensverhandlungen abgewartet werden müssten. Anschließend gab Dr. Preuß zu bedenken, dass das Streichen der Worte „kraft eigenen Selbstbestimmungsrechts" leicht zum Vorwurf annexionistischer Gesinnung gegen Deutschland führen könne.[389]

Am Ende der Beratungen zu Artikel 1 beantragte Kahl, an den Reichsfarben „schwarz-weiß-rot" festzuhalten. Er habe nichts gegen die Farben „schwarz-rot-gold", obwohl schmerzliche historische Erinnerungen mit ihnen verbunden seien, jedoch sprächen vor allem praktische Erwägungen, wie die Erkennbarkeit auf See, für die Beibehaltung von „schwarz-weiß-rot".[390]

Dem widersprach sein Mitberichterstatter Dr. Quarck (SPD) entschieden. „Schwarz-weiß-rot" seien die Farben des alten preußischen Obrigkeitsstaates, und dürften daher nicht übernommen werden.[391] Anders als beim Namen des zukünftigen Reichs gab es bei den Reichsfarben heftigen Meinungsstreit. Bis zur Schlussabstimmung über die Verfassung verharrte jede Partei auf ihrem Standpunkt.

Noch drei Jahre später brachte Kahl in einer Rede am 11. Juli 1922 als Abgeordneter der DVP im Reichstag seine Verbitterung über den endlich vollzogenen Farbenwechsel zum Ausdruck:[392]

*„Wir haben den Wechsel als verletzend empfunden. Weshalb? Weil wir der Meinung waren und sind, daß ein Volk im Unglück nicht seine Farben herunter holen soll."*

So kam es, dass er sich bei jeder Debatte des Verfassungsausschusses und der Nationalversammlung, die die Reichsfarben zum Inhalt hatte, entschieden für die Wiedereinführung der alten Reichsfarben einsetzte. Bei der am darauf folgenden Tag stattfindenden Abstimmung zog Kahl seinen Antrag auf Aufzählung der Länder zurück und schloss sich einem von Senator Dr. Rebelthau eingereichten Antrag an, der das Wort „Gliedstaaten" mit Rücksicht auf die Hansestädte durch „Länder und freie Städte" ersetzen wollte.[393] Dieser Vorschlag konnte sich jedoch nicht durchsetzen. Vom Ausschuss ange
nommen wurde der Antrag als Überschrift „das Reich und seine Länder" zu wählen. Artikel 1 Absatz 1 erhielt die folgende Fassung:[394]

*„Das Deutsche Reich ist eine Republik. Das Reichsgebiet besteht aus den Gebieten der bisherigen deutschen Länder. Andere Gebiete können durch Reichsgesetz in das Reich aufgenommen werden, wenn es ihre Bevölkerung kraft Selbstbestimmungsrecht begehrt."*

---

389 Stenographische Berichte der Nationalversammlung, Band 336, S. 27.
390 Stenographische Berichte der Nationalversammlung, Band 336, S. 28.
391 Stenographische Berichte der Nationalversammlung, Band 336, S. 28.
392 Stenographische Berichte des Reichstages, Band 356, S. 8424 ff.
393 Stenographische Berichte der Nationalversammlung, Band 336, S. 28.
394 Stenographische Berichte der Nationalversammlung, Band 336, S. 28.

### (3) Kahl zu Artikel 2[395]

Nachdem die weiteren Beratungen über Artikel 1 in der 3. Sitzung des 8. Ausschusses am 6. März 1919 wegen einzuholender Materialien zur Flaggenfarbe verschoben worden waren, begannen die Beratungen zu Artikel 2 des Regierungsentwurfs. Dieser lautete:

*„Die Staatsgewalt liegt beim Volke.*

*Sie wird in Reichsangelegenheiten durch die auf Grund der Reichsverfassung bestehenden Organe ausgeübt, in den Landesangelegenheiten durch die Organe der deutschen Gliedstaaten nach Maßgabe ihrer Landesverfassungen."*[396]

Kahl beantragte, den Wortlaut des ersten Satzes zu ändern sowie den zweiten Satz ganz zu streichen, da er nur einen selbstverständlichen Grundsatz enthalte. Satz 1 solle lauten: *„Die Staatsgewalt des Reiches steht dem deutschen Volke zu."* Der Regierungsentwurf bringe nicht deutlich genug zum Ausdruck, ob die Souveränität der Einzelstaaten gewahrt bleibe. Sein Antrag wurde nach kurzer Aussprache abgelehnt und Abs. 2 beibehalten.[397]

### (4) Kahl zu Artikel 3

Art. 3 des Regierungsentwurfs lautete:

*„Die allgemein anerkannten Regeln des Völkerrechts gelten als bindende Bestandteile des deutschen Reichsrechts."*[398]

Wilhelm Kahl wandte sich mit grundsätzlichen Bedenken gegen eine Aufnahme dieses Artikels in die Verfassung.[399] Er begründete diese Bedenken mit juristischen und politischen Argumenten. Seines Wissens gebe es kaum wirklich anerkannte Regeln des Völkerrechts. Das Deutsche Reich habe nur sehr wenige völkerrechtliche Verträge mit auswärtigen Staaten geschlossen. Zudem handele es sich beim Völkerrecht um Staatsrecht. Es könne also für die Bürger eines Staates keine Rechtswirkung entfalten. Falls man diesen Grundsatz in die Verfassung aufnehme, setze man Deutschland der Willkür solcher Staaten aus, die ihre völkerrechtliche Überzeugung als die allgemein gültige behaupteten.[400] Aus politischen Gründen sei die Aufnahme des Artikel 3 in die Verfassung nicht ratsam, weil dann der Eindruck entstehen könne, das deutsche Volk wolle sich wegen seiner früheren Stellung zum Völkerrecht selbst anklagen und dem außerdeutschen Völkerrecht beugen. Zudem sei das Völkerrecht im Krieg durch England, wo das Völkerrecht nicht in der Verfassung verankert sei, weit mehr verletzt

395 Stenographische Berichte der Nationalversammlung, Band 336, S. 28.
396 Aktenstück Nr. 59, Anlagen zu den Berichten der Nationalversammlung, Band 335, S. 48.
397 Stenographische Berichte der Nationalversammlung, Band 336, S. 32.
398 Aktenstück Nr. 59, Anlagen zu den Berichten der Nationalversammlung, Band 335, S. 48.
399 Stenographische Berichte der Nationalversammlung, Band 336, S. 31.
400 Stenographische Berichte der Nationalversammlung, Band 336, S. 31.

worden als durch das Deutsche Reich.[401] Es könne auch nicht davon ausgegangen werden, dass sich durch die Aufnahme eines solchen Artikels das Ansehen des Deutschen Reiches bei seinen Feinden wesentlich verbessern werde. Der vom Vorsitzenden des 8. Ausschusses Haußmann (DDP) eingebrachte Entwurf berücksichtige zwar nahezu alle diese Bedenken, enthalte jedoch weiter die Wendung „allgemein gültige Regeln des Völkerrechts". Der Antrag Haußmanns (DDP) lautete:

*„Für die Beziehung des deutschen Reiches zu auswärtigen Staaten sind die Staatsverträge, die allgemein anerkannten Regeln des Völkerrechts und, wenn das Reich in den Völkerbund eintritt, dessen Bestimmungen maßgebend. Gesetzgebung und Verwaltung auf dem Gebiete der auswärtigen Angelegenheiten sind ausschließlich Sache des Reiches."*[402]

Mitberichterstatter Dr. Quarck (SPD) sah in dem Antrag Haußmanns (DDP) eine deutliche Verbesserung zum Regierungsentwurf.[403] Dem Einwand Kahls, kein anderes Land kenne eine ähnliche Bestimmung in seiner Verfassung, hielt er entgegen, die Lage Deutschlands erfordere ein klares Bekenntnis zum Völkerrecht. Zudem sei zu bedenken, dass die bisherige Beziehung Deutschlands zum Völkerrecht und insbesondere zu dessen lebendigen Entwicklungen bedenklich gewesen sei. Der Antrag Haußmanns (DDP) wolle nur in mehr oder weniger verbindlicher Weise aussprechen, dass sich das Deutsche Reich an der Entwicklung des Völkerrechts mehr als bisher beteiligen wolle.[404]

Haußmann (DDP) rechtfertigte seinen Antrag mit dem Hinweis, dass mit den allgemeinen Regeln des Völkerrechts nur solche gemeint seien, die auch Deutschland anerkenne.[405] Durch das Wort „Eintritt" in seinem Antrag sei die volle Souveränität Deutschlands gewahrt, da man nur dann eintreten werde, wenn Gleichberechtigung gewährleistet sei.

Dr. Delbrück (DNVP) pflichtete den Ausführungen Kahls bei.[406] Auch seiner Ansicht nach gebe es kaum anerkannte Regeln des Völkerrechts. Zudem bedürfe es für deren Umsetzung eines gesetzlichen Aktes. Der Antrag Haußmanns (DDP) sei annehmbar, wenn die Worte *„die allgemein anerkannten Regeln des Völkerrechts"* gestrichen würden.

Dr. Preuß erwiderte auf die Bedenken Kahls, er gebe zwar zu, nicht mit mathematischer Sicherheit sagen zu können, was die allgemein anerkannten Regeln des Völkerrechts seien, man könne jedoch von der einstimmigen Beschlusslage der Großmächte ausgehen.[407] Keinesfalls könne in diesem Artikel ein deutsches

---

401 Stenographische Berichte der Nationalversammlung, Band 336, S. 31.
402 Stenographische Berichte der Nationalversammlung, Band 336, S. 31.
403 Stenographische Berichte der Nationalversammlung, Band 336, S. 31.
404 Stenographische Berichte der Nationalversammlung, Band 336, S. 31.
405 Stenographische Berichte der Nationalversammlung, Band 336, S. 31.
406 Stenographische Berichte der Nationalversammlung, Band 336, S. 31 f.
407 Stenographische Berichte der Nationalversammlung, Band 336, S. 32 f.

Sündenbekenntnis gesehen werden. Bei der in der 4. Sitzung folgenden Abstimmung einigte man sich auf folgenden Wortlaut des Art. 3:[408]

*„Für die Beziehungen des Deutschen Reichs zu auswärtigen Staaten sind die Staatsverträge, die allgemein anerkannten Regeln des Völkerrechts und, wenn das Reich in den Völkerbund eintritt dessen Bestimmungen maßgebend."*

### (5) Kahl zu Artikel 14

Artikel 14 des Regierungsentwurfs lautete:

*„Die Reichsregierung übt die Aufsicht in den Angelegenheiten aus, die durch die Reichsgesetzgebung geregelt sind.*

*Insoweit die Reichsgesetze von den Landesbehörden auszuführen sind, steht der Regierung die Befugnis zu, allgemeine Verwaltungsvorschriften über die Ausführung der Reichsgesetze zu erlassen. Sie ist ermächtigt, zur Überwachung der Ausführung der Reichsgesetze zu den Landeszentralbehörden Beauftragte zu entsenden.*

*Die Landesregierungen sind verpflichtet, auf Ersuchen der Reichsregierung Mängel, die bei der Ausführung der Reichsgesetze hervorgetreten sind, zu beseitigen; bei Meinungsverschiedenheiten kann sowohl die Reichsregierung wie die Regierung des betroffenen Gliedstaates die Entscheidung des Staatsgerichtshofs anrufen."*[409]

Unter Hinweis auf die Entstehungsgeschichte des Begriffs der Reichsaufsicht sowie auf die bisherige Praxis im Reiche legte Kahl dar, aus welchen Gründen das Reich unmöglich auf ein Aufsichtsrecht verzichten könne.[410] Dieses werde jedoch durch den im Entwurf vorgesehenen Abs. 1 in nicht unbedenklicher Weise eingeschränkt und bleibe hinter dem bislang geltenden Recht zurück, da darin die Betätigung der Reichsaufsicht abhängig gemacht werde von dem vorherigen Erlass eines Reichsgesetzes. Es werde dem Reich das „selbständige Aufsichtsrecht" als Befugnis, die Einzelstaaten schon vor Erlass eines Reichsgesetzes zu beaufsichtigen, versagt.[411]

Nach derzeitigem Recht besitze das Reich zweifelsohne ein selbständiges Aufsichtsrecht, welches es auch wahrnehme. Dies folge aus dem Wortlaut des Art. 4 der alten Verfassung sowie aus deren Entstehungsgeschichte. Auch die Praxis zeige, dass sich das Reich bisher dieses Aufsichtsrechts bedient habe. So habe es im Jahre 1897 in die Hansestädte Auswanderungskommissare bestellt, um dort entstandene Missstände zu beseitigen. Daher sei ein Verzicht auf das selbständige Aufsichtsrecht unmöglich denkbar. Das Recht sei zum Schutze des Reichs und des allgemeinen Interesses notwendig. Deshalb sollten in Artikel 14 die Worte *„die durch die Reichsgesetzgebung geregelt sind"* durch *„in denen nach*

---

[408] Stenographische Berichte der Nationalversammlung, Band 336, S. 33.
[409] Aktenstück Nr. 59, Anlagen zu den Berichten der Nationalversammlung, Band 335, S. 49.
[410] Stenographische Berichte der Nationalversammlung, Band 336, S. 80.
[411] Stenographische Berichte der Nationalversammlung, Band 336, S. 80.

*Art. 9 und 9 a dem Reich das Recht der Gesetzgebung zusteht"* ersetzt werden.[412] Demnach müsse Art. 14 wie folgt lauten:[413]

*„Die Reichsregierung übt die Aufsicht in den Angelegenheiten aus, in denen nach Artikel 9 und 9a dem Reich das Recht der Reichsaufsicht zusteht.*

*Insoweit die Reichsgesetze von den Landesbehörden auszuführen sind, steht der Reichsregierung die Befugnis zu, allgemeine Verwaltungsvorschriften und die Landesbehörden verpflichtende Anweisungen zur Ausführung der Landesgesetze zu erlassen. Sie ist ermächtigt, zur Überwachung der Ausführung der Reichsgesetze in die Länder Beauftragte zu entsenden.*

*Die Landesregierungen sind verpflichtet, auf Ersuchen der Reichsregierung Mängel, die bei der Ausführung der Reichsgesetze hervorgetreten sind, zu beseitigen; bei Meinungsverschiedenheiten kann sowohl die Reichsregierung wie die Landesregierung die Entscheidung eines sachlich zuständigen Gerichtshofs des Reichs, in Ermangelung eines solchen, die Einscheidung des Staatsgerichtshofs anrufen."*

Zu diesem Antrag Kahls meldeten Dr. Quarck (SPD) und Dr. Preuß Bedenken gegen die Aufnahme der Worte „nach Art. 9 und 9a" an.[414] Insoweit gehe der Antrag nicht weit genug, weil damit andere Sachverhalte ausgeklammert würden, die ebenfalls zur Reichskompetenz gehörten, wie Militärwesen, Zollverwaltung und auswärtige Angelegenheiten.
Kahl erklärte daraufhin, man könne eigentlich über Grundsätze keine Aufsicht führen, jedoch habe er keine Bedenken gegen die Streichung der Worte „nach Artikel 9 und 9a".[415]
Anschließend baten die Gesandten der Länder von Preger (Bayern)[416] und Heine (Preußischer Justizminister),[417] man solle es bei der Fassung des Regierungsvorschlags belassen und keine Ausdehnung des Aufsichtsrechts auf die in Art 9 und 9a aufgelisteten Kompetenzen beschließen. Die Ausdehnung eines solchen Aufsichtsrechts des Reichs schränke den Handlungsraum der Länder unnötig ein. Vor allem würden *„mehrere Dezennien vergehen, ehe das Reich auf allen diesen Gebieten von seiner Gesetzgebungskompetenz Gebrauch macht"*.[418]
Diese Bedenken versuchte Kahl durch den Hinweis zu entkräften, dass die Reichsaufsicht lediglich ausgeübt werden „könne". Die Reichsregierung werde sich durchaus nicht einmischen wollen, wo dazu kein Anlass gegeben sei. Es sei damit zu rechnen, dass die Reichsregierung den erforderlichen politischen Takt besitzen werde.[419] Da Kahl sich damit einverstanden erklärt hatte, die von ihm

---

[412] Stenographische Berichte der Nationalversammlung, Band 336, S. 80.
[413] Antrag Nr. 28, Stenographische Berichte der Nationalversammlung, Band 336, S. 80.
[414] Stenographische Berichte der Nationalversammlung, Band 336, S. 81.
[415] Stenographische Berichte der Nationalversammlung, Band 336, S. 81.
[416] Stenographische Berichte der Nationalversammlung, Band 336, S. 81.
[417] Stenographische Berichte der Nationalversammlung, Band 336, S. 81.
[418] Stenographische Berichte der Nationalversammlung, Band 336, S. 81.
[419] Stenographische Berichte der Nationalversammlung, Band 336, S. 82.

vorgeschlagenen Worte *„nach Art. 9 und 9a“* zu streichen, wurde sein Entwurf zu Absatz 1 angenommen, so dass dieser lautete:[420]

*„Die Reichsregierung übt die Aufsicht in den Angelegenheiten aus, in denen dem Reich das Recht der Gesetzgebung zusteht.“*

Bei seinen Ausführungen zu Abs. 2 und 3 des Artikels 2 legte Kahl zunächst dar, dass im Entwurf von Preuß an dieser Stelle noch das unitarische Prinzip gestanden habe,[421] jetzt jedoch durch das föderale des Staatenausschusses ersetzt worden sei. Im Hinblick auf Abs. 2 des Art. 14 sprach sich Kahl dafür aus, wieder auf den Vorentwurf zurückzukommen. Entsprechend seinem Änderungsantrag und getragen von praktischen Überlegungen solle jedoch ein unmittelbar verpflichtendes Weisungsrecht - welches nicht an die einzelnen Landesbehörden zu gehen habe, sondern durch die Landeszentralbehörde an die mittleren und unteren Behörden ergehen soll - sowie die unmittelbare administrative Aufsichtsübung eingefügt werden.[422] Eine Befugnis des Reichs zum Erlass allgemeiner Verwaltungsvorschriften sei nicht ausreichend. Vielmehr müsse es durch ein unmittelbar verpflichtendes Weisungsrecht ergänzt werden, welches durch die Landeszentralbehörden gegenüber den mittleren und unteren Landesbehörden auszuüben sei. Es habe keinen Sinn, im Aufsichtswege lediglich den Erlass von allgemeinen Verwaltungsvorschriften zu ermöglichen, wenn deren spätere Kontrolle nicht möglich sei.[423] Der in Satz 2 des zweiten Absatzes für die Reichsregierung vorgesehene Weg über die Landeszentralbehörden mache eine wirkungsvolle Aufsicht des Reichs gegenstandslos. Es sei illusorisch zu glauben, dass auf diese Weise eine wirksame Reichsaufsicht über die Länder möglich sei. Vielmehr müsse es dem Beauftragten des Reichs möglicht sein, auch die mittleren und unteren Landesbehörden zu erreichen. Die in seinem Antrag gebrauchte Wendung *„in den Ländern“* erfordere eine unmittelbare administrative Aufsicht. Diese sei nicht zu entbehren, und habe im Übrigen auch bisher bestanden.[424]
Es sei auch nicht zu befürchten, dass damit in die bestehende Beamtenhierarchie eingegriffen werde. Es müsse den Reichsbeauftragten also gestattet sein, den Beamten der unteren und mittleren Landesbehörden Weisungen zu erteilen. Eine solche unmittelbare Aufsichtsübung dürfe jedoch nicht stattfinden, ohne dass vorher die Landeszentralbehörden davon in Kenntnis gesetzt worden seien. Zu

---

[420] Stenographische Berichte der Nationalversammlung, Band 336, S. 83.

[421] Es hieß dort in Artikel 8: „Soweit die Ausführung der Reichsgesetze nicht den Reichsbehörden zusteht, sind die Landesbehörden verpflichtet, den Anweisungen der Reichsregierung Folge zu leisten.“ In Abs. 3 hieß es: „Bei Zuwiderhandlung kann gegen die schuldigen Landesbeamten aufgrund der für die Reichsbeamten geltenden Disziplinarvorschriften vorgegangen werden.“

[422] Stenographische Berichte der Nationalversammlung, Band 336, S. 83.

[423] Stenographische Berichte der Nationalversammlung, Band 336, S. 83.

[424] Stenographische Berichte der Nationalversammlung, Band 336, S. 83.

Abs. 3 sprach sich Kahl dafür aus, an die Stelle einer Entscheidung des Staatsgerichtshofs die des jeweils zuständigen ordentlichen Gerichts zu setzen. Der Staatsgerichtshof habe immer einen politischen Charakter, so dass die Reichsaufsicht durch seine Beteiligung einen unerwünschten politischen Unterton bekäme.[425]
Mitberichterstatter Quarck (SPD) ging darauf in seinen Ausführungen noch weiter. In seinem Antrag[426] schlug er vor, Abs. 2 wie folgt zu formulieren: *„diese Beauftragten haben alle Befugnisse der Landeszentralbehörden und üben sie im Einvernehmen mit ihnen aus.“*[427] Dadurch sei gleichzeitig eine Beschränkung der Befugnisse der Beauftragten gegeben, die in Kahls Antrag nicht vorgesehen sei. Bei der Frage, ob der Staatsgerichtshof oder ein ordentliches Gericht angerufen werden solle, schloss Quarck (SPD) sich den Ausführungen Kahls an, begründete dies aber auch damit, dass die Anrufung des Staatsgerichtshofs in Einzelfällen zu zeitaufwändig sei.
Die Ländervertreter sprachen sich, wie bereits bei Absatz 1, gegen eine zu starke Reichsaufsicht aus. Zwar wollten sie der Reichsregierung umfassende Befugnisse bei der Reichsaufsicht zugestehen,[428] doch genüge dem der Entwurf bereits. Eine weitergehende Reichsaufsicht sei in Zukunft dank der demokratischen Verfassungen der Länder auch nicht mehr notwendig. In der Abstimmung wurde der Antrag Kahls mit Änderungsvorschlägen von Gröber (Zentrum) angenommen.[429]

### (6) Kahl zu den Kirchenrechtsbestimmungen

#### (a) Ausgangslage

Zu Beginn seiner Arbeit in der Nationalversammlung hatte Kahl erklärt, es komme ihm darauf an, sich dort den Fragen der Reichsverfassung und dem Verhältnis von Kirche und Staat zu widmen. Sobald diese Fragen erledigt seien, werde er kein weiteres Interesse am Verbleiben im Parlamente haben. Er hoffe, dass dies Anfang und Ende seiner parlamentarischen Tätigkeit sein werde.
In der evangelischen Kirche verbreitete sich nach dem plötzlichen Zusammenbruch des Kaiserreichs die Sorge um die Zukunft. Man befürchtete, dass sich eine Trennung zwischen Staat und Kirche nach dem Muster der Dritten Republik in Frankreich vollziehen könnte, was eine nachhaltige Depriviligierung nach sich gezogen hätte. Obwohl zur Überparteilichkeit verpflichtet, versuchte

---

[425] Stenographische Berichte der Nationalversammlung, Band 336, S. 84.
[426] Der Antrag von Dr. Quarck wurde zusammen mit Meerfeld gefasst und entspricht demnach diesem.
[427] Stenographische Berichte der Nationalversammlung, Band 336, S. 84.
[428] Gesandter Dr. von Preger (Bayern), 9. Sitzung des 8. Ausschusses (Stenographische Berichte der Nationalversammlung, Band 336, S. 86).
[429] Stenographische Berichte der Nationalversammlung, Band 336, S. 87.

die evangelische Kirche Schutz und Rückhalt bei den politischen Kräften und Parteien der Weimarer Republik zu finden. Dabei konzentrierte sich die Suche auf bereits bestehende Parteien. Die Gründung einer eigenen Partei oder die Fortsetzung der Christlich-Sozialen Partei erschien weder prinzipiell noch aktuell als opportun. Unterstützung fand man schließlich bei den Mitte-Rechts Parteien DNVP und DVP, auf deren Vorgänger sich bereits im Kaiserreich die Sympathien der Protestanten verteilt hatten.[430]
Die Aussichten auf Durchsetzung umfassender kirchlicher Rechte für die Protestanten waren nach den Januarwahlen dennoch denkbar ungünstig. Die Abgeordneten der kirchenfreundlichen Parteien, DVP und DNVP und auf katholischer Seite das Zentrum waren deutlich in der Minderheit, so dass ihnen die Einbindung der DDP von äußerster Wichtigkeit war, wollten sie in der Weimarer Koalition noch vor Beginn der Beratungen ihre kirchenpolitischen Ziele festmachen.[431] Zwar hatte sich die DDP während des Wahlkampfes gegenüber diesen kirchenrechtlichen Forderungen betont aufgeschlossen gezeigt. An ihrer Standfestigkeit hatten die Konservativen jedoch Zweifel. So schrieb Kahl vor Beginn der entscheidenden Beratungen über die Kirchenbestimmungen:

*„Die Hauptfrage bleibt, ob die Demokraten den Mut haben, im Ausschuß das mit zu vertreten, was sie in den Wahlversammlungen feierlich gelobt haben. Im Allgemeinen zeigen sie eine geradezu erschreckende Abhängigkeit von der Sozialdemokratie und eine erstaunliche Gehässigkeit gegen die Parteien von rechts."*[432]

Kahl lud deswegen Naumann (DDP), Mausbach (Zentrum) und Traub (DNVP) zu einer Besprechung ein, deren Ergebnis eine interfraktionelle Abmachung bezüglich der Abänderungsvorschläge zu Art. 30 und 31 zwischen DDP, Zentrum, DNVP und DVP war.[433] Während der Verhandlungen gelang es ihm, sich mit seinen Vorstellung zur rechtlichen Ausgestaltung der Kirchen durchzusetzen. In acht Punkten legte man sogenannte Mindestvereinbarungen fest.[434] Danach sollten die Kirchen als Körperschaften des öffentlichen Rechts anerkannt werden, Feiertage und gottesdienstliche Handlungen geschützt sowie das Recht zur selbständigen Ordnung und Verwaltung der kirchlichen Angelegenheiten beibehalten werden. Die Sicherung des Vermögenserwerbs, das Besteuerungsrecht und eine Ablösung der Staatsleistungen sollte nur gegen volle Entschädigung und mit Einwilligung der Kirchenbehörden festgeschrieben werden. Zudem sollten die Kirchen das Recht erhalten, sich zusammenzuschließen, konfessionelle Seelsor-

---

[430] Kurt Nowak, Protestantismus und Weimarer Republik, in: Karl Dietrich Bracher, Manfred Funke, Hans-Adolf Jacobsen (Hrsg.), Die Weimarer Republik 1918-1933, Bonn 1987, Seite 218-224.
[431] Ludwig Richter, Kirche und Schule in den Beratungen der Weimarer Nationalversammlung, Düsseldorf 1996, S. 305.
[432] Schreiben Kahls an Hundt, 27.2.1919, AEKD 7 / 943, S. 30.
[433] BAK, NL Traub, 49, S. 20.
[434] Richter, a.a.O., S. 315 ff.

ge in Wehrmacht und in öffentlichen Anstalten sollte möglich sein. Letztlich sollte der christliche Charakter der Volksschulen ebenso erhalten bleiben, wie die theologischen Fakultäten.[435] Der Ausgangslage der Sozialdemokraten war damit erheblicher Widerstand entgegengesetzt worden.[436]

### (b) Reden zu den kirchenrechtlichen Bestimmungen

Der Verfassungsausschuss beriet über Art. 30 des Verfassungsentwurfs in erster Lesung vom 31.3. bis zum 3.4.1919, wobei schon zu Beginn der Beratungen fünf Änderungsanträge vorlagen,[437] die im Laufe der Verhandlungen durch zwei weitere ergänzt wurden.[438]
Kahl trat den Anträgen von Gröber (Zentrum) und Genossen bei, wonach Artikel 30 und 30b lauten sollten:[439]

*„Art. 30: Es besteht volle Glaubens und Gewissensfreiheit. Niemand ist verpflichtet seine religiösen Überzeugungen zu offenbaren. Über die Zugehörigkeit zu einer Religionsgesellschaft ist Auskunft nur insoweit zu erteilen, als davon Rechte und Pflichten abhängen. Die freie Ausübung gottesdienstlicher Handlungen ist innerhalb der Schranken der öffentlichen Ordnung gewährleistet. Niemand darf von Staatswegen zu einer kirchlichen Handlung oder zur Teilnahme an einer kirchlichen Feier gezwungen oder an der Erfüllung seiner religiösen Pflichten gehindert werden. Die Freiheit der Vereinigung zu Religionsgesellschaften und zu geistlichen Gesellschaften wird gewährleistet.*[440] *Der Genuß bürgerlicher und staatsbürgerlicher Rechte sowie die Zulassung zu öffentlichen Ämtern ist unabhängig von dem religiösen Bekenntnis. Den bürgerlichen und staatsbürgerlichen Pflichten darf durch die Ausübung der Religionsfreiheit kein Abbruch geschehen.*

*Art. 30b: Die Religionsgesellschaften bleiben im Besitz und im Genuß der für ihre Kultus-, Unterrichts- und Wohltätigkeitszwecke bestimmten Anstalten, Stiftungen und Fonds. Dasselbe gilt für die auf Gesetz, Vertrag oder besonderen Rechtstiteln beruhenden Staatsleistungen, soweit nicht eine im Gesetz vorgesehene oder frei vereinbarte Ablösung erfolgt. Den Religionsgesellschaften, denen das Recht zusteht, ihre Mitglieder zu besteuern und die Steuern durch die bürgerlichen Behörden einzuziehen, bleiben diese Rechte vorbehalten. Gleiche Rechte können durch Landesgesetz auch anderen Religionsgesellschaften gewährt werden."*

---

[435] BAK, NL Traub 49, S. 20.

[436] Die Sozialdemokraten wollten in den Verfassungsberatungen eine strikte Trennung zwischen Staat und Kirche durchsetzen.

[437] Die einzelnen Anträge sind abgedruckt in der 18. Sitzung des 8. Ausschusses, in Verhandlungen der verfassungsgebenden deutschen Nationalversammlung, Band 336, S. 175 ff.

[438] 18. - 21. Sitzung des 8. Ausschusses, Stenographische Berichte der Nationalversammlung, Band 336, S. 187-208.

[439] Antrag Nr. 91, Stenographische Berichte der Nationalversammlung, Band 336, S. 175.

[440] Die durch Sperrdruck gekennzeichneten Stellen zeigen die Abweichungen vom Entwurf. Diese sind in den stenographischen Berichten ebenfalls durch Sperrdruck gekennzeichnet.

Ferner beantragten Kahl und Genossen in Abweichung von Gröbers Text:[441]

*„Art 30a: Die Regelung des Verhältnisses zwischen Staat und Kirche steht der Landesgesetzgebung zu. Diese ist dabei an folgende Grundsätze gebunden. Religionsgesellschaften und geistliche Gesellschaften erwerben die Rechtsfähigkeit nach den allgemeinen Vorschriften des bürgerlichen Rechts. Jede Religionsgesellschaft ordnet und verwaltet ihre Angelegenheiten frei und selbständig, bleibt aber den allgemeinen Staatsgesetzen unterworfen. Insbesondere verleihen die Religionsgesellschaften ihre Ämter ohne Mitwirkung des Staates und der bürgerlichen Gemeinde, soweit nicht Rechte aus Privatpatronaten entgegenstehen. Religionsgesellschaften, denen die Rechte einer öffentlichen Körperschaft zustehen, bleiben diese Rechte erhalten; anderen Religionsgesellschaften sind durch Landesgesetze gleich Rechte zu gewähren, wenn sie durch die Zeit ihres Bestehens und die Zahl ihrer Mitglieder eine Gewähr ihrer Dauer bieten. Die Vereinigung von Religionsgesellschaften innerhalb des Reichsgebiets unterliegt keinen Beschränkungen. Die Sonntage und allgemeinen Feiertage bleiben erhalten. In der Wehrmacht sowie in den öffentlichen Straf- und Verwahranstalten werden Einrichtungen für den Gottesdienst und die Seelsorge getroffen. Soweit in Krankenhäusern oder ähnlichen Einrichtungen das Bedürfnis nach Gottesdienst und Seelsorge besteht, sind die Religionsgesellschaften zur Vornahme religiöser Handlungen zuzulassen."*[442]

Dr. Gröber (Zentrum) nahm als Berichterstatter entgegen der sonst üblichen Praxis, wonach zunächst nur ein Überblick über die Materie gegeben wurde, die Gelegenheit zu einer ausführlichen Begründung des Zentrumsantrags wahr. Dieser hielt sich im Wesentlichen an die zwischen den bürgerlichen Parteien vereinbarten Mindestvoraussetzungen,[443] wollte jedoch die Gesetzgebungskompetenz von den Ländern auf das Reich übertragen. Meerfeld (SPD) hielt die Bemühungen von Gröber (Zentrum) und Genossen für falsch, die bisherigen Privilegien der Kirche in möglichst weitem Umfang in die neue Verfassung einzufügen. Dadurch werde den tatsächlichen Verhältnissen nicht Rechnung getragen und neue Unzufriedenheit in der Bevölkerung geweckt. Die Sozialdemokraten forderten eine strikte Trennung zwischen Staat und Kirche. Religion müsse zur Privatsache werden. Für die Kirche sollten keine öffentlichen Mittel mehr aufgewandt und sie sollten zu privaten Gesellschaften erklärt werden.[444] Trotzdem deutete Meersfeld (SPD) Verständigungsbereitschaft mit den bürgerlichen Parteien an. Seine Partei wolle keine gewaltsame Trennung, sondern eine schiedlich-friedliche Einigung. Ein neuer Kulturkampf müsse vermieden werden. Die SPD erkenne die Macht und die Bedeutung der Religion auch für die Gegenwart an. Die Meinungsverschiedenheit solle zum Frieden und nicht zum Krieg zwischen Kirche und Staat führen.[445]

---

[441] Antrag Nr. 92, Stenographische Berichte der Nationalversammlung, Band 336, S. 176.

[442] § 30a entsprach damit in vollem Umfang den zwischen den bürgerlichen Parteien festgelegten Mindestvereinbarungen..

[443] Stenographische Berichte der Nationalversammlung, Band 336, S. 191.

[444] Stenographische Berichte der Nationalversammlung, Band 336, S. 188.

[445] Stenographische Berichte der Nationalversammlung, Band 336, S. 189.

Dieses Angebot eines Kompromisses wurde von Kahl nicht aufgegriffen. Dieser stellte vielmehr fest, es sei der Deutschen Volkspartei unmöglich, *„gegen unser Gewissen und das geschichtliche Recht der Kirche Grundsätze preiszugeben"*.[446] Ziel der „kirchenfreundlichen" Parteien sei es,

*„die kirchlichen Grundrechte, sowohl die Individualrechte wie die genossenschaftlichen, in die Reichsverfassung zu bringen."*[447]

Zwar sei Meerfeld (SPD) zuzustimmen, dass das Verhältnis von Staat und Kirche nur dann befriedigend gelöst werden könne, wenn die Zeitverhältnisse berücksichtigt würden. Jedoch müssten hierbei nicht nur die Wünsche der Sozialdemokratie, sondern auch jene der bürgerlichen Bevölkerung berücksichtigt werden, die immer noch auf dem Boden des traditionellen Verhältnisses von Staat und Kirche stehe:

*„Unter diesen Umständen hat die Kirche keinen Anlaß, vor den Sozialdemokraten zurückzuweichen."*[448]

Auf das Problem der Trennung von Kirche und Staat im Einzelnen eingehend sagte Kahl, dieses sei an sich keine politische Parteifrage. Die Parteien hätten insoweit nie eine gemeinsame geschlossene Haltung gezeigt. Die Motive derjenigen, die eine Trennung forderten, seien religiöse Gleichgültigkeit, Religionsfeindlichkeit oder starkes areligiöses Empfinden.[449] Die Parteien müssten sich, statt über eine absolute Trennung zu diskutieren, vielmehr über das Mindestmass der Beziehungen zwischen Staat und Kirche klar werden. Eine absolute Trennung der beiden sei nicht möglich, da ihnen beiden dieselben Menschen angehörten. Bei der Suche nach dem Mindestmass an Berührungen von Kirche und Staat müsse auf das geschichtlich Gewordene Rücksicht genommen werden. Man könne nicht die Systeme ausländischer Staaten in die zukünftige Verfassung übernehmen, ohne sie den deutschen Verhältnissen anzupassen.[450] Gerade für die protestantische Kirche habe es durch den Sturz der Monarchie und dem daraus folgenden Fortfall des landesherrlichen Kirchenregiments eine Trennung vom Staat gegeben. Zudem habe sich das Verhältnis beider Konfessionen zum Staat schon durch das preußische allgemeine Landrecht und späterer Gesetze dahin entwickelt, dass bereits heute von einer Trennung von Staat und Kirche gesprochen werden könne.[451] Von der ursprünglichen Verbindung beider seien lediglich die Staatsaufsicht und der Staatsschutz geblieben. Für Deutschland handele es sich bei der Trennungsfrage deshalb auch nur darum, ob auch noch diese beiden letzten Bindungen aufgegeben werden sollten. Eine angemessene

---

446 Stenographische Berichte der Nationalversammlung, Band 336, S. 189.
447 Stenographische Berichte der Nationalversammlung, Band 336, S. 189.
448 Stenographische Berichte der Nationalversammlung, Band 336, S. 189.
449 Stenographische Berichte der Nationalversammlung, Band 336, S. 189.
450 Stenographische Berichte der Nationalversammlung, Band 336, S. 189-190.
451 Stenographische Berichte der Nationalversammlung, Band 336, S. 190.

Lösung sei nur in der vollkommenen Gewissensfreiheit einerseits, und damit in der Trennung von Staat und Kirche zu finden. Andererseits müsse diese verbunden werden mit rechtlich garantierten Leistungen des Staates. Insoweit gehe er davon aus, dass kein kirchliches Eigentum säkularisiert werden dürfe und eine Ablösung von Staatsleistungen nur gegen Entschädigung in Betracht komme. Gerade für den heutigen Staat sei es ein Lebensinteresse, nicht diejenigen Kanäle abzuschneiden, aus denen religiöses und sittliches Leben in das Volk geleitet werde.[452]

Das Kompromissangebot Meersfelds (SPD) griff dagegen Naumann (DDP) auf und forderte gleiche Bereitschaft auch von der Kirche. Er sprach sich für eine Trennung von Staat und Kirche aus, jedoch unter Beibehaltung der staatlichen Zuwendungen.[453] Entscheidungserheblich für die gesellschaftliche Stellung der Kirche sei die Frage, ob ihr die Stellung als Körperschaft des öffentlichen Rechts zuerkannt werden könne. Um dies zu klären, bat er um eine Erläuterung der rechtlichen Auswirkungen dieses Begriffs, damit man feststellen könne, ob *„die Entziehung der Eigenschaft als öffentlich rechtliche Körperschaft gegenüber den Kirchen erträglich ist oder nicht"*.[454]

Mausbach (Zentrum) griff den vermittelnden Ton Naumanns (DDP) auf. Auch seine Partei sehe sich angesichts der *„nicht in allen Punkten unvereinbaren (...) Gegensätze zwischen der Sozialdemokratischen Partei und unseren Anschauungen"* durchaus in der Lage, *„eine Stecke Weges mit den Sozialdemokraten zusammenzugehen."*[455]

Jedoch müsse bei der Ordnung des Verhältnisses von Staat und Kirche dessen Geschichte berücksichtigt werden. Dies schließe es aus, dass man Kirchen als bloße Privatvereine behandele.

Kaas (Zentrum) schloss sich Kahl und Mausbach (Zentrum) an, indem auch er die Bedeutung der Geschichte bei der Neuregelung des Verhältnisses von Staat und Kirche betonte.[456] Hier könne nur eine evolutionäre und keine revolutionäre Entwicklung zu einem gedeihlichen Ziel führen.

Dr. Quarck (SPD) sah es demgegenüber als besondere Aufgabe des Gesetzgebers an, die Geschichte fortzuführen. Aus diesem Grunde lehnte er alle aus der Geschichte abgeleiteten Argumente gegen die Trennung von Staat und Kirche ab. Es sei nicht die Absicht der SPD sich sklavisch an ausländische Vorbilder zu hängen.[457] Jedoch sei das gesamte Volk erfüllt von dem Gedanken einer Befreiung aus geschichtlich überholten Bindungen. Mit dem am 2. April von Meerfeld

[452] Stenographische Berichte der Nationalversammlung, Band 336, S. 191.
[453] Stenographische Berichte der Nationalversammlung, Band 336, S. 191.
[454] Stenographische Berichte der Nationalversammlung, Band 336, S. 191.
[455] Stenographische Berichte der Nationalversammlung, Band 336, S. 191.
[456] Stenographische Berichte der Nationalversammlung, Band 336, S. 194.
[457] Stenographische Berichte der Nationalversammlung, Band 336, S. 193.

(SPD) und Naumann (DDP) eingebrachten Antrag Nr. 96,[458] der in den Beschluss vom 3. April im wesentlichen aufgenommen wurde, gab die SPD die von Quarck (SPD) formulierte Haltung jedoch nahezu auf und trug dem von Kahl geforderten geschichtlich gewordenen Verhältnis von Staat und Kirche Rechnung. Der Antrag lautete:

*„Die Freiheit der Vereinigungen zu Religionsgesellschaften wird gewährleistet. Der Zusammenschluß von Religionsgesellschaften innerhalb des Reichsgebiets unterliegt keinen Beschränkungen. Jede Religionsgesellschaft ordnet und verwaltet ihre Angelegenheiten selbständig innerhalb der Schranken des Gesetzes, insbesondere verleiht sie ihre Ämter ohne Mitwirkung des Staates oder der bürgerlichen Gemeinde. Den Religionsgesellschaften werden die Rechte einer öffentlichen Körperschaft zuerkannt, sofern sie solche bisher besessen haben. Anderen können solche Rechte auf Antrag verliehen werden. Sie sind berechtigt ihre Mitglieder zu besteuern. Die Durchführung dieser Bestimmungen liegt der Landesgesetzgebung ob.*

*Die auf Gesetz, Vertrag oder besonderen Rechtstiteln beruhenden Staatsleistungen an die Religionsgesellschaften werden durch die Landesgesetzgebung abgelöst. Die Grundsätze hierfür stellt das Reich auf. Der Anspruch auf die bisher im Eigentum der Religionsgesellschaften befindlichen, für Kultus und Wohltätigkeitszwecke bestimmten Anstalten, Stiftungen und Fonds bleibt bestehen.*

*Die Sonntage und staatlich anerkannten Feiertage bleiben erhalten. Soweit das Bedürfnis nach Gottesdienst und Seelsorge in Krankenhäusern, Straf- und sonstigen öffentlichen Anstalten besteht, sind die Religionsgesellschaften zur Vornahme religiöser Handlungen zuzulassen.“*

Nach dieser Abstimmung wurden nahezu alle weiteren Anträge Kahls abgelehnt.[459]
Angenommen wurde dagegen ein durch die Anträge von Katzenstein - Ablaß[460] leicht erweiterte Fassung des Antrags Meerfeld - Naumann.[461]

---

[458] Wortlaut des Antrags Nr. 96, Stenographische Berichte der Nationalversammlung, Band 336, S. 199.

[459] Angenommen wurde lediglich der Antrag Kahls: „Religionsgesellschaften erwerben die Rechtsfähigkeit nach den allgemeinen Vorschriften des bürgerlichen Rechts“, nachdem er zuvor zugestimmt hatte, auf die ursprünglich beantragte Erweiterung „und geistliche Gesellschaften“ zu verzichten (Stenographische Berichte der Nationalversammlung, Band 336, S. 206 f.).

[460] Katzenstein und Ablaß hatten in der letzten Sitzung beantragt, in der Verfassung ausdrücklich anzusprechen: „Es besteht keine Staatskirche“ und den Art 30 II dahingehend zu ergänzen, den Religionsgesellschaften solche Vereinigungen gleichzustellen, die sich „die gemeinschaftliche Pflege der Weltanschauung zur Aufgabe machen“ (Stenographische Berichte der Nationalversammlung, Band 336, S. 206f.).

[461] Der lange umstrittene Begriff der öffentlich rechtlichen Körperschaft wurde in den Art. 30a eingefügt, nachdem Katzenstein seinen Fraktionskollegen Quarck von der sozialen Bedeutung der Kirchen überzeugt hatte und v. Harnack zusätzlich darauf hinwies, dass die Kirchen damit selbstverständlich der Judikatur des Staates unterworfen blieben.

### (c) Ergebnisse

Auch wenn die Ablehnung der Anträge Gröbers (Zentrum) und Kahls sowie die Annahme jener von Meerfeld (SPD) und Naumann (DDP), sowie Naumann und Quarck (SPD) zunächst wie eine Niederlage der bürgerlichen Parteien erschien, war der zunächst überlegen aussehende Erfolg der Sozialdemokraten ein Kompromiss, der den Forderungen Kahls in hohem Maße entsprach und nicht nur inhaltlich, sondern auch sprachlich den Standpunkt der bürgerlichen Parteien übernahm. Die strittigen Fragen - kirchliches Steuerrecht, Garantie der Staatsleistungen sowie Korporationsstatus der Kirchen – waren seitens Meerfeld - Naumann nahezu wörtlich aus den von Kahl formulierten Mindestforderungen übernommen worden. Auch wenn Meerfeld und vor allem Naumann sicherlich den größten Anteil an dem Kompromiss hatten, so war es doch Kahl gewesen, der durch das von ihm veranlasste Treffen die Vorentscheidung in den Kirchenrechtsfragen zugunsten der bürgerlichen Parteien getroffen hatte. Erst dadurch waren die Sozialdemokraten gezwungen worden, sich den Konservativen zu nähern und vom Verfassungsentwurf abzurücken. So konnte Stresemann auf der Sitzung des Zentralvorstandes der DVP am 12./13.4.1919 ausführen:

*„Gerade in der Frage der Stellung der Kirche zum Staat sind wir, glaube ich, in der Nationalversammlung führend gewesen, sowohl durch die Anträge, die Geheimrat Kahl in der Verfassungskommission gestellt hat, wie durch die Ausführungen, die er in der Nationalversammlung gemacht hat."*[462]

Kahl äußerte sich in einer späteren Rede zufrieden mit dem gefundenen Kompromiss:

*„Der Verfassungsausschuß der Deutschen Nationalversammlung hat nach ernsten und ehrlichen Auseinandersetzungen vom 31. März bis 3. April d.J. vorläufige Beschlüsse gefaßt, die die Lösung von Staat und Kirche noch weiter fortsetzen, eine äußere Trennung beider aber nicht fordern. Insbesondere bleiben die Kirchen als Körperschaften des öffentlichen Rechts bestehen. Sie behalten das Recht der Besteuerung ihrer Mitglieder. Die Staatsleistungen werden nicht entzogen sondern abgelöst. Die Sonn- und Feiertage bleiben rechtlich geschützt. (...) Diese Sätze werden Bestandteile des künftigen Reichsgrundgesetzes und bilden Norm und Schranke gegen Willkür der Einzelstaaten und etwaige Versuche von Eingriffen in die Kirchenfreiheit."*[463]

Den Sozialdemokraten, seinen schärfsten Gegnern in den Beratungen des Verfassungsausschusses, sprach Kahl zugleich seinen Dank aus. Ihre Vertretung in der Nationalversammlung habe verständnisvoll dem Bedürfnis Rechnung getragen, die Trennung nicht künstlich herbeizuführen, sondern es der geschichtlichen Entwicklung zu überlassen.[464] Dabei hoffte Kahl jedoch, dass sich diese

---

[462] BAK R 45 II/34, 355.

[463] Wilhelm Kahl, Die deutsche Kirche im deutschen Staat, aus: Staat, Recht und Volk, Band IV, Berlin 1919, S. 13.

[464] Wilhelm Kahl, Die deutsche Kirche im deutschen Staat, aus: Staat, Recht und Volk, Band

Trennung nicht weiter als bereits durch die Revolution geschehen fortsetzten werde:

*„Mit dieser Osterhoffnung für die deutsche Kirche im deutschen Staat treten wir gefestigt und getröstet über die Schwelle der neuen dunklen Zeit.“*[465]

## bb. Zweite Lesung des Verfassungsentwurfs[466]

### (1)Artikel 1[467]

Nach der Eröffnung der zweiten Lesung des Verfassungsentwurfs am Nachmittag des 3. Juni 1919 durch den Vorsitzenden Haußmann (DDP) und nach Festlegung des Sitzungsablaufs, brachte Kahl einen Antrag auf Änderung des Artikels 1 ein. Danach sollten die Überschrift des ersten Abschnitts *„Reich und Staaten“* und Artikel 1 *„das Deutsche Reich ist ein Freistaat. Das Reichsgebiet besteht aus den Gebieten der bisherigen deutschen Staaten“* lauten.[468] Entsprechend sollten in den folgenden Artikeln die Worte „Länder“ und „Land“ durch „Staaten“ und „Staat“ ersetzt werden.[469]

Kahl begründete seinen die Überschrift betreffenden Antrag damit, dass das Wort „Land“ einen Einheitsstaat voraussetze, den es jedoch nach dem bisherigen Verfassungsentwurf nicht gebe. Vielmehr belasse die Verfassung den Einzelstaaten ihre Gebietshoheit, was jedoch durch den Ausdruck „Land“ nicht nur verdunkelt, sondern sogar geleugnet werde. Ein „Land“ sei niemals ein selbständiger Staat gewesen.[470] Zwar habe sich das Wort „Land“ in Verbindung mit anderen Begriffen eingebürgert, so z.B. in „Landesherr“ oder „Landesgrenze“. Dies sei jedoch nur historisch bedingt. Dagegen sei aber bei Formulierungen im Verfassungstext darauf zu achten, dass die Begriffe klar und deutlich bezeichnet würden. Der Gebrauch von Worten wie „Landtag“ u.a. sei durch den Begriff „Staat“ nicht ausgeschlossen, da damit nicht der Staatscharakter von Ländern behauptet werde.[471]

Preuß wies jedoch darauf hin, dass zwar auch er für das Wort „Einzelstaat“ sei, doch müsse man bei einer Änderung der Bezeichnung befürchten, dass das Ausland darin eine reaktionäre politische Tendenz erblicken könne.[472] Deshalb solle man es beim Beschluss der ersten Lesung belassen. In der anschließenden Ab-

---

IV, Berlin 1919, S. 14.

[465] Wilhelm Kahl, Die deutsche Kirche im deutschen Staat, aus: Staat, Recht und Volk, Band IV, Berlin 1919, S. 16.

[466] Stenographische Berichte der Nationalversammlung, Band 336, S. 400 ff.

[467] Stenographische Berichte der Nationalversammlung, Band 336, S. 400 ff.

[468] Stenographische Berichte der Nationalversammlung, Band 336, S. 401.

[469] Antrag Nr. 219, Stenographische Berichte der Nationalversammlung, Band 336, S. 401.

[470] Stenographische Berichte der Nationalversammlung, Band 336, S. 401.

[471] Stenographische Berichte der Nationalversammlung, Band 336, S. 401.

[472] Stenographische Berichte der Nationalversammlung, Band 336, S. 401.

stimmung einigte man sich darauf, das Wort „Länder“ beizubehalten.[473] Danach rief der Vorsitzende den seinerzeit zurückgestellten Absatz 2 des Artikel 1 auf, der die Farben der zukünftigen Reichsflagge regeln sollte.
Er teilte mit, ein Gutachten des Chefs der Admiralität spreche sich gegen die Einführung einer neuen Nationalflagge mit den Farben schwarz - rot - gold aus.[474]
Kahl wies als Berichterstatter zu Artikel 1 erneut auf die Meinung der Öffentlichkeit hin.[475] Diese habe sich in der letzten Zeit außerordentlich intensiv mit dieser Frage beschäftigt und trete ganz überwiegend für Beibehaltung der alten Reichsfarben ein.[476] Er habe dabei vor allem Bedenken gegen einen Farbwechsel als solchen. Erst in zweiter Linie sei er gegen die Farben schwarz-rot-gold. Zwar verstehe er, dass dies eine Farbenverbindung sei für die einige Deutsche Sympathien hätten, jedoch sei deren Zahl in der Minderheit.[477] Die für den Farbwechsel angeführten historischen Gründe seien unhaltbar. Unter diesen Farben sei die Reichseinheit niemals erreicht worden, vielmehr stünde die Zeit, in der sie die des Deutschen Bundes gewesen seien in denkbar trüber Erinnerungen an Englands Anmaßung und Deutschlands Erniedrigung. Insbesondere drei Gründe sprächen gegen den Farbwechsel: Zunächst sei dies die Zweckmäßigkeit.[478] Die klare Erkennbarkeit der „schwarz-weiß-roten“ Flagge bei jedem Wetter und jeder Beleuchtung werde von allen Seeleuten bestätigt. Es fehle heute ferner das erforderliche Tuch und das erforderliche Gold um den Wechsel zu vollziehen. Zudem habe das im Besitz dieser Farben stehende Belgien bereits förmlichen Widerspruch gegen diese neuen Farben als solche des Reiches erhoben. Ein Farbwechsel widerspräche zudem den handelspolitischen Interessen des Reiches. Im geschäftlichen Wettbewerb spiele die Tradition eine entscheidende Rolle. Der Farbenwechsel würde das Ansehen des Deutschen Reiches im Ausland stark beschädigen und im Ergebnis dazu führen, dass die bisherige wirtschaftliche Zusammenarbeit mit ausländischen Staaten abreiße.[479] Schließlich verletze die Preisgabe der alten Farben die nationale Würde:

*„Unter dieser Fahne haben wir die Reichseinheit gewonnen, die doch jeder als ein großes nationales Glück schätzt. Diese Fahne ist mit dem Werdegang der Reichseinheit auf das innigste verknüpft, und unter dieser Fahne sind in diesem Kriege Millionen gestorben. Schon die Achtung vor den Toten sollte es erfordern, daß man jetzt die Fahne nicht wechselt. (...) In den Augen der Feinde ist es eine Selbstentwertung, wenn wir nach diesem Unglück die Fahne wechseln. (...) Die französische Trikolore hat sowohl im Kaiserreich wie im republikanischen*

---

[473] Stenographische Berichte der Nationalversammlung, Band 336, S. 401.
[474] Stenographische Berichte der Nationalversammlung, Band 336, S. 401.
[475] Stenographische Berichte der Nationalversammlung, Band 336, S. 401.
[476] Stenographische Berichte der Nationalversammlung, Band 336, S. 401.
[477] Stenographische Berichte der Nationalversammlung, Band 336, S. 401.
[478] Stenographische Berichte der Nationalversammlung, Band 336, S. 402.
[479] Stenographische Berichte der Nationalversammlung, Band 336, S. 402.

*Frankreich bestanden. Nach 1871 ist es Frankreich entfernt nicht eingefallen, seine Farben zu wechseln. Kein einziger Staat der ganzen Welt würde das tun. Jetzt nach den demütigenden Friedensbedingungen sollte man es erst recht nicht tun. Es käme durch einen Wechsel der Farben zum Ausdruck, daß wir uns jetzt im Unglück unseres Vaterlandes seiner Fahne schämen. (...)"*[480]

Sodann wandte Kahl sich gegen den Vorschlag des Chefs der Admiralität, die alte Fahne jedenfalls für die Kriegs- und Handelsmarine beizubehalten. Ein solcher Dualismus sei nicht empfehlenswert. Vielmehr sei es in der derzeitigen Situation angebracht, die Frage vorläufig als unentschieden zu erklären und deren Entscheidung der Zukunft zu überlassen. Da viele Deutsche an ihrer alten Fahne hingen, dürfe man die Einheit im jetzigen Augenblick nicht mit einer derartigen Entscheidung belasten.[481] In der folgenden Debatte schlossen sich die Vertreter der DNVP dem Vorschlag Kahls an. Abgeordneter Delbrück verlangte als Redner der DNVP, nachdem Senator Sthamer aus Hamburg den Ausführungen Kahls zugestimmt hatte, man solle die alten Reichsfarben beibehalten.[482]
Dagegen sprachen sich Preuß und Katzenstein (SPD) für einen Wechsel der Farben zu „schwarz - rot - gold" aus. Dem Interesse der Seefahrt könne auch auf anderem Wege genügt werden, ein Beibehalten der alten Reichsfarben sei dafür nicht erforderlich.[483] Die Nation brauche sich des Farbwechsels auch nicht zu schämen. Schämen müsse sie sich vielmehr für manche Dinge, die unter der alten Flagge geschehen seien und die im Ergebnis zur Revolution geführt hätten.[484]
Der Abgeordnete Cohn (USPD) forderte einen Farbenwechsel zu einer roten Nationalflagge. Unter der alten Fahne habe das Deutsche Reich schwere Zeiten durchgemacht, und schwerste Unterdrückungen und Ungerechtigkeiten erlebt. Dr. Kahl möge nicht vergessen, welch ein Elend vor 1848 über die geistig Besten des Deutschen Reiches verhängt worden ist. Die Farbe rot dagegen sei schon immer eine solche des Fortschritts und der Freiheit gewesen. Dementsprechend beantrage er einen Wechsel zu rot.[485]
In der folgenden Sitzung vom 4. Juni 1919 wurden die Anträge Cohn (USPD) und Kahl / Delbrück (DNVP) abgelehnt.
Als Kompromiss zur Berücksichtigung der Belange der Seefahrt wurde der Antrag Dr. Quarck (SPD) angenommen, dass die Handelsflagge durch ein Reichsgesetz bestimmt werden solle.[486]

---

480 Stenographische Berichte der Nationalversammlung, Band 336, S. 402.
481 Stenographische Berichte der Nationalversammlung, Band 336, S. 402.
482 Stenographische Berichte der Nationalversammlung, Band 336, S. 403.
483 Stenographische Berichte der Nationalversammlung, Band 336, S. 402.
484 Stenographische Berichte der Nationalversammlung, Band 336, S. 404.
485 Stenographische Berichte der Nationalversammlung, Band 336, S. 404.
486 Stenographische Berichte der Nationalversammlung, Band 336, S. 413.

Damit war der Streit um die Nationalflagge keineswegs beigelegt. Die Bürgerlich-nationalen hielten weiter an den alten Reichsfarben fest. Die Sozialistisch-linksliberalen vertraten weiter schwarz-rot-gold.[487]

**(2) Artikel 3**

In der Debatte vom 3. Juni folgte die zweite Lesung von Artikel 3. Sie wurde wieder von Kahl als Berichterstatter eröffnet.[488] Dieser sprach sich erneut gegen die Aufnahme von Bestimmungen aus, die die Beziehungen Deutschlands zu auswärtigen Staaten an die allgemeinen Regeln des Völkerrechts, sowie an jene des Völkerbundes bänden. Er könne nicht einsehen, warum die Bestimmungen des Völkerbundes für das Reich verbindlich sein sollten.[489] Zumal jetzt, wo Deutschland die Aufnahme in den Völkerbund verwehrt worden sei, verstoße ein solcher Artikel gegen die nationale Würde. Bedeutung und Begriff der allgemein anerkannten Regeln des Völkerrechts seien immer noch unklar und umfassten nur das, was die anglo-amerikanische Rechtsauffassung als solche bezeichne. Einstimmige Auffassung des Verfassungsausschusses sei es, so gab Kahl zu Protokoll, dass nur eine vom Deutschen Reich anerkannte Regel auch Bestandteil des deutschen Reichsrechts sein könne.[490]

Bei der folgenden Aussprache sprachen sich die Redner dafür aus, den in der ersten Lesung abgelehnten Regierungsentwurf wiederherzustellen.[491] Dr. von Simson (Auswärtiges Amt) schloss sich den Bedenken Kahls gegen die in der ersten Lesung beschlossenen Änderungen an. Dies habe nur Selbstverständliches ausgedrückt und keine Neuerungen enthalten.[492] Auch der Vorsitzende Haußmann (DDP), der bei der ersten Lesung die Änderung der Regierungsvorlage gefordert hatte, schloss sich den geäußerten Bedenken an. Er habe damals nicht bedacht, dass die Änderung die Auffassung nicht ausschließe, die Regeln des Völkerrechts könnten in Deutschland nur nach außen, und nicht auch nach innen die Staatsangehörigen binden und schützten.

Diese Bedenken schien nun auch Kahl zu teilen. So war er es, der den Antrag auf Wiederherstellung der Regierungsvorlage stellte.[493] So geschah es in der anschließenden Abstimmung.[494]

[487] Hattenhauer, Deutsche Nationalsymbole, Geschichte und Bedeutung, Köln 1998, S. 25.
[488] Stenographische Berichte der Nationalversammlung, Band 336, S. 405.
[489] Stenographische Berichte der Nationalversammlung, Band 336, S. 405.
[490] Stenographische Berichte der Nationalversammlung, Band 336, S. 406.
[491] Stenographische Berichte der Nationalversammlung, Band 336, S. 405 f.
[492] Stenographische Berichte der Nationalversammlung, Band 336, S. 406.
[493] Stenographische Berichte der Nationalversammlung, Band 336, S. 407.
[494] Stenographische Berichte der Nationalversammlung, Band 336, S. 407.

### (3)Präambel

Die Präambel des Regierungsentwurfs lautete:

*„Das deutsche Volk, geeint in seinen Stämmen und von dem Willen beseelt, sein Reich auf der Grundlage der Freiheit und Gerechtigkeit zu erneuern und zu festigen, den inneren und äußeren Frieden zu sichern und den sozialen Fortschritt zu fördern, hat sich diese freistaatliche Verfassung gegeben."*[495]

Einleitend brachte Kahl den Antrag ein, die Überschrift solle lauten: *„Verfassung des Deutschen Reiches"*.[496] Die Präambel sei wie folgt zu fassen:[497]

*„Die verfassungsgebende Deutsche Nationalversammlung hat aufgrund des Gesetzes über die vorläufige Reichsgewalt vom 10. Februar 1919 nachstehende Verfassung des Deutschen Reiches beschlossen und verabschiedet."*

Eine Präambel müsse das rechtliche Zustandekommen feststellen. Es sei entscheidend, dass die Verfassung durch Mitteilung der an ihrem Zustandekommen beteiligten Willensorgane legitimiert werde. Eine solche Legitimierung fehle dem Regierungsvorschlag vollkommen. Das deutsche Volk gebe sich die Verfassung nicht unmittelbar selbst, sondern vertreten durch die von ihm gewählte Nationalversammlung. Auch die im Verfassungsausschuss oft erwähnte Frankfurter Nationalversammlung habe sich auf diese Feststellung beschränkt und als Präambel formuliert: *„Die Deutsche verfassungsgebende Nationalversammlung hat beschlossen und verkündet als Reichsverfassung (...)."*[498] Zwar verstehe er, dass mancher an einer eher poetischen Präambel des Regierungsentwurfs seine Freude habe. Er verstehe auch, dass sie dem Geist und der Stimmung der Zeit entspreche, in welcher der erste Verfassungsentwurf entstanden sei. Der Vater des Entwurfs habe ihm mehrfach gesagt, er lege auf diese Einleitung besonderen Wert. Dennoch appelliere er an den nüchternen Juristen, der erkennen müsse, dass durch die Aufnahme eines persönlichen Gelöbnisses aus der Präambel keinesfalls irgendwelche Gesetzeskraft erwachsen könne. Zwar stimme er mit dem Bekenntnis des Regierungsvorschlags zu Freiheit, Gerechtigkeit, Frieden und Fortschritt selbstverständlich überein. Dennoch erachte er es für richtiger alles wegzulassen, was nur deklaratorischen Wert und Zweck habe.[499] Das Fehlen einer Mitteilung über das rechtliche Zustandekommen der Verfassung sei dagegen wesentlicher Mangel des Entwurfs. Im Interesse der künftigen Generationen müsse die Verfassung darüber etwas enthalten.

---

495 Aktenstück Nr. 59, Anlagen zu den Berichten der Nationalversammlung, Band 335, S. 48.
496 Stenographische Berichte der Nationalversammlung, Band 336, S. 490.
497 Antrag Nr. 239, Stenographische Berichte der Nationalversammlung, Band 336, S. 490.
498 Stenographische Berichte der Nationalversammlung, Band 336, S. 491.
499 Stenographische Berichte der Nationalversammlung, Band 336, S. 491.

An der Überschrift *„Verfassung des Deutschen Reiches"* sei dagegen festzuhalten. Frühere Vorschläge wie *„Verfassung des Deutschen Bundes"* stünden nicht mehr ernsthaft zur Debatte.[500]

Kahl war also mit den bisherigen Kompromissen der Verfassungskommission in entscheidenden Punkten nicht zufrieden und wollte der Verfassung eine sachlichere Einleitung geben. Eine poetische Präambel, wonach sich das Deutsche Volk die Verfassung eigenständig gegeben habe, konnte er sich schon deswegen nicht vorstellen, weil die „Volksmeinung" eher seinen Vorschlägen zuneige.

Dr. Preuß drückte in seiner anschließenden Rede zunächst seine Verwunderung über den Antrag Kahls aus:[501]

*„Ich war etwas erstaunt, als ich den Antrag des Herrn Dr. Kahl las, die Präambel durch eine rein geschäftsmäßige Publikationsklausel zu ersetzen. Gerade von ihm hat es mich gewundert, daß er den gewissen Schwung in dem - sagen wir - Anfangsschnörkel verbannen und durch eine rein geschäftsmäßig nüchterne Präambel ersetzen will. Ich bin ja überzeugt, daß der Grund dazu nicht der ist, daß er dieser Verfassung, die vielleicht nicht seinen inneren Herzenswünschen entspricht, einen solchen schwungvollen Anfang nicht gönnen sollte."*

Weiter sprach Preuß sich für Beibehaltung der im Regierungsentwurf vorgeschlagene Präambel aus, auch wenn damit juristisch nichts ausgesagt werde. Er glaube nicht, dass in früheren Verfassungen die Staatszwecke in irgendeiner Weise präzisiert worden seien und sei auch nicht der Meinung, dass dies zu den Aufgaben gehöre, die eine Präambel erfüllen müsse.[502]

Nachdem sich Beyerle (Zentrum), Koch (Cassel) und von Preger (bayrischer Gesandter) mit kleinen Änderungswünschen dem Regierungsentwurf angeschlossen hatten, erklärte Kahl auf die Ausführungen von Dr. Preuß:[503]

*„Es ist nicht meine Absicht gewesen - wie mir das auch nicht unterstellt worden ist - die Bedeutung der Verfassung mit meinem Antrage herabzusetzen. Wenn ich mich mit vielem auch nur schwer einverstanden erklären kann, so habe ich doch ehrlich daran mitgearbeitet, die Verfassung zu verbessern."*

Bei der Abstimmung wurde der folgende Wortlaut beschlossen:

*„Das deutsche Volk, einig in seinen Stämmen und von dem Willen beseelt, sein Reich in Freiheit und Gerechtigkeit zu erneuern und zu festigen, dem inneren und eueren Frieden zu dienen und den gesellschaftlichen Fortschritt zu fördern, hat sich diese Verfassung gegeben."*

Damit war der von Kahl eingebrachte Antrag gescheitert. Dem Verfassungsausschuss gelang es in kurzer Zeit, einen Entwurf für die neue Reichsverfassung zusammenzustellen. Dies lag vor allem an der Kompromissbereitschaft aller Mitwirkenden. Obwohl grundlegende politische Fragen zu entscheiden waren gelang es, einen Ausgleich zwischen den liberalen, sozialistischen und konserva-

---

500 Stenographische Berichte der Nationalversammlung, Band 336, S. 491.
501 Stenographische Berichte der Nationalversammlung, Band 336, S. 491.
502 Stenographische Berichte der Nationalversammlung, Band 336, S. 491.
503 Stenographische Berichte der Nationalversammlung, Band 336, S. 493.

tiven Parteien zu finden. Dieser Erfolg war nur zu erreichen gewesen, weil über alle Parteigrenzen hinweg der gemeinsame Wille bestand, konstruktiv zusammen zu arbeiten, die Beratungen nicht scheitern zu lassen und dem Vaterland keinen Schaden zuzufügen.
Kahl gehörte nicht zu jenen, die mit gesteigerten Erwartungen die neue Zeit begrüßten. Dennoch zeigte er Bereitschaft, an der neuen Verfassung konstruktiv mitzuarbeiten. Dabei drang er immer wieder auf exakte juristische Formulierungen, um staatsrechtlich Unmögliches zu vermeiden und die Kompetenzen klar festzulegen. Kahls professioneller Ehrgeiz zielte auf stimmige Formulierungen, die möglichst wenig Regelungsbedarf nach sich ziehen sollten.
Auch wenn es ihm nicht gelang, alle Änderungsvorschläge durchzusetzen, verdankte die Verfassung doch einige bedeutsame Änderungen, vor allem in den kirchenrechtlichen Fragen, seinem Einsatz.

## 5. Kahl in der Nationalversammlung

### a. Erste Rede vom 20. Februar 1919

#### aa. Zur Stellung der Frau

Einer großen Zahl männlicher Abgeordneter fiel es nicht leicht, die neue politische Rolle der Frauen zu akzeptieren. In seiner ersten Rede vor der Nationalversammlung äußerte sich Wilhelm Kahl zu diesem Thema. Ihm sei der Eintritt der Frauen in das politische Leben durchaus willkommen, doch scheine ihm persönlich der *„Sprung jetzt ein zu großer"*.[504] Nach seiner Ansicht wäre es sinnvoller gewesen, den Frauen zunächst in größerem Umfang Mitwirkungsrechte im Kommunaldienst zu verschaffen, um sie so allmählich auf den *„öffentlich großen politischen Dienst"* vorzubereiten.[505] Viele Frauen seien durch die neue verantwortungsvolle Situation überfordert und sähen dieses Geschenk der Revolution nicht nur als Wohltat an.
Diese Rede Kahls stand im Gegensatz zu der Entscheidung, die er bezüglich der Annahme seines Mandates in der Nationalversammlung getroffen hatte. Er war nicht nur als Abgeordneter für den Wahlkreis 3 (Berlin), sondern auch für den Wahlkreis 5 (Kreise Teltow, Beeskow-Storkow, Charlottenburg) gewählt worden, so dass nun entschieden werden musste, welches der beiden Mandate er annehmen sollte. Er entschied sich für die Annahme des Mandates für Berlin. Dies hatte zur Folge, dass auch Frau Clara Mende ein Mandat bekam. Dies tat er mit der Begründung, dass auch die DVP eine Möglichkeit schaffen müsse, eine Frau in das Parlament zu bringen.[506]

---

[504] Stenographische Berichte der Nationalversammlung, Band 326, S. 216.
[505] Stenographische Berichte der Nationalversammlung, Band 326, S. 216.
[506] BAK R 45 II / 50, S. 1-4a.

Kahl bekannte sich auch zum Frauenwahlrecht. Dieses müsse nun einen Bestandteil der öffentlich politischen Gesamtverfassung bilden.[507]

### bb. Verhältnis von Mehrheiten und Minderheiten

Im weiteren Verlauf seiner ersten Rede im Plenum bemängelte Kahl das Verhältnis zwischen Mehrheit und Minderheit im neuen politischen System.[508] Wenn er auch ein politischer Neuling im parlamentarischen Geschäft sei, könne ihm dies bei der Beurteilung dieser Frage nicht zum Vorwurf gemacht werden. Er habe in seiner 45jährigen außerparlamentarischen Tätigkeit und als Staatsrechtslehrer doch so manches gelernt, was ihn zu einem bescheidenen Urteil berechtige. Vielleicht könne er sich gerade deshalb ein unbefangeneres Urteil erlauben, weil er mit den Traditionen parlamentarischer Geflogenheiten nicht belastet sei.[509]

Eine volle Mitarbeit der Minoritäten werde, wie er feststellen müsse, durch die parlamentarische Praxis in merkwürdiger Weise beeinträchtigt.[510] Die Regierungsparteien handhabten die gesamte Technik der Geschäftsbehandlung in der Nationalversammlung wie eine Art priesterlicher Gesamtlehre und besäßen lediglich die Freundlichkeit, die Minderheitsparteien von ihren Beschlüssen zu informieren. Diese parlamentarische Praxis verstoße jedoch in höchstem Maße gegen das Verhältniswahlrecht, welches unter anderem das Ziel verfolge, auch die Minderheiten im Parlament zu schützen.[511] Daraus könne nur gefolgert werden, dass auch die parlamentarische Regierungsform trotz aller Gleichheit bestimmte Vorrechte nicht entbehren könne.

Zu den angesprochenen Minderheiten gehöre derzeit noch die Deutsche Volkspartei. Verantwortlich dafür seien, zumindest zum Teil, deren früheren politischen Führer, durch deren Verhalten die DVP zu spät gegründet worden sei. Dies ändere jedoch nichts an der Tatsache, dass alle Parteimitglieder arbeitsfreudig seien, durchglüht von der Überzeugung, dass man auf dem richtigen Wege sei und mit ihren nationalen, liberalen und wirtschaftlichen Grundsätzen im Verlauf der folgenden Wahlen Gewinne machen würde.[512]

*„Sie dürfen nicht immer sagen: der 19. Januar hat das große Gericht gehalten, mit einem Tone, daß man förmlich die Schauer des Jüngsten Gerichts sich über den Rücken rieseln spürt. (Große Heiterkeit) So liegen die Dinge nicht! Politische Entwicklungen rechnen mit ganz anderen Zeiträumen, und wenn es heißt: wir werden noch kleiner - warten Sie gefälligst ab! Es kommt manchmal anders."*[513]

---

[507] Stenographische Berichte der Nationalversammlung, Band 326, S. 217.
[508] Stenographische Berichte der Nationalversammlung, Band 326, S. 218.
[509] Stenographische Berichte der Nationalversammlung, Band 326, S. 218.
[510] Stenographische Berichte der Nationalversammlung, Band 326, S. 218.
[511] Stenographische Berichte der Nationalversammlung, Band 326, S. 218.
[512] Stenographische Berichte der Nationalversammlung, Band 326, S. 218.
[513] Stenographische Berichte der Nationalversammlung, Band 326, S. 218-219.

### cc. Zur Aufstellung eines Heeres und zur Kriegsschuld

Sodann forderte Kahl wegen der weiter zunehmenden Aufstände des Spartakus die beschleunigte Aufstellung eines zum Zwecke ihrer Niederschlagung geeigneten Heeres:

*„Ich verlange kein Heer zur Fortsetzung des Krieges, wiewohl ich für meine Person mit Scham und Schmerz feststellen muß, daß, wenn man aus Angst vor den sich immer steigernden Forderungen des Feindes darauf verzichtet, man den Anspruch auf nationale Selbständigkeit vor der Weltgeschichte bereits preisgegeben hat. (...) Ich bin auch davon überzeugt, daß, wenn der Ruf erginge, eine Masse jetzt noch verbitterter Soldaten und Offiziere folgen würde. Ich bin endlich auch des gewiß: zur Kenntnis würde es der Feind immerhin nehmen, daß ein durch seinen Haß und seinen Übermut zur Verzweiflung gebrachtes Volk sich noch zu wehren weiß, wenn es um sein letztes um sein höchstes geht.“* [514]

Auch wenn er den Gedanken zur Aufstellung eines Kriegsheeres nicht weiter verfolgen wolle, forderte er dennoch eine baldige Verstärkung der Reichswehr zur Verteidigung des Grenzschutzes sowie zur Bekämpfung des Spartakus, insbesondere zum Brechen der Streiks im Ruhrgebiet:[515]

*„Die gänzliche Auflösung und Zertrümmerung unserer Wehrmacht, die planlose, totale Demobilisierung ist eines der Verbrechen der Revolution.“*[516]

Es sei mehrfach gesagt worden, dass die Nationalversammlung die Aufgabe habe, die Ergebnisse der Revolution sicherzustellen. Dem müsse jedoch widersprochen werden. Nicht die Sicherung der Revolution, sondern die Wiedergutmachung der dabei gemachten Fehler sei die Hauptaufgabe:

*„Die Hauptsache für das Glück des Vaterlandes ist jetzt nicht die Aufrichtung des sozialistischen Staates, sondern Ordnung und Ruhe zu schaffen.*

*Wenn die Revolution es hätte leisten können, vier Monate hat sie Zeit gehabt. Dazu gehört aber in erster Linie ein zuverlässiges Heer.“*[517]

Wegen der Reformen des Prinzen Max von Baden habe es im Übrigen keiner Revolution bedurft. Sein Programm habe sich kaum von jenem der Sozialdemokraten unterschieden.[518] Wäre die Entwicklung eine ruhige geblieben, so hätte man heute noch eine Monarchie. Eine Notwendigkeit zur Revolution habe es damit nicht gegeben.[519] Es könne auch nicht davon gesprochen werden, dass die Schuld des alten Regierungssystems zur Revolution geführt habe. Sollte einmal über Schuld gesprochen werden, so müsse diese auf Tausende von Schultern verteilt werden. Zudem sei zu unterscheiden zwischen der Schuld am Krieg, der

---

514 Stenographische Berichte der Nationalversammlung, Band 326, S. 218.
515 Stenographische Berichte der Nationalversammlung, Band 326, S. 220.
516 Stenographische Berichte der Nationalversammlung, Band 326, S. 220.
517 Stenographische Berichte der Nationalversammlung, Band 326, S. 220.
518 Stenographische Berichte der Nationalversammlung, Band 326, S. 221.
519 Stenographische Berichte der Nationalversammlung, Band 326, S. 221.

Schuld am Verlust des Krieges und der Frage, ob der Verlust des Krieges zu dem Trümmerfeld habe führen müssen, auf dem man heute stehe:

*„Für die erste Schuldfrage liegt das ganze Material noch nicht vor. Nur ist tief beklagenswert, dass es Deutsche gibt, welche ihre vornehmste Aufgabe darin zu sehen scheinen, aufgrund einseitigen Materials das Deutsche Volk falsch zu beschuldigen und das eigene Nest zu beschmutzen.“* [520]

Es sei kein Wunder, wenn der Feind dadurch noch ermutigt werde, mit dem Wahnwitz fortzufahren Kommissionen einzusetzen, um mit einseitigem Material die deutsche Alleinschuld am Weltkrieg feststellen zu lassen. Wenn man hier von Schuld rede so dürfe man auch das eine nicht vergessen:

*„Wir alle waren überzeugt von unserem gerechten Krieg, und ich bin es noch heute.“*[521]

Auch um endlich die zweite Schuldfrage zu klären fehlten noch die notwendigen Unterlagen. Soviel könne jedoch bereits gesagt werden: Auf deutscher Seite seien Fehler gemacht worden, insbesondere auch von Offizieren. Diese Fehler sollten in keiner Weise beschönigt werden:

*„Aber klar vor unser aller Augen liegt doch eine Schuld, die Schuld des Bolschewismus, der unsere früher so herrliche Marine vergiftet und dann Teile unserer Front wankend gemacht hat. Hier beginnt die Blutschuld derer, die mit russischem Gold gearbeitet haben.“*[522]

Dennoch hätte es, um auf die dritte Schuldfrage zu sprechen zu kommen, das derzeitige Trümmerfeld nicht geben müssen:

*„Nach dem meinigen war dieses schreckliche Ende, das, uns alle überraschend, sozusagen über Nacht gekommen ist, dann zu vermeiden, wenn zu richtiger Zeit - ich denke an die Zeitgrenze spätestens des 22. Oktober - wie uns versprochen wurde, auch von einem Vertreter der Sozialdemokratie, die nationale Verteidigung organisiert worden wäre. Die Maaslinie war zu halten. (...) Inzwischen wäre der Feind selbst in die bedrängte Lage geraten und hätte nicht die erforderlichen Mittel zur Fortsetzung des Kampfes aufbringen können. (...)*

*War aber selbst der Kriegsverlust nicht zu vermeiden, so war es doch das Trümmerfeld, auf das wir in immer steigender Not versetzt wurden, und dafür gibt es nur einen Schuldigen, und dieser Schuldige war und ist die Revolution. Die absolute Unsicherheit und Unzuverlässigkeit der Verhältnisse war das größte Hindernis eines beschleunigten Friedensschlusses. Es ist gar keine Rede davon, daß die Sozialdemokratie jetzt plötzlich als Retterin der Gesellschaft aufgetreten wäre, daß wie gesagt wurde die sozialdemokratische Partei nun die staatserhaltende Partei gewesen wäre. (...) Oh nein, die wirkliche Lage ist die, daß die ganze Revolution ein großer Putsch gewesen wäre, wenn nicht, um noch das Äußerste zu retten, das deutsche Bürgertum mit seiner großen Treue und Pflichterfüllung aufgetreten wäre. (...) Ohne die Revolution lebten wir heute in ruhigen und gesicherten Verhältnissen.“*[523]

---

[520] Stenographische Berichte der Nationalversammlung, Band 326, S. 220.
[521] Stenographische Berichte der Nationalversammlung, Band 326, S. 220.
[522] Stenographische Berichte der Nationalversammlung, Band 326, S. 222.
[523] Stenographische Berichte der Nationalversammlung, Band 326, S. 222.

### dd. Stellung zur Monarchie

Weiter ging Kahl in seiner Rede auf die Stellung der Deutschen Volkspartei zur Monarchie ein.[524] Für ihn sei es unerträglich, dass die Sozialdemokratie mit den allerschärfsten Tönen, ja geradezu aufreizend die Verherrlichung der Revolution betreibe und glaube, alles geringschätzig behandeln zu dürfen was vor der Revolution liege. Es sei ihm eine Pflicht, klipp und klar auszusprechen, dass sich die DVP an dieser Art der Geschichtszersplitterung und -konstruktion nicht beteiligen, und damit von Millionen Deutscher unterstützt werde.[525] Es gebe noch ein Volksgewissen außerhalb der Sozialdemokratie und dieses verlange genauso viel Respekt wie jenes der Sozialdemokraten. Falls die soziale Versöhnung und die gemeinschaftliche Arbeit zum Wiederaufbau des Vaterlandes wirklich angestrebt werden, müsse die Sozialdemokratie mit den einseitigen Schuldzuweisungen endgütig aufhören. Seine Einstellung zur Monarchie beschrieb Kahl folgendermaßen:

*„(...) denn das ist der Hauptgrund, der mich von der Demokratie trennt. Ich kann kein grundsätzliches Bekenntnis zur Republik abgeben. Sie muss ihren Befähigungsnachweis erst erbringen, und ich möchte das Urteil darüber der weltgeschichtlichen Entwicklung vorbehalten haben. Die geringschätzige Beurteilung des Monarchischen ist uns unerträglich. Ich bin der Meinung die beste Ausstattung, die die junge Republik auf ihrem wills Gott glücklichen Lebensweg mit fortnehmen kann, wird sie vom preußischen Königtum empfangen haben. Jawohl, lernen sie, was der große Kurfürst, Friedrich Wilhelm I. und Friedrich der Große geschaffen haben, dann sind Sie in der Lage, ein Urteil darüber abzugeben. (...) So, nun gehen Sie meinetwegen weiterhin als überzeugte Republikaner Ihren Weg und werfen Sie Steine auf solche, denen das Kaisertum und das Königtum noch heute nicht bloß ein geschichtlich vorübergehender, sondern ein dauernder Besitz ist.“*[526]

### ee. Zu den Friedensverhandlungen

Mit einem Friedensschluss auf den anerkannten Grundlagen der Wilsonpunkte erklärte sich Kahl vollkommen einverstanden. Es sei begrüßenswert, dass nach dem Eintritt des Grafen Brockdorff in die Friedensverhandlungen auch die Feinde wieder zur Sprache der Ehre, Würde und Wahrhaftigkeit zurückgefunden hätten.[527]

Die DVP sei unter diesen Umständen auch bereit, die materielle Verantwortung zu übernehmen. Eine Ablehnung des Friedensschlusses unter den gegebenen Umständen komme schon nicht mehr in Frage, da sonst aus Okkupationsgebieten eroberte Gebiete würden, und der Verlust unermesslicher Werte sowie die Mehrung des Leides in den westlichen Provinzen drohe. Was jedoch geschehen würde, wenn man dem Deutschen Reich auch noch die gegebenen Zugeständ-

---

[524] Stenographische Berichte der Nationalversammlung, Band 326, S. 222.
[525] Stenographische Berichte der Nationalversammlung, Band 326, S. 222.
[526] Stenographische Berichte der Nationalversammlung, Band 326, S. 222.
[527] Stenographische Berichte der Nationalversammlung, Band 326, S. 223.

nisse nähme, wolle und könne er unter den gegebenen Umständen nicht ansprechen. Dazu sei nur soviel gesagt:

*„Ich weiß nur das eine, daß ich bereit bin, auch als Siebzigjähriger den Ehrensäbel von 1870, den man mir neulich bei einer Hausdurchsuchung nach Waffen, bei mir noch übrig gelassen hat, wieder umzuschnallen."*[528]

Er sähe sich nicht in der Lage, ein grundsätzliches Bekenntnis zur Republik abzulegen. Vielmehr müsse diese ihren Befähigungsnachweis noch erbringen. Damit verneinte er die Frage, ob sich die DVP bereits zu diesem Zeitpunkt auf die Republik als zweckmäßige Dauerform des deutschen Staates festlegen sollte, oder ob nicht in dieser Frage der Monarchie der Vorzug zu geben sei.
Dieses unklare Bekenntnis mochte zum Teil auch von der parteiinternen Lage der Deutschen Volkspartei diktiert worden sein, in der es galt einen antirepublikanischen und einen antimonarchistischen Flügel zusammenzuhalten. Dieser parteiinterne Streit wurden deutlich, als Stresemann, Heinze und von Richter an Wilhelm II am 28. Januar 1919 ein Telegramm gesandt, und ihm *„einen friedlichen Lebensabend"* gewünscht hatten. Sie hatten ihn gebeten, *„davon überzeugt zu sein, daß Millionen Deutscher mit uns auch unter neuen Verhältnissen und auf neuer Grundlage des staatlichen Lebens stets das Bekenntnis zum monarchischen Gedanken hochhalten und sich gegen die würdelose Abkehr von den hohen Idealen des deutschen Kaisertums und preußischen Königtums wenden werden."*[529] Insbesondere die Ortsgruppen Frankfurt und Hamburg hatten daraufhin in scharfer Weise gegen dieses Telegramm protestiert und ein deutliches Bekenntnis der DVP zur Republik gefordert.[530]
Diese parteiinterne Diskussion zeigte sich ebenfalls auf einer Sitzung des Geschäftsführenden Ausschusses,[531] in der über die Frage der Staatsform diskutiert wurde. Zur Entscheidung standen drei Anträge. Zum einen jener von Garnich-Kuhbier:[532]

*„Die DVP steht auf dem Standpunkt, daß ein wirklich konstitutionelles Kaisertum mit vernunftgemäßem Parlamentarismus die für Deutschland und für das deutsche Wesen beste und geeignetste Staatsform ist. Sie erstrebt die Schaffung einer solchen Staatsform nicht durch revolutionäre Umwälzung, sondern auf dem verfassungsmäßigen Weg der Entscheidung durch Volksmehrheit."*

---

528 Stenographische Berichte der Nationalversammlung, Band 326, S. 223.
529 Hartenstein, Die Anfänge der Deutschen Volkspartei 1918-1920, Düsseldorf 1962, S. 109.
530 Ludwig Richter, Die Deutsche Volkspartei, Düsseldorf 2002, S. 66.
531 Sitzung des Geschäftsführenden Ausschusses, BAK R 45 II / 50, S. 241-295.
532 Eberhard Kolb, Ludwig Richter, Nationalliberalismus in der Weimarer Republik, Die Führungsgremien der Deutschen Volkspartei 1918-1933, Band I, Düsseldorf 1999, S. 171.

Der Antrag von Leidig lautete:[533]

*„Die DVP versagt sich nicht den Arbeiten an den Aufgaben des Tages. Sie wird an dem Ausbau der Deutschen Republik mitarbeiten.*

*Sie sei aber überzeugt, dass das deutsche Kaiser-tum die für das deutsche Volk gemäße Staatsform gewesen sei, und daß das deutsche Kaisertum dereinst wieder das deutsche Volk um sich vereinen wird."*

Schließlich gab es den Antrag Moldenhauer:[534]

*„Die DVP erblickt die beste Staatsform für das deutsche Volk in der Vereinigung der seit Jahrhunderten eingelebten Monarchie mit der modernen Idee einer aus allgemeinen, gleichen, geheimen Wahlen beider Geschlechter hervorgegangenen Regierung. Solange die Monarchie nicht auf verfassungsmäßigem Wege eingeführt ist, versagt die DVP nicht ihre Mitarbeit im Rahmen ihrer politischen Grundsätze an den praktischen Aufgaben der Gegenwart."*

Für den ersten Antrag stimmten 10, für den zweiten 5 und für den dritten 3 Mitglieder.[535]

Auf dem Leipziger Parteitag einigte man sich auf eine Kompromissformel, die den Gedanken der Mitarbeit innerhalb der jetzigen Staatsform mit dem Wunsch nach einem *„auf gesetzmäßigem Wege aufzurichtenden Kaisertum"* verband:[536]

*„Die DVP wird den Wiederaufbau des Reiches mit allen Mitteln fördern. Daher wird sie im Rahmen ihrer politischen Grundsätze innerhalb der jetzigen Staatsform mitarbeiten. (...) Die DVP erblickt in dem durch freien Entschluss des Volkes auf gesetzmäßigem Wege aufzurichtenden Kaisertum, dem Sinnbild deutscher Einheit, die für unser Volk nach Geschichte und Wesensart geeignetste Staatsform."*

Kahl gab in einer umjubelten Rede dazu folgenden Kommentar:[537]

*„Wir betrachten die Republik vorläufig als eine Tatsache und arbeiten treu und opferwillig in ihr mit, nicht um der schönen Augen der Republik Willen, sondern aus Liebe zu unserem Vaterland. (...) Wir erstreben allerdings die Wiederherstellung eines volkstümlichen Kaisertums als ruhmreiches Wahrzeichen und wichtigste Bürgschaft unserer deutschen Einheit. . (...) Die Staatsform ist für ein Volk eine wichtige Sache, aber wichtiger noch (...) ist die Sorge um das Volk. (...) Das Kaisertum ist mit einem Wort für uns im gegenwärtigen Augenblick nicht eine Personenfrage, sondern eine Schicksalsfrage des deutschen Volkes für seine Zukunft (...) eine Schicksalsfrage, deren Lösung wir wie tausend anderes Gott und der Geschichte ruhig anheim stellen."*

---

533 Eberhard Kolb, Ludwig Richter, Nationalliberalismus in der Weimarer Republik, Die Führungsgremien der Deutschen Volkspartei 1918-1933, Band I, Düsseldorf 1999, S. 172.

534 Eberhard Kolb, Ludwig Richter, Nationalliberalismus in der Weimarer Republik, Die Führungsgremien der Deutschen Volkspartei 1918-1933, Band I, Düsseldorf 1999, S. 173.

535 Ludwig Richter, Die Deutsche Volkspartei, Düsseldorf 2002, S. 69.

536 Wolfgang Hartenstein, Die Anfänge der Deutschen Volkspartei 1918-1920, Düsseldorf 1962, S. 116.

537 2. Parteitag der Deutschen Volkspartei, S. 102-106.

Mit dieser Kompromissformel einigte man sich auf das Volkskaisertum als Ideal, welches jedoch der Geschichte anheim gestellt wurde, d.h. kein Ziel der Tagespolitik mehr war.

### b. Zum Versailler Vertrag

#### aa. Ausgangslage

Die nach dem Ersten Weltkrieg in Versailles stattfindenden Friedensverhandlungen standen für Deutschland unter äußerst schlechten Vorzeichen.
Am 7. Mai 1919 erhielten die Deutschen Abgesandten das allein von den Alliierten verfasste Vertragswerk ausgehändigt.[538] Eine Möglichkeit, sich mündlich dazu zu äußern wurde den Deutschen nicht gewährt. Lediglich schriftliche Stellungnahmen in englischer und französischer Sprache zu einzelnen Punkten war ihnen innerhalb einer Frist von 14 Tagen gestattet. Scheidemann (SPD) schilderte die Reaktionen auf das von den Alliierten ausgehändigte Vertragswerk:[539]

*„Erst fassungslos und dann mit einer elementaren Volksempörung ohnegleichen hat das deutsche Volk damals diese Offenbarung des Vernichtungswillens seiner Feinde aufgenommen."*

Zwei Tage vor Ablauf der von den Alliierten gesetzten Frist trat das Kabinett Scheidemann (SPD) zurück. Es konnte sich nicht durchringen, den „Friedensvertrag“ in dieser Form zu unterschreiben.[540] Die Nachfolge trat Gustav Bauer (SPD) an. Hermann Müller (SPD) wurde Außenminister. Die Alliierten hatten gedroht, den Krieg wieder aufzunehmen und das Deutsche Reich militärisch zu besetzen, wenn nicht binnen der gesetzten Frist der Vertrag von den Deutschen unterschrieben werde. In der Nationalversammlung wurde heftig über die Frage der Unterzeichnung gestritten. Man entschied sich schließlich mit 209 gegen 116[541] Stimmen dafür, da dem entwaffneten und wehrlosen Land keine andere Möglichkeit blieb.[542]

#### bb. Reden zum Versailler Vertrag

Am Sonntag, den 22. Juni 1919 trat die Nationalversammlung im Weimarer Nationaltheater zu ihrer 40. Sitzung[543] zusammen, um über die Annahme der Friedensbedingungen abzustimmen.[544] Erster Redner war Bauer (SPD). Er appellier-

---

[538] Wilhelm Ziegler, Die Deutsche Nationalversammlung 1919/1920 und ihr Verfassungswerk, Berlin 1932, S. 65.
[539] Philipp Scheidemann, Memoiren eines Sozialdemokraten, Band II, Dresden 1928, S. 364.
[540] Wilhelm Ziegler, Die Deutsche Nationalversammlung 1919/1920 und ihr Verfassungswerk, Berlin 1932, S. 77-78.
[541] Wilhelm Ziegler, Die Deutsche Nationalversammlung 1919/1920 und ihr Verfassungswerk, Berlin 1932, S. 87.
[542] Helmut Müller, Schlaglichter der deutschen Geschichte, Leipzig, Mannheim 2002, S. 237.
[543] Stenographische Berichte der Nationalversammlung, Band 327, S. 1113.
[544] Wilhelm Ziegler, Die Deutsche Nationalversammlung 1919/1920 und ihr Verfassungs-

te an die Abgeordneten, die Entscheidung der Unterzeichnung nicht zur Parteisache werden zu lassen,[545] und brachte seinen *„Protest gegen diesen Vertrag der Gewalt und Vernichtung“*[546] zum Ausdruck. Dennoch habe sich die Reichsregierung entschlossen, den Friedensvertrag zu unterzeichnen. Jedoch sollte dies geschehen unter Ausschluss des die Alleinschuld der Deutschen am Kriege behauptenden Artikels 231,[547] sowie der Artikel 227-230, in denen sich das Reich zur Auslieferung seiner Kriegsverbrecher hätte verpflichten müssen.[548] Deswegen schlug er folgenden Wortlaut für die der deutschen Delegation zu erteilenden Vollmacht vor:

*„Die Regierung der Deutschen Republik ist bereit, den Friedensvertrag zu unterzeichnen, ohne jedoch damit anzuerkennen, dass das deutsche Volk der Urheber des Krieges sei, und ohne eine Verpflichtung nach Artikel 227 bis 230 des Friedensvertrages zu übernehmen.“*[549]

Im Anschluss an die Rede des Ministerpräsidenten redeten Sprecher aller Fraktionen. Paul Löbe von den Sozialdemokraten eröffnete die Rednerreihe. Zentraler Gegenstand seiner Rede war die Mitteilung, dass die sozialdemokratische Fraktion sich entschlossen habe, den Friedensvertrag zu unterzeichnen.

*„Wenn wir dafür sind, daß dieser Friedensvertrag unterzeichnet wird, so nur um des Willen, weil wir noch Fürchterlicheres ahnen, falls er von uns abgelehnt wird (...).“*[550]

Ihm folgte der Abgeordnete Gröber vom Zentrum. Auch dieses konnte sich nach langer Beratung zur Unterzeichnung des Friedensvertrages durchringen. So legte auch Gröber dar, dass das deutsche Volk nicht mehr die Kraft habe, einen Krieg mit Aussicht auf Erfolg zu führen und dass man sich dem Friedensvertrag beugen müsse.[551] Auf Gröber folgte nun als erster Gegner einer Unterzeichnung, der Abgeordnete Schiffer für die DDP:

*„Im Gegensatz zu den beiden Vorrednern habe ich dem Hohen Hause mitzuteilen, daß die weitaus überwiegende Mehrheit meiner politischen Freunde sich entschlossen hat, dem vorliegenden Friedensvertrag (...) ihre Zustimmung zu verweigern.“*[552]

---

werk, Berlin 1932, S 79.

545 Stenographische Berichte der Nationalversammlung, Band 327, S. 1114.

546 Wilhelm Ziegler, Die Deutsche Nationalversammlung 1919/1920 und ihr Verfassungswerk, Berlin 1932, S. 79.

547 Artikel 231 des Friedensvertrages bestimmte, dass Deutschland sich als alleiniger Urheber des Krieges bekenne.

548 Stenographische Berichte der Nationalversammlung, Band 327, S. 1115.

549 Wilhelm Ziegler, Die Deutsche Nationalversammlung 1919/1920 und ihr Verfassungswerk, Berlin 1932, S. 79.

550 Wilhelm Ziegler, Die Deutsche Nationalversammlung 1919/1920 und ihr Verfassungswerk, Berlin 1932, S. 80.

551 Wilhelm Ziegler, Die Deutsche Nationalversammlung 1919/1920 und ihr Verfassungswerk, Berlin 1932, S. 80.

552 Stenographische Berichte der Nationalversammlung, Band 327, S. 1118 ff.

Gleichlautend war die Erklärung des Grafen von Posadowsky-Wehner für die DNVP.[553] Ihm folgte der Abgeordnete Haase für die USPD, der sich *„unter zwingender Gewalt"* für eine Unterzeichnung des Friedensvertrages aussprach.[554] Danach schloss Kahl die Liste der Redner.

**cc. Rede Wilhelm Kahls**

Seine Rede gilt als eine der bedeutendsten, die er vor der Nationalversammlung gehalten hat.[555] Die Abgeordneten der Deutsche Volkspartei gaben in der Nationalversammlung bei jeder namentlichen Abstimmung, zu der auch die über den Friedensvertrag gehörte, ihre Stimmen einheitlich ab. [556] So begann Kahl seine Rede:

*„Meine Herren! Die Deutsche Volkspartei lehnt einmütig diesen Frieden ab, sieht sich daher zu ihrem Bedauern auch nicht in der Lage, einer Regierung, die eben zu diesem Zweck sich gebildet hat, diesem Frieden die Unterschrift zu leisten, ihr Vertrauen zu bekunden."*[557]

Bereits Graf von Posadowski-Wehner (DNVP) hatte sich nicht nur gegen die Unterzeichnung des Friedensvertrages ausgesprochen, sondern es ebenfalls abgelehnt, der Regierung das Vertrauen auszusprechen.[558] Nach langen Überlegungen habe sich auch in der DVP die Überzeugung durchgesetzt, dass *„die erste Prüfungs- und Leidenszeit im Falle der Ablehnung besonders schwer sein wird"*, dass der zu treffende Entschluss jedoch nicht nur für den Augenblick gefällt werden dürfe, *„sondern andere Werte"* höher wägen, *„die ein Volk niemals verlieren darf, soll es nicht auf ewig von der Weltgeschichte gerichtet sein"*.[559]
Nachdem sich auf der Berliner Versammlung am 12. Mai Redner aller Fraktionen gegen die Annahme des Friedensvertrages ausgesprochen hatten, diesen damals als *„unannehmbar"* oder *„unerfüllbar"* bezeichneten,[560] sei es ihm unverständlich, wie sich die Meinungen zu diesem Thema so grundlegend haben ändern könne.
Sodann kritisierte Kahl das Verfahren, in dem die deutsche Delegation unter Führung des Grafen Brockdorff-Rantzau, dem Kahl unter großem Applaus Dank und Anerkennung aussprach, in Versailles auf den Friedensvertrag zu reagieren hatte. Dabei hob er vor allem die Tatsache hervor, dass ein Friedensvertrag zum ersten Mal in der Weltgeschichte ohne eine mündliche Verhandlung geschlossen werden solle. Dies sei für ihn ein deutliches Zeichen des Hasses der Sieger und

---

553 Stenographische Berichte der Nationalversammlung, Band 327, S. 1120 ff.
554 Stenographische Berichte der Nationalversammlung, Band 327, S. 1125 ff.
555 Jacob Rießer, Wilhelm Kahl als Parlamentarier, DJZ 1923, S. 189.
556 Ludwig Richter, Die Deutsche Volkspartei, Düsseldorf 2002, S. 56-57.
557 Stenographische Berichte der Nationalversammlung, Band 327, S. 1129.
558 Stenographische Berichte der Nationalversammlung, Band 327, S. 1129.
559 Stenographische Berichte der Nationalversammlung, Band 327, S. 1129 f.
560 Wilhelm Ziegler, Die Deutsche Nationalversammlung 1919/1920 und ihr Verfassungswerk, Berlin 1932, S. 69-70.

ihrer Geringschätzung gegenüber den Deutschen. Diesen Vorbemerkungen folgt nun der Hauptteil der Rede, in dem Kahl die Gründe für die Ablehnung aufzählte:

*„Wir lehnen ab, weil bei Annahme des Friedens der deutsche Staat als solcher vernichtet ist. Die beiden Säulen staatlicher Kraft, Finanzhoheit und Militärhoheit, sind vernichtet. Die hierin angebotenen Milderungen sind nicht der Erwähnung wert. (...)*

*Wir lehnen ab, weil wir betrogen und belogen sind. Auf den schmählichen Waffenstillstand haben wir uns nur eingelassen gegen die bestimmte Zusicherung eines Rechtsfriedens. An die Stelle des Rechts ist die Ungerechtigkeit, an Stelle der Freiheit der Zwang und eine Sklaverei gesetzt, die schlimmer würde, als selbst der zaristische Absolutismus es je gewesen ist! (...)*

*Wir lehnen ab, weil von den vierzehn Punkten, die wir als Grundlage des Friedens ehrlich angenommen haben, sozusagen nichts übrig geblieben ist. Sie sind in der Antwort der Entente überall entweder in ihrem ursprünglichen Sinne umgebogen, oder in ihr Gegenteil verkehrt, Treu und Glauben sind aufs schmählichste dadurch verletzt, namentlich im Punkte des Rechts der Selbstbestimmung. (...)*

*Wir lehnen ab, weil wir es nie und nimmer verantworten können, freiwillig und wehrlos die kostbaren Teile deutscher Erde, zunächst unsere Ostprovinzen, vom Mutterland abschneiden zu lassen. Wir können es nicht, weil wir geschichtlich mit diesen Volksgenossen auf engste verwachsen sind, weil wir uns dadurch der wertvollsten wirtschaftlichen Kräfte und Quellen berauben, weil wir die Möglichkeit einer nationalen Siedlungspolitik endgültig verlieren würden. (...)*

*Wir lehnen ab, weil diese im Friedensvertrag erdachte Art der Selbstbestimmung uns mit Sicherheit auch unsere Nordmark und das Saargebiet kosten wird. Wir sehen jetzt schon die feindliche Hetze und den Belehrungsapparat in den rheinischen Gebieten tätig.*

*Wir lehnen ab, weil wir Deutsch-Österreich nicht preisgeben wollen. Wie kann der Feind sich anmaßen, in die engsten, Jahrhunderte alten Beziehungen deutscher Geschichtsentwicklung mit dem kategorischen Befehl einzugreifen, daß wir uns nicht vereinigen dürfen? Diese Anmaßung weisen wir zurück. (...)*

*Wir lehnen ab, weil unsere Deutschen im Auslande, soweit sich noch welche finden werden, rechtlos sein würden, in ihrem wirtschaftlichen, politischen und persönlichen Leben.*

*Wir lehnen ab, weil wir andernfalls wirtschaftlich zugrunde gehen müssen. (...)*

*Wir lehnen ab, weil wir andernfalls an uns selbst zu Lügnern werden müssen; denn der Vertrag ist so unerfüllbar. (...) Man mutet einem schwerverwundeten, todkranken Körper zu, eine Arbeit zu leisten, die er einfach nicht leisten kann. Insbesondere kann man Schulden nicht bezahlen, deren schwindelhafte Höhe man nicht kennt. Die Feinde aber wissen das, sie kennen unsere Leistungsfähigkeit; nicht trotzdem, sondern gerade deshalb werden diese unerhörten Forderungen an uns erhoben.*

*Wir lehnen ab, weil uns die Schändlichkeit der Auslieferung von Deutschen zugemutet wird. Das ist der einzige Punkt, in dem wenigstens alle übereinstimmen. Auch ich stehe auf dem*

*Standpunkt: nicht auf die Person des Kaisers, auch wenn sie manchem Herzen und auch meinem noch besonders teuer ist, aber nicht auf die Person des Kaisers kommt es an, sondern darauf, daß wir Deutsche ausliefern sollen. Das ist die Schamlosigkeit! (...)*

*Wir lehnen ab, weil wir nicht unser eigenes, falsches Schuldbekenntnis unterschreiben können. Wilson selbst hat noch 1917 gesagt: „das deutsche Volk hat diesen entsetzlichen Krieg nicht angestiftet, nicht gewollt, auch nicht gewünscht." Die uns hier untergeschobene Schuld ist in der angebrachten Art und in den angebrachten Maßen eine Lüge. (...)*

*Wir lehnen endlich ab, weil wir uns sonst ehrlos machen würden vor uns selbst und vor der ganzen Welt, ehrlos vor den Neutralen, verächtlich vor allem vor den Feinden, die jetzt an uns diese Zumutung stellen.*

*Glauben Sie denn, daß ein Franzose oder ein Brite eine derartige Unterschrift leisten würde? (...)"*[561]

Kahl wusste wohl, dass die Alliierten im Falle der Ablehnung in Deutschland einmarschieren würden. Er erwartete aber, dass sich dann alle Kräfte zu Gunsten Deutschlands einsetze würden.[562]
Dazu hatte er sich bereits in seiner ersten Rede vor der Nationalversammlung am 20. Februar 1919 geäußert:[563]

*„Ich verlange kein Heer zur Fortsetzung des Krieges, wiewohl ich für meine Person mit Scham und mit Schmerz feststellen muß, daß man aus Angst vor den sich immer steigenden Forderungen des Feindes darauf verzichtet, man den Anspruch auf nationale Selbständigkeit vor der Weltgeschichte eigentlich bereits preisgegeben hat. (...) Ich bin überzeugt, daß wenn der Ruf erginge, eine Masse jetzt noch verbitterter Offiziere und Soldaten folgen würde. Ich bin endlich auch des gewiß: zur Kenntnis würde es der Feind immerhin nehmen, daß ein durch seinen Haß und seinen Übermut zur Verzweiflung gebrachtes Volk sich noch zu wehren weiß, wenn es um sein Letztes um sein Höchstes geht."*

Die von seinen Vorrednern vorgeschlagene Unterzeichnung unter Protest lehnte er wegen der bereits vergeblichen Versuche der Einflussnahme auf den Friedensvertrag ab. Bei der anschließenden Abstimmung stimmte er folglich gegen die Unterzeichnung des Friedensvertrags.

Die Rede Kahls zum Friedensvertrag blieb unvergessen und wurde später häufig erwähnt. So schrieb Jacob Rießer (DVP) im Jahr1923: [564]

*„Die Rede die Kahl hielt, als er am 22. Juni 1919 den einmütigen Beschluß seiner Fraktion begründete, den Friedensvertrag abzulehnen, wird noch heute, und vielleicht besonders heute, die Leser ebenso, wie damals die Hörer erschüttern."*

---

561 Stenographische Berichte der Nationalversammlung, Band 327, S. 1129-1132.
562 Stenographische Berichte der Nationalversammlung, Band 327, S. 1132 f.
563 Stenographische Berichte der Nationalversammlung, Band 326, S. 220.
564 Jacob Rießer, Kahl als Parlamentarier, DJZ 1923, Sp. 188-190.

Gustav Stresemann notierte noch 1928 über diese Rede im Reichstag:[565]

*„(...) Aber in dem Augenblick, da er spricht, lauscht das ganze Haus ohne Unterbrechung. Wie die Töne einer Kirchenglocke, so klingen seine Worte und Sätze an das Ohr der Versammelten. Das Erz kann kunstvoll geformt und der Ton fein gestimmt sein - bei diesem Redner verbindet sich die Wucht mit der Vielseitigkeit des menschlichen Instruments, der Stimme, und man spürt das Eine: Hier spricht nicht nur der Mund, hier spricht das Herz. Man weiß, daß der bejahrte Redner zu denen gehört, die einst, am Tage von Versailles im Jahre 1871, der Errichtung des Kaisertums beiwohnten, das nun zu Grabe getragen ist. Kein verletzendes Wort findet sich in der von größtem sittlichem Ernst getragenen und von einer kaum unterdrückten Leidenschaft erfüllten Rede. Um so stärker ist der Eindruck, der sich von der äußersten Linken bis zur Rechten fortsetzt."*

Noch 1932, anlässlich Kahls Tods erinnerte sich Eduard Dingeldey (DVP):[566]

*„Aber noch unvergänglicher als jenes Wirken bleibt, und das kennzeichnet den ganzen deutschen Mann, was er in den Tagen der tiefsten Erniedrigung, im Angesicht des Diktats von Versailles prophetisch aussprach, in jener ehernen Form, in der er als deutscher Mahner und Warner so oft seine Gedanken zu gießen wußte: jene Worte, gegliedert in zwölf Thesen, in denen die ganze Demütigung und die tiefe Sorge lebendig war, wie solche Schmach vom Deutschen Volke wieder genommen werden könnte."*

Johannes Wunderlich (DVP) schrieb 1932 in einem Gedenkwort an Wilhelm Kahl:[567]

*„Als ein glänzendes Muster seiner ergreifenden Reden wird für alle Zeit seine Rede vom 22. Juni 1919 zu gelten haben, in der er von seiner Fraktion beauftragt worden war, den Schmachfrieden von Versailles abzulehnen. Für dieses „Nein" führte er zwölf wesentliche Gründe an, kurz und knapp, jeden von ihnen einleitend mit den Anfangsworten „Wir lehnen ab, weil" (...)"*

Zwar entsprach Kahls Rede sicherlich der Ansicht des Großteils des deutschen Volkes, dennoch gab es zur Unterzeichnung des Friedensvertrages keine Alternative. Kahl wollte dieser *„die sittliche Kraft eines großen stolzen Volkes"* entgegensetzten. Fraglich bleibt jedoch, ob diese stark genug gewesen wäre, den zu erwartenden Sanktionen der Sieger zu widerstehen.

### dd. Zweite Rede zum Friedensvertrag

In seiner zweiten Rede vom 09. Juli 1919 zum Friedensvertrag verweigerte Kahl die Zustimmung der DVP zu dessen Ratifikation. Zwar erkenne er, dass im Falle verweigerter Ratifizierung dem deutschen Volke vor allem in den Grenzregionen ungeheures Leid zustoßen werde. Dennoch könne die Deutsche Volkspartei sich dazu nicht entschließen, das Deutsche Reich und Volk unter Verleugnung seiner ruhmvollen Geschichte einem sicheren Untergang oder endloser Knechtschaft

---

[565] Gustav Stresemann, Kahl der Politiker und Parlamentarier, DJZ 1928, Sp. 799.
[566] Eduard Dingeldey, in Wilhelm Kahl zum Gedächtnis, Berlin 1932, S. 33.
[567] Carl Wunderlich, Wilhelm Kahl †, Ein Gedenkwort, DJZ 1932, Sp. 700.

auszuliefern.[568] Auf einen harten Frieden sei man nach den *„unglücklichen Ereignissen seit Herbst 1918“* durchaus eingestellt gewesen und hätte sich auch mit schweren Opfern an Hab und Gut abgefunden,

*„was aber nimmermehr wir zu ertragen, anzuerkennen und zu verantworten gewillt sind, ist die willkürliche und raubgierige Absplitterung alter deutscher Landesteile vom Reich, ist der einfache Diebstahl unserer Kolonien unter der verleumderischen Behauptung unserer Unfähigkeit zu kolonialer Zivilisation, sowie die anmaßliche Bestreitung des Selbstbestimmungsrechts unseres deutsch - österreichischen Brudervolkes, ist die dauernde Vernichtung der deutschen Freiheit durch einen nach Absicht und Ziel gegen Deutschland gerichteten so genannten Völkerbund, ist die Zumutung ehrloser Handlungen durch Auslieferung Deutscher an die Gerichtsstätte feindlicher Ankläger und Richter zugleich, ist der unsittliche, gegen Recht und Wahrheit verstoßende Zwang zur Unterschrift des Bekenntnisses der alleinigen Schuld Deutschlands am Kriege, der größten weltgeschichtlichen Lüge, die jemals aus Menschenmund gekommen ist.“*[569]

Als sich das deutsche Volk den harten, nahezu unerträglichen Friedensbedingungen unterworfen habe, sei dies nur geschehen, weil ihm Rechtsfrieden zugesichert worden sei:

*„Diese Zusage allein hat das Deutsche Volk in seiner Mehrheit dazu vermocht, auf eine nochmalige nationale Erhebung, auf einen letzten Waffengang zu verzichten und der Zukunft zu vertrauen. Nichts, nichts von dieser Zusage ist übrig geblieben. Überall ist an Stelle des Rechts die Ungerechtigkeit, an die Stelle der Billigkeit gegen ein tapferes Volk rücksichtslose Härte getreten. Nichts anderes als der Vernichtungswille spricht aus jedem Satz, aus jedem Wort des Friedensvertrages.“*[570]

An dieser Stelle sei daher keine andere Entscheidung als eine ablehnende zu vertreten. Man werde zwar versuchen, die Bedingungen des Vertrages zu erfüllen, niemals werde man jedoch dessen Rechtsbeständigkeit anerkennen:

*„Für alle und ewige Zeiten legen wir vor Gott und der Geschichte feierlich Verwahrung dagegen ein. Niemals könnte er eine Quelle der Völkerversöhnung werden. Niemals um unseres Gewissens willen können wir aufhören, unsere Kinder und Kindeskinder zu ermahnen, den Abscheu gegen diesen Frieden von Geschlecht zu Geschlecht fortzupflanzen und ihr ganzes Sinnen und Denken daranzusetzen, die deutsche Erde von dieser Schmach wieder reinzuwaschen.“*[571]

Man dürfe der Deutschen Volkspartei nicht unterstellen, sie lehne den Frieden nur ab weil sie im Stillen hoffe, andere würden den Vertrag schon ratifizieren:

*„Das Vaterland ist in einer Lage, in der nach dem Aufschrei unserer Seele die Entscheidung rein um seiner Zukunft und seiner Ehre willen getroffen werden muß, ohne Rücksicht auf vorübergehenden Schaden oder Gewinn.*

---

[568] Stenographische Berichte der Nationalversammlung, Band 327, S. 1412.
[569] Stenographische Berichte der Nationalversammlung, Band 327, S. 1412.
[570] Stenographische Berichte der Nationalversammlung, Band 327, S. 1412.
[571] Stenographische Berichte der Nationalversammlung, Band 327, S. 1412.

*Aus dieser Überzeugung haben wir den verantwortungsvollen Entschluß zu dieser Erklärung geschöpft. Aus dieser Überzeugung lehnen wir einen solchen Frieden heute und immer ab.“*[572]

### c. Zur Frage der Nationalflagge

#### aa. Reden für die Nationalfarben Schwarz - Rot - Gold

Dr. David (SPD), Reichsminister des Innern, eröffnete am 2. Juli 1919 in der 44. Sitzung der Nationalversammlung die Debatte über die künftigen Reichsfarben mit einer Rede, in der er für die Nationalfarben schwarz-rot-gold eintrat. Um den Bedenken seitens der Handelsschifffahrt entgegen zu kommen, erklärte er sich damit einverstanden, dass die Handelsflagge erst später durch ein Reichsgesetz bestimmt werden sollte. Einem entsprechenden Antrag von Dr. Quarck (SPD), Katzenstein (SPD), Molkenbuhr (SPD), Gröber (Zentrum) und Trimborn (Zentrum) werde die Regierung zustimmen. Der Wortlaut des Artikels 3 solle demnach wie folgt lauten:

*„Die Reichsfarben sind schwarz - rot - gold. Die Handelsflagge ist schwarz - weiß - rot mit einer Gösch in schwarz - rot - gold in der oberen inneren Ecke.“*

Den von der USPD gestellten Antrag, die Reichsfarbe solle rot sein, widersprach Dr. David (SPD). Die Farbe rot sei die der sozialistischen Internationale und könne aus diesem Grunde nicht gleichzeitig zur Nationalfarbe erklärt werden.[573] Zudem müssten Farben gefunden werden, mit denen sich das gesamte deutsche Volk einverstanden erkläre. Aus diesem Grunde solle nach Dr. David auch der Vorschlag, die alten Farben schwarz-weiß-rot beizubehalten, abgelehnt werden. Scharz-weiß-rot habe

*„einen Gegensatz zwischen Millionen unseres Volkes und der offiziellen Regierung mit ihren offiziellen Symbolen erzeugt, und so ist es gekommen, daß diese Fahne als eine Parteifahne, als ein feindliches Symbol im Kampfe von Millionen von Arbeitern empfunden wurde.“*

Schwarz-rot-gold biete die einzige Möglichkeit, eine Farbe zu finden, mit der sich das gesamte Volk einverstanden erklären werde.

#### bb. Reden für die Nationalfarbe rot

Für die Einführung von rot als Nationalfarbe trat Dr. Cohn, Abgeordneter der USPD ein. Die alten Reichsfarben seien für den größten Teil des Volkes eine Provokation, der Wechsel zur roten Fahne dagegen werde von der weitaus überwiegenden Zahl begrüßt.[574] Rot sei seid je die Farbe der Revolution und der Freiheitsbewegung gewesen. Das System, das durch die Farben schwarz-weiß-rot symbolisiert worden sei, sei dagegen verantwortlich für den Tod von Millio-

---

[572] Stenographische Berichte der Nationalversammlung, Band 327, S. 1412.
[573] Stenographische Berichte der Nationalversammlung, Band 327, S. 1225.
[574] Stenographische Berichte der Nationalversammlung, Band 327, S. 1225.

nen von Menschen: *„aber wir wissen auch, daß sie einem Prinzip geopfert wurden, daß wir nicht verewigen wollen, indem wir seine Flagge verewigen."*[575]

**cc. Rede Wilhelm Kahls**

Nachdem er bereits zweimal im Verfassungsausschuss zu dieser Frage Stellung bezogen hatte, nahm Kahl nun auch in der Nationalversammlung Stellung und fasste damit alle wesentlichen Bedenken gegen einen Farbenwechsel zusammen:[576]

*„Ich tue es heute zum dritten Male, wenn es notwendig sein muß, zum vierten Male. Denn nicht bloß meiner eigenen Überzeugung und einer inneren Notwendigkeit folge ich damit, sondern auch dem Willen von Millionen des deutschen Volkes, und diese Millionen setze ich den von Ihnen, Herr Reichsminister David, soeben vorgeführten entgegen. Ich glaube ihre Schar wird kaum geringer ausfallen als die andere."*[577]

Kahl wandte sich nicht in erster Linie gegen die Farben schwarz-rot-gold. Er könne es verstehen, dass die schwarz-rot-goldene Fahne für viele einen geschichtlichen Wert habe, lehne aber einen Farbwechsel als solchen ab.[578] Das von seinem Vorredner sowie in den Verhandlungen des Verfassungsausschusses gebrauchte Argument, schwarz-weiß-rot sei ein Symbol des Obrigkeitsstaats und Imperialismus vergangener Zeiten, könne er jedoch nicht gelten lassen, dies sei eine objektive Unwahrheit. Der preußische Staat und das Deutsche Kaiserreich hätten in der universalgeschichtlichen Entwicklung so viel unermesslich Großes geleistet, dass diese vom Vorredner gebrauchten Schlagworte nicht ausreichten, um die Notwendigkeit eines Farbwechsels zu rechtfertigen:[579]

*„Es soll mit diesen Schlagworten die grundsätzliche Abkehr von den politischen Systemen der früheren Zeit markiert, es soll die Geringschätzung gegen das Historische, die Geringschätzung gegen unseren preußischen Staat und das Kaisertum ausgedrückt werden. Darauf bemerke ich: es ist von der Demokratie sehr unhistorisch, und ungerecht, so zu urteilen, und von beiden, wie es heute mehrfach geschehen ist, in verächtlichem Sinne zu reden."*[580]

Zwar seien vor dem Kriege auch Fehler gemacht worden, die mitursächlich für die heutige Katastrophe seien, die Hauptursache hierfür liege jedoch darin, dass

*„mit russischem Golde Propaganda für den Bolschewismus im deutschen Heere getrieben worden ist."*[581]

---

[575] Stenographische Berichte der Nationalversammlung, Band 327, S. 1232 ff.
[576] Hans Hattenhauer, Deutsche Nationalsymbole, Köln 1998, S. 23.
[577] Stenographische Berichte der Nationalversammlung, Band 327, S. 1226.
[578] Stenographische Berichte der Nationalversammlung, Band 327, S. 1226; ebenfalls zitiert in Jacob Rießer, DJZ 1923, Sp. 189 und in Wilhelm Ziegler, Die Deutsche Nationalversammlung 1919/1920 und ihr Verfassungswerk, S. 145.
[579] Stenographische Berichte der Nationalversammlung, Band 327, S. 1226 f.
[580] Stenographische Berichte der Nationalversammlung, Band 327, S. 1226.
[581] Stenographische Berichte der Nationalversammlung, Band 327, S. 1226.

Die staatsbürgerliche Freiheit sei in Deutschland für denjenigen, der die Verhältnisse gekannt habe, sehr viel weitergehend gewesen als in den meisten westlichen Demokratien. Daher sei es angebracht, den früheren Staat voller Dankbarkeit und Pietät in Erinnerung zu behalten. Speziell die Revolution habe allen Anlass, diesem Staat, der ein solch mustergültiges Beamtentum hervorgebracht habe zu danken. Allein ihm sei es zu verdanken, dass Deutschland nicht im Chaos versunken sei. Was den Imperialismus angehe, so habe es einen solchen im Sinne eines politisch verwerflichen Systems in Deutschland nie gegeben.
Ein Flaggenwechsel werde zudem nicht nur gegen die Zweckmäßigkeit und gegen die handelspolitischen Interessen Deutschlands verstoßen, sondern auch gegen dessen nationale Würde:

*„Unter schwarz-rot-gold hat die deutsche Reichseinheit Schiffbruch erlitten, man hat sie unter diesen Farben nie erreicht. Unter schwarz - weiß - rot aber haben wir die Reichseinheit gewonnen. (...) Unter dieser Fahne sind unsere Helden gefallen. Schon die Achtung vor den Opfern erfordert, daß wir sie jetzt nicht wechseln. (...) Vor allem aber fordert es die Selbstachtung vor uns Deutschen. In den Augen der Feinde würde ein Wechsel eine Selbstentwertung sein, die uns geradezu verächtlich macht. Die Trikolore hat im Kaiserreich wie im republikanischen Frankreich bestanden, und nach der Niederlage von 1871 ist es den Franzosen nicht eingefallen, ihre Flagge zu wechseln. Kein Staat der Welt würde etwas Derartiges tun, und jetzt nach den Demütigungen dieses Friedens sollte man es erst recht nicht tun. Das Volk fühlt sich in seinem innersten Empfinden an der Lösung dieser Frage beteiligt. (...) Meine Herren, die Flagge, mit der zuletzt unsere stolzen Kriegsschiffe untergegangen sind, wollen wir nicht missen!“*[582]

Seine Rede beendet Kahl mit einem Aufruf an die Abgeordneten, diese möchten die neue Verfassung dem Deutschen Volke nicht dadurch widerwärtig machen, dass sie ihm etwas Heiliges, etwas Teures nähmen. Werde ein Farbenwechsel vorgenommen, so wäre dies sicherlich ein Grund für viele, die neue Verfassung abzulehnen.[583] Mit dieser Ansicht konnte Kahl sich auch in der Nationalversammlung nicht durchsetzen. Nach einer langen Redeschlacht nahm der zerstrittene Reichstag – Abbild des zutiefst gespaltenen deutschen Volkes – den vom Verfassungsausschuss vorgeschlagenen konfliktträchtigen Fahnenkompromiss an. Art. 3 der Weimarer Reichsverfassung lautete demnach:

*„Die Reichsfarben sind schwarz-rot-gold. Die Handelsflagge ist schwarz-weiß-rot mit den Reichsfarben in der oberen inneren Ecke.“*[584]

Dass der Streit mit diesem Kompromiss nicht beseitigt, sondern im Gegenteil erst in Gang gebracht worden war, hatte Kahl richtig vorhergesehen. Nun hatte jedes der beiden Lager seine Fahne; die Farben wurden zu Parteifarben. Die Bürgerlich-Nationalen hielten sich weiterhin an Schwarz-Weiß-Rot und die an-

---

[582] Stenographische Berichte der Nationalversammlung, Band 327, S. 1228.
[583] Stenographische Berichte der Nationalversammlung, Band 327, S. 1226.
[584] Ernst Rudolf Huber, Dokumente zur Deutschen Verfassungsgeschichte, Band 3, S. 30.

gestammten Landesfarben.[585] So schmückte auch die Deutsche Volkspartei ihre Parteitage stets mit schwarz-weiß-roten Bannern und Fahnen, dies mit Zustimmung und Unterstützung Kahls.[586] Die Sozialistisch-Linksliberalen hingegen bekannten sich mit schwindendem Einfluss in der Politik zunehmend zu den Reichsfarben schwarz-rot-gold, was zeigte, wie sehr die Entscheidung von Weimar das Ziel eines einheitsstiftenden Symbols verfehlt hatte.[587]

### d. Kahl zu den staatskirchenrechtlichen Bestimmungen

In der zweiten Lesung der staatskirchenrechtlichen Bestimmungen in der Nationalversammlung vom 17. Juli 1919[588] stellte Kahl zu Beginn seiner Rede den Antrag, die nach den Beschlüssen des Verfassungsausschusses in Art. 132 garantierte Gedankenfreiheit zu streichen. Diese könne nicht beeinträchtigt werden. Vielmehr sei die Nennung der Glaubens- und Gewissensfreiheit notwendig, da diese die Freiheit der Äußerung der religiösen Überzeugungen von Religionsgesellschaften und Einzelnen gewährleisteten. Die Gedankenfreiheit werde bereits durch Art. 117 geschützt, wonach jeder Deutsche das Recht habe seine Gedanken innerhalb der Schranken der allgemeinen Gesetze in Wort, Schrift, Druck, Bild und in sonstiger Weise zu äußern.[589] Da keinerlei Schaden entstehe, wenn die Gedankenfreiheit in Art. 132 gestrichen werde, sei Art. 132 wie folgt zu fassen:

*„Alle Bewohner des Reichsgebiets haben volle Glaubens- und Gewissensfreiheit.“*[590]

Bezüglich Art. 134 wandte sich Kahl gegen einen Antrag von Frau Agnes (USPD) und Genossen, die für Abs. 1 den Zusatz verlangten, *„Staat und Kirche sind staatsrechtlich und vermögensrechtlich voneinander zu trennen“*.[591] Ein solcher Zusatz sei abzulehnen, da das Wort „Trennung“ zu unbestimmt sei. Es gebe keinen einheitlichen Rechtsbegriff der Trennung von Staat und Kirche. Darunter verstehe man vielerlei. Hinsichtlich Art 134 Abs. 3, nach dessen Wortlaut jede Religionsgesellschaft ihre Angelegenheiten selbständig, innerhalb der Schranken des für alle geltenden Gesetzes verwalten sollte, beantragte Kahl anstelle von *„Schranken, des für alle geltenden Gesetzes“* die Formulierung *„bleibt aber den allgemeinen Staatsgesetzen unterworfen“* einzusetzen.[592] Mit

---

585 Hans Hattenhauer, Deutsche Nationalsymbole, Geschichte und Bedeutung, Köln 1998, S. 25.

586 BAK R 45 II / 29, 115 ff.

587 Hans Hattenhauer, Deutsche Nationalsymbole, Geschichte und Bedeutung, Köln 1998, S. 25.

588 Stenographische Berichte der Nationalversammlung, Band 328, S. 1646.

589 Text der Reichsverfassung nach den Beschlüssen des Verfassungsausschusses: in: Stenographische Berichte der Nationalversammlung, Band 336, S. 2–15.

590 Stenographische Berichte der Nationalversammlung, Band 328, S. 1647.

591 Stenographische Berichte der Nationalversammlung, Band 328, S. 1647.

592 Stenographische Berichte der Nationalversammlung, Band 328, S. 1647.

dieser Wendung werde die Frage beantwortet, ob neben und unter den Bestimmungen der neuen Verfassung ein Staatsaufsichtsrecht, eine Staatskirchenhoheit bestehen bleiben solle. Die Forderung einer solchen Staatsaufsicht sei unentbehrlich. Sie sei das notwendige Korrelat der öffentlichen Korporationsfähigkeiten der Kirchengesellschaften weil die Staatsleistungen an die Religionsgesellschaften noch fortdauerten und erst später abgelöst werden müssten. Zudem müsse ein staatlicher Schutz für Religionsgesellschaften fortbestehen. Dies sei im Staatsinteresse unentbehrlich und folge aus dem Wesen des Staates.[593]
Bezüglich Abs. 5, der die Gewährung von Körperschaftsrechten für künftige Religionsgesellschaften regelte, müsse sichergestellt werden, dass diese zu gewährleisten seien, wenn die Zahl der Mitglieder und die Zeit des Bestehens der Religionsgesellschaft die Gewähr für eine gewisse Dauer derselben bäten. Kahl gab der Hoffnung Ausdruck, die Länder möchten bei der Handhabung dieser Bestimmung so weitherzig und großzügig wie nur eben möglich verfahren.[594] Die Stellung einer öffentlich-rechtlichen Körperschaft sei auch denjenigen Vereinigungen zu verleihen, in denen sich mehrere öffentlich-rechtliche Religionsgesellschaften zusammengeschlossen hätten. Obwohl dies selbstverständlich sei, bat Kahl, wegen des insoweit geäußerten Wunsches mehrerer evangelischer Kirchenregimentsbehörden, dies in die Verfassung aufzunehmen. Der Grund hierfür seien die Einigungsbestrebungen der evangelischen Landeskirchen, die schon seit Jahrzehnten im Gange seinen.[595] Hinsichtlich Artikel 135 beantragte Kahl, die Einführung einer Bestimmung, dass bis zum Erlass eines Reichsgesetzes die bisherigen Staatsleistungen bestehen bleiben sollten. Dies sei nicht nur für die evangelische, sondern auch für den Fortbestand der katholischen Kirche von entscheidender Bedeutung und sei erforderlich, da einzelne Staaten in der Zwischenzeit ihre Leistungen an die Kirchen eingestellt hätten.[596] Von Kahls Anträgen wurden angenommen: der Antrag auf Streichung der Gedankenfreiheit,[597] sowie die Garantie der Staatsleistungen in Art 135.[598] Die anderen Anträge wurden abgelehnt.
Obwohl Kahl letztlich nicht mit allen seinen Anträgen erfolgreich war, kann sein Verdienst um die kirchenrechtlichen Bestimmungen nicht bezweifelt werden. Er hat es mit Hilfe des Zentrums und der mitte-rechts Parteien geschafft, seine Ziele gegen die Vorbehalte der übrigen Parteien durchzusetzen.

593 Stenographische Berichte der Nationalversammlung, Band 328, S. 1647.
594 Stenographische Berichte der Nationalversammlung, Band 328, S. 1647.
595 Stenographische Berichte der Nationalversammlung, Band 328, S. 1648.
596 Stenographische Berichte der Nationalversammlung, Band 328, S. 1648-1649.
597 Stenographische Berichte der Nationalversammlung, Band 328, S. 1662.
598 Stenographische Berichte der Nationalversammlung, Band 328, S. 1664.

### e. Reichspräsident, Wählbarkeit von Angehörigen landsherrlicher Familien[599]

Art. 164 des Verfassungsentwurfs nach den Beschlüssen des 8. Ausschusses lautete:

*„In den nächsten 15 Jahren können Mitglieder der Familien der Landesherren, die im Jahre 1918 in einem der zum deutschen Reich gehörigen Länder regiert haben, nicht zum Reichspräsidenten gewählt werden.“*[600]

Nach dem Abänderungsantrag von Frau Agnes (USPD) und Genossen sollte Art. 164 Reichsverfassung wie folgte gefasst werden:

*„Kein Mitglied der Familien von Landesherren, die in einem der zum deutschen Reiche gehörigen Länder regiert haben, kann zum Reichspräsidenten gewählt werden.“*

In seiner Rede vom 22. Juli 1919 stellte Kahl fest, er und seine Fraktion könnten Art. 164 des Verfassungsentwurfs ebenso wenig zustimmen, wie dem noch weiter gehenden Antrag 632,[601] der die landesherrlichen Familien ohne Zeitbeschränkung vom Amt des Reichspräsidenten ausschließe.

Kahl führte zu den Eingangsvorschlägen aus:

*„Wenn ich die beiden Anträge jetzt bekämpfe, so tue ich es (...) nicht sowohl als Monarchist, sondern vielmehr als Demokrat. (Auf Zwischenrufe der Deutschen Demokraten und Sozialdemokraten) Meine demokratische Stimmung und Auffassung deckt sich wohl nicht vollkommen mit der Ihrigen; aber dennoch ist sie eine demokratische Auffassung im besten Sinne, in dem Sinne nämlich: der denkbar besten, volkstümlichen Gestaltung des Staatswesens. Auch das ist ein guter, echter, sogar mit dem monarchischen Gedanken vereinbarer demokratischer Begriff. Jedenfalls werden sie mir folgendes zugeben. Man kann diesen Verfassungsentwurf nicht anders als vom demokratischen Gesichtspunkt aus beurteilen. Unsere Mitarbeit bedingte, daß man sich ehrlich auf seinen demokratischen Boden stellte. Sie werden, hoffe ich, unsere Mitarbeit nicht so gering einschätzen, als ob wir nicht aufrichtig auf diesen Standpunkt getreten wären und von ihm aus versucht hätten, dieser Demokratie die denkbar beste und vollkommenste Gestaltung zu geben.“*[602]

Auf die vorliegenden Anträge bezogen sagte Kahl:

*„Stellt sich also die Frage: wie ist vom demokratischen Standpunkt aus der Eindruck dieses Art. 164 und noch mehr dieses Antrags 632 - so kann ich nur die eine Antwort finden: so kleinlich, so jämmerlich, so undemokratisch wie nur irgend möglich“*[603]

Motiv dieser Anträge könne nur Angst vor der Monarchie oder Hass gegen sie sein. Jedoch seien weder Hass noch Angst vernünftige politische Regulatoren und gute Motive für die Gesetzgebung. Im Übrigen verstoße dieser Antrag ge-

[599] Stenographische Berichte der Nationalversammlung, Band 328, S. 1822.
[600] Stenographische Berichte der Nationalversammlung, Band 336, S. 15.
[601] Anlagen zu den Beratungen der Nationalversammlung Nr. 632.
[602] Stenographische Berichte der Nationalversammlung, Band 328, S. 1822.
[603] Stenographische Berichte der Nationalversammlung, Band 328, S. 1822.

gen den ersten Artikel der Grundrechte. Es sei mit der Verfassung unvereinbar, alle Deutschen als vor dem Gesetz gleich zu erklären und wenig später diese Gleichberechtigung für manche aufzuheben. Dazu bestehe auch kein Grund.[604]

*„Meine Herren, warum soll man nicht mal offen darüber sprechen? Die deutschen Fürsten und ihre Söhne, die deutschen Prinzen, die Mitglieder der deutschen landesherrlichen Familien überhaupt haben sich der Revolution gegenüber in einer Weise korrekt benommen, dass man fast sagen könnte: bis zur Schwäche haben sich die hohen Herren zurückhaltend verhalten. (...) Nirgends aber auch nirgends hat sich ein Herd antirepublikanischer Agitation gebildet."*[605]

Zur Möglichkeit einer Rückkehr der Monarchie in Deutschland führte Kahl aus:

*„Überhaupt, glauben sie mir: wird die Monarchie in Deutschland wiederkommen - auf dem Weg des monarchisch gesinnten Reichspräsidenten wird sie nicht wiederkehren. Wenn sie wiederkehren wird, wird es geschehen, weil die Republik versagt. Sie wird wiederkommen vielleicht in dem Zeitpunkt, in dem die Republik abgewirtschaftet haben wird. Ich wünsche gar nicht, daß es der Fall wird. Ich wünsche der Republik eine ruhige Entwicklung im Interesse unseres lieben deutschen Volkes. Aber wenn monarchische Neigungen erwachsen werden, so werden sie ihre Quellen nicht in agitatorischen Strömungen innerhalb unserer monarchischen Häuser haben, sondern eben darin, daß eben die Republik dem deutschen Volke nicht die höchsten Ideale und materiellen Bedürfnisse befriedigen kann, nach denen das deutsche Volk strebt. So liegen die Dinge.*

*Die Anfänge der Republik sind bis jetzt nicht so überwältigend und vertrauenserweckend, daß man für alle Zukunft unbedingte Sicherheit und Garantie haben könnte."* [606]

Deshalb sei eine starke Staatsgewalt notwendig, die in der Lage sei, Ordnung zu schaffen und die materiellen und geistigen Aufgaben zu lösen:

*„In dieser Beziehung vermissen wir recht vieles. So müssen sie es verstehen, wenn da und dort im Volke allerdings auch heute schon die Stimme laut wird: es war doch besser zu Zeiten des obrigkeitlichen Staates und zu Zeiten der Monarchie. (...) Ich rate also: geben sie Ihrer Verfassung nicht von Anfang an diesen kleinlichen Zug mit auf den Weg. Sie würden damit lediglich bekunden, daß sie selbst keinerlei Vertrauen haben in die Zukunft, die Sie mit dieser Verfassung bekunden wollen. (...)"* [607]

In der 71. Sitzung der Nationalversammlung am 31. Juli 1919 erfolgte die Abstimmung über Art. 164 der Verfassung. Zuvor betonte Kahl nochmals, dass es sich bei diesem Artikel um ein Ausnahmegesetz handele, das dem Grundgedanken der neuen Staatsverfassung widerspreche.[608] Die Linke würde bei Zustimmung zu dieser Bestimmung ihrem eigenen Bekenntnis widersprechen und damit der absoluten Inkonsequenz überführt. Anschließenden stimmten 198 Abgeordnete, und damit die Mehrheit gegen Aufnahme des Art. 164 in die Verfas-

604 Stenographische Berichte der Nationalversammlung, Band 328, S. 1822.
605 Stenographische Berichte der Nationalversammlung, Band 328, S. 1822.
606 Stenographische Berichte der Nationalversammlung, Band 328, S. 1823.
607 Stenographische Berichte der Nationalversammlung, Band 328, S. 1823.
608 Stenographische Berichte der Nationalversammlung, Band 329, S. 2191.

sung.[609] Danach folgte die Schlussabstimmung über die Verfassung als ganze. Sie wurde mit 262 Stimmen angenommen. Kahl war einer von 75 Abgeordneten, die mit „Nein“ stimmten.[610]

### f. Zum Kapp - Putsch

Der Kapp-Putsch vom März 1920 stellte die Deutsche Volkspartei vor die Frage, welches Maß an Loyalität und Unterstützung sie der jungen Republik zu gewähren bereit sei.[611] Am Morgen des 14. März 1920 besetzte die Brigade Erhardt das Regierungsviertel. In einer ersten Kundgebung erklärte der Mitverschwörer Wolfgang Kapp, er übernehme die Staatsgewalt als Reichskanzler und preußischer Ministerpräsident, ernannte von Lüttwitz zum Reichswehrminister und löste die Nationalversammlung auf. Fast das gesamte Reichskabinett verließ noch in der Nacht Berlin, um nicht inhaftiert oder erpresst zu werden.[612] Der Putschversuch Kapps hatte jedoch keinen Erfolg.

Am Morgen des 17. März trat Kapp, am Nachmittag von Lüttwitz zurück.

In seiner Rede vom 14. April 1920 vor der Nationalversammlung, die vom Reichstagspräsidenten wegen ihrer Schärfe gerügt wurde,[613] wehrte sich Kahl gegen die seiner Partei gemachten Vorwürfe, in besonderem gegen jene des Reichsjustizministers Dr. Andreas Blunck (DDP). Dieser hatte am Vortage behauptet, die Deutsche Volkspartei stehe in Zusammenarbeit mit den Putschisten, zumindest insoweit, als das sie zuvor von den Putschabsichten gehört, es jedoch unterlassen habe, die Reichsregierung davon zu unterrichten.[614] Dem widersprach Kahl. Das genaue Gegenteil sei der Fall. Die DVP habe niemals Erkenntnisse über einen bevorstehenden Putsch gehabt, geschweige denn einen solchen unterstützt. In einem Gespräch habe von Lüttwitz gegenüber dem Fraktionsvorsitzenden der DVP, Heinze, lediglich angedeutet, dass er Neuwahlen verlange. Darauf habe jener geantwortet, Neuwahlen könnten nur auf dem in der Verfassung vorgesehenen Weg herbeigeführt werden. Sollte dies nicht den Plänen von von Lüttwitz entsprechen, so müsse er sich darüber im Klaren sein, dass die DVP ihn keinesfalls unterstützen werde. Daraufhin habe von Lüttwitz erklärt, er beabsichtige nichts zu unternehmen, was der Reichsverfassung widersprechen würde.[615] Er müsse die Vorwürfe des Reichsjustizministers Blunck (DDP) zu-

609 Stenographische Berichte der Nationalversammlung, Band 328, S. 2199.

610 Stenographische Berichte der Nationalversammlung, Band 328, S. 2193, 2199 ff.; Vossische Zeitung vom 1.8.1919, Nr. 386.

611 Ludwig Richter, Die Deutsche Volkspartei, Düsseldorf 2002, S. 88.

612 Heinrich August Winkler, Weimar 1918-1933, Die Geschichte der ersten deutschen Demokratie, Berlin 1993, S. 122; Ludwig Richter, Die Deutsche Volkspartei, Düsseldorf 2002, S. 90.

613 Stenographische Berichte der Nationalversammlung, Band 333, S. 5394.

614 Stenographische Berichte der Nationalversammlung, Band 333, S. 5137 ff.

615 Stenographische Berichte der Nationalversammlung, Band 333, S. 5137.

rückweisen, die Deutsche Volkspartei stünde nicht auf dem Boden der Verfassung:

*„Ich stehe so treu auf dem Boden der Verfassung wie irgendeiner. Meine Herren, wenn ich hinsichtlich des monarchischen Gedankens für Gott weiß welche Zukunft andere Gedanken habe als Sie, dann müssen Sie mir doch einräumen: dafür haben Sie keinen Beweis, daß ich diese Gedanken auf irgendwelchem gewaltsamen Wege durchsetzen wollte; nur auf dem Wege der Gewinnung der öffentlichen Überzeugung erstreben wir die Erreichung unseres Zieles. (...) Aber wir sind im Übrigen so verfassungstreu wie Sie, und wir verbitten uns den fortgesetzten Vorwurf, als ob wir nicht ebenso auf dem Boden der Verfassung und des Rechts stünden wie Sie selbst."*[616]

Diese Verfassungstreue habe er noch am Abend des 12. März 1920 in Reden in Hannover und Bremen deutlich zum Ausdruck gebracht:

*„Wir von der Deutschen Volkspartei sehen in der furchtbar ernsten Lage der Gegenwart unsere Aufgabe nicht darin, Opposition um ihrer selbst willen zu treiben mit dem Ziele etwa des Sturzes der Regierung. Denn ganz gewiss ist: die gegenwärtige Regierung würde nach gewaltsamem Sturz nicht abgelöst von einer gemäßigten, sondern durch ein ultranationales Regiment. Das würde neue Erschütterungen der Ordnung herbeiführen, und die Möglichkeiten des Wiederaufbaus noch mehr verringern.*

*Wir stehen nicht auf dem Standpunkt, daß es erst noch schlimmer werden muß, daß das deutsche Volk erst noch einmal durch dieses Unglück und neue Blutbäche hindurch müsse, sondern daß wir alle auf verfassungsmäßigem Boden in ernster politischer Arbeit unsere Ziele erreichen wollen. Dazu ist eine Stetigkeit des Staatslebens unbedingt erforderlich."*[617]

Heute steht fest, dass die Führer der DVP weder an den geistigen Strömungen noch an den militärischen Vorbereitungen des Kapp-Putsches beteiligt waren, jedoch waren sie über gegenrevolutionäre Strömungen durchaus informiert.[618] Dass sie aber von den konkreten Plänen des Putsches nichts gewusst haben können, beweist schon die Tatsache, dass sich am Morgen des 13. März zahlreiche Abgeordnete der DVP in der Wohnung von Garnich versammelten um zunächst einmal Klarheit über die Lage zu gewinnen,[619] der Fraktionsvorsitzende Heinze sogar erst Mittags von den Geschehnissen in Berlin erfuhr. Andererseits hat sich die DVP während des Putsches nicht so verfassungstreu verhalten, wie Kahl dies in seiner Rede immer wieder behauptete, und wie es dem auf dem Leipziger Parteitag gefundenen Kompromiss zur Staatsform entsprochen hätte.[620] Das zeigte sich zum einen an ihrer „neutralen" Haltung während der Krise, zum an-

---

616 Stenographische Berichte der Nationalversammlung, Band 333, S. 5141 f.

617 Stenographische Berichte der Nationalversammlung, Band 333, S. 5140.

618 Wolfgang Hartenstein, Die Anfänge der Deutschen Volkspartei 1918-1920, Düsseldorf 1962, S. 152.

619 Ludwig Richter, Die Deutsche Volkspartei, Düsseldorf 2002, S. 90-91.

620 Wortlaut der Kompromissformel zur Staatsform: „Die DVP wird den Wiederaufbau des Reiches mit allen Mitteln fördern. Daher wird sie im Rahmen ihrer politischen Grundsätze innerhalb der jetzigen Staatsform mitarbeiten."

deren auch am Aufruf der DVP vom 13. März, den auch Kahl mitformuliert hatte:[621]

*„(...)Nunmehr hat sich eine neue Regierung gebildet. Alle diejenigen, denen daran gelegen ist, daß sich der Wiederaufbau unseres Vaterlandes in ruhiger, ordnungsgemäßer Weise vollzieht, müssen sich jetzt in der Forderung zusammenfinden, daß die neue Regierung Bürgschaft gibt für die Sicherung der Ordnung, des Eigentums und der Freiheit der Arbeit. (...)*[622]

Kahl war, wie auch die übrige Führung der DVP, jedoch nach dem Scheitern des Putschversuches damit beschäftigt, den Aufruf des 13. März, in dem ein gewisses Wohlwollen mit der „neuen Regierung" eher zum Ausdruck kommt, als eine Abweisung des Kappschen Unternehmens, so zu interpretieren, dass an ihrer Verfassungstreue und an ihrer Treue zur bisherigen Regierung kein Zweifel aufkommen konnte. Im Ergebnis blieb die DVP aber den Beweis dafür schuldig, dass sie der geltenden Reichsverfassung die auch von einer Oppositionspartei geschuldete unbedingte Loyalität entgegenzubringen gewillt gewesen war.

### g. Ergebnisse

Vier Jahre nach Beendigung der Arbeit der Nationalversammlung führte Gustav Stresemann aus:

*„Deshalb traten und treten wir ein für die alte Reichsflagge. Deshalb halten wir fest die Erinnerung an unsere glorreiche alte Armee und unsere Flotte, an die Pioniere deutscher Kolonialarbeit, die mehr Kulturaufgaben geleistet haben als andere Nationen, die uns jetzt das Recht zur kolonialen Betätigung streitig machen wollen. Deshalb wird die Deutsche Volkspartei Führerin bleiben gegen die Schuldlüge und gegen alles, was darauf abzielt, das deutsche Volk zu diffamieren und als minderwertig hinzustellen. Wir sind damals im Kampf für diesen Gedanken unterlegen. Wir sind unterlegen im Kampf um die erste Reichsverfassung nach dem verlorenen Kriege. Wir haben an ihr mitgearbeitet und gerade unsere Freunde Kahl u.a., haben nach Möglichkeit da, wo es nötig war, mit Hand angelegt. Wir unterlagen und mussten in die Opposition gehen."*[623]

Kahl hatte nach der Revolution und dem Rücktritt des Kaisers am Neuaufbau des Reiches mitgearbeitet. Dabei war er zunächst davon ausgegangen, dass sich sein politischer Einsatz auf die Dauer der Verfassungsberatungen beschränken werde. Eine weitergehende politische Arbeit hatte er nicht beabsichtigt. Als Abgeordneter der DVP begann Kahl seine politische Arbeit als Oppositionspolitiker, was sich angesichts der Zerstrittenheit der DVP über die oppositionelle Arbeit und über die Staatsform als äußerst schwierig erwies. Die Meinungen innerhalb der DVP reichten von Befürwortung absoluter Blockade bis zu konstrukti-

---

[621] Wolfgang Hartenstein, Die Anfänge der Deutschen Volkspartei 1918-1920, Düsseldorf 1962, S. 157, Fn. 1.

[622] Wolfgang Hartenstein, Die Anfänge der Deutschen Volkspartei 1918-1920, Düsselorf 1962, S. 156.

[623] Henry Bernhard, Wolfgang Goetz, Paul Wiegler (Hrsg.), Gustav Stresemann Vermächtnis, Der Nachlass in drei Bänden, Band I, Berlin 1932, S. 373.

ver Mitarbeit, zur Vermeidung des Chaos. Für erstere sprach sich Julius Curtius, Vorsitzender der badischen Parteiorganisation, aus:

*„Wir wollen keineswegs einer Opposition a tout prix das Wort reden (...) Aber im gegenwärtigen Augenblick kann ich mir nichts anderes vorstellen, als daß die Männer und Frauen der Fraktion der Deutschen Volkspartei in Opposition stehen, und es kann gar nicht schaden, wenn diese Opposition rücksichtslos durchgeführt wird.“*[624]

Unterstützung erlangte Curtius von Reichsgeschäftsführer Hugo. Dieser forderte, der Oppositionscharakter müsse nach außen hin klar hervortreten.[625] Dagegen meinte Rudolf Heinze als Fraktionsvorsitzender, man dürfe sich nicht wie die Deutschnationalen auf das öde Negieren beschränken, da dies letztlich zu Gegenrevolution führe, sondern müsse realpolitisch eine Stellung einnehmen, die der jetzigen Regierung das Weiterarbeiten zunächst ermögliche.[626]
Wilhelm Kahl nahm zwischen diesen beiden Extremen eine vermittelnde Position ein. Im Verfassungsausschuss war er *„aus Verantwortung diesem Staat gegenüber“*[627] zur konstruktiven Mitarbeit bereit.[628] So führte er auf dem ersten Parteitag der Deutschen Volkspartei aus, es sei zwar die Aufgabe der DVP, das große, gute Alte zu bewahren, man müsse aber mit absoluter Unbefangenheit und großem weitem Blick, mit großzügigen Gedanken auch den Aufgaben und Erwartungen der neuen Zeit entgegentreten. Man könne und dürfe sich nicht den Anforderungen der neuen Zeit verschließen.[629] Andererseits zeigte sich an seinen Redebeiträgen und seinem Abstimmungsverhalten in der Nationalversammlung,[630] dass er seine Abneigung gegen die Revolution und letzten Endes auch die Republik nicht aufzugeben bereit war und deshalb die Verantwortung für deren Verfassung nicht mittragen wollte.
Dazu schrieb Gustav Stresemann am 28. August 1921 in der Vossischen Zeitung:[631]

*„Die Deutsche Volkspartei hat gegen die Verfassung gestimmt. Das war ihr Recht und ihre Pflicht. Ihre staatspolitischen Ideale liegen nicht in dem Weimarer Verfassungswerk. Wer sich geschichtliches Denken bewahrt hat, der muß und wird Verständnis finden für die Worte Kahls, als er damals aussprach, daß für diejenigen, die wie er die Kaiserkrönung in Versailles miterlebt hätten, angesichts der neuen Verhältnisse in Deutschland eine ganze Welt zusammensinke.“*

---

[624] Ludwig Richter, Die Deutsche Volkspartei, Düsseldorf 2002, S. 61.
[625] Ludwig Richter, Die Deutsche Volkspartei, Düsseldorf 2002, S. 61.
[626] Ludwig Richter, Die Deutsche Volkspartei, Düsseldorf 2002, S. 61.
[627] Wolfgang Hartenstein, Die Anfänge der Deutschen Volkspartei 1918-1920, Düsseldorf 1962, S. 90.
[628] John P. Birkelund, Gustav Stresemann, Patriot und Staatsmann, Eine Biographie, Hamburg 2003, S. 168.
[629] Bericht über den ersten Parteitag der Deutschen Volkspartei, S. 7.
[630] Stenographische Berichte der Nationalversammlung, Band 329, S. 2197 ff.
[631] Vossische Zeitung vom 28.8.1921, Nr. 404.

Sieben Jahre später bezog Kahl im Jahre 1927 in seinem Artikel „*Grundfragen der Verfassung*" Stellung zu den Ereignissen und Motiven seiner damaligen Arbeit. Über die Verhandlungen selber sagte er, sie hätten ohne die Qual des dunkel und verhängnisvoll heranziehenden Friedensschlusses eine Freude sein können. Es sei sachlich und kollegial verhandelt worden.[632] Selbst die Gegner der Verfassung hätten zumindest die Gewissheit gehabt, dass die Zeit der Arbeiter- und Soldatenräte vorbei, und wieder fester Rechtsboden gewonnen worden sei. Sein Motiv für die Ablehnung der Reichsverfassung sei nicht nur deren Staatsform und der Flaggenwechsel, sondern der gesamte Verfassungsaufbau gewesen, das Verhältnis von Reich und Ländern sowie die Gestaltung des parlamentarischen Systems. Trotzdem habe es auch einzelnes gegeben, dem man habe zustimmen können, bei dem ein Fortschritt zu verzeichnen gewesen sei. Zu nennen sei vor allem das Verhältnis von Staat und Kirche.[633]

Kahls Motiv für die Ablehnung der Verfassung war nicht in seiner Liebe zur Monarchie begründet, sondern allein in der Tatsache des gewaltsamen undemokratischen Charakters des Umsturzes, des revolutionären Verstoßes gegen das schließlich geschichtliche Recht. Es könne nicht bestritten werden, dass auch die durch allgemeine Volkswahl erfolgreich in gesetzmäßige Formen übergeleitete Revolution rechtschöpfende Kraft gehabt und zur Anerkennung der neuen Staatsform verpflichtet habe. Daher habe die DVP auch von Anfang an einen gewaltsamen Umsturz der Republik abgelehnt.[634] Die Not des Volkes habe später dazu geführt, dass die Diskussionen über die Staatsform hätten eingestellt werden müssen. Alle seien, sei es aus innerer Zustimmung zur Republik, sei es aus Gründen der äußeren und inneren Politik, davon durchdrungen gewesen, dass die Selbstbefreiung und ein neuer Aufstieg des deutschen Volkes von keinem anderen als von dem durch die geschichtlichen Notwendigkeiten gelegten Boden der bestehenden Staatsform aus gelingen könne.

In seiner Haltung zu den Reichsfarben habe sich nichts geändert. Immer noch fordere die DVP die Rückkehr zu den Farben „schwarz-weiß-rot". Dies tue sie nicht, weil sie die ehrwürdige Bedeutung der neuen Reichsfarben als Zeugnis deutscher Freiheitsbestrebungen verkenne, sondern allein um der nationalen Würde Willen. Zwar sei der zugunsten der Seefahrt getroffene Kompromiss erfreulich, genüge aber nicht.

Bei künftigen Verfassungsrevisionen würden vor allem zwei Gegenstände von zentraler Bedeutung sein: Das parlamentarische System und das Verhältnis zwi-

---

632 Wilhelm Kahl, Grundfragen der Verfassung, in Deutscher Aufbau, Nationalliberale Arbeit der Deutschen Volkspartei, Berlin 1927, S. 26.

633 Wilhelm Kahl, Grundfragen der Verfassung, in Deutscher Aufbau, Nationalliberale Arbeit der Deutschen Volkspartei, Berlin 1927, S. 27.

634 Wilhelm Kahl, Grundfragen der Verfassung, in Deutscher Aufbau, Nationalliberale Arbeit der Deutschen Volkspartei, Berlin 1927, S. 27.

schen dem Reich und den Ländern.[635] Das größte Problem des deutschen parlamentarischen Systems sei die Abhängigkeit des Reichspräsidenten vom Parlament. Er dürfe keinen Minister ohne Zustimmung des Parlaments ernennen sowie niemanden entlassen, ohne dass jenem das Vertrauen des Parlaments entzogen worden wäre. Dies berge die Gefahr der Unsicherheit und Unstetigkeit des Staatslebens, was vom deutschen Volk in der gegenwärtigen Lage nicht hingenommen werden dürfe. Der Reichstag mit seinen schwankenden, oft zufälligen Mehrheiten sei nicht in der Lage, die Stetigkeit der Reichsleitung auf Dauer zu gewährleisten. Um hiergegen Abhilfe zu schaffen gebe es zwei Möglichkeiten. Zum einen könne man die Korrektur von Missbräuchen in das Parlament selber verlegen, etwa durch qualifizierte Mehrheiten beim Misstrauensvotum, oder aber man könne unmittelbar die Stellung des Reichspräsidenten stärken.[636] Die zweite Variante sei der ersten vorzuziehen. Wo das höchste Staatswohl es gebiete, Regierungskrisen zu vermeiden, müsse der Reichspräsident vom Mehrheitswillen des Reichstags unabhängig sein. Diese Meinung sei auch schon in den Verhandlungen von Weimar von den unterschiedlichsten Parteien vertreten worden. Sie müsse nun, da das höchste Staatsinteresse nach Kontinuität der Reichsleitung verlange, auch umgesetzt werden.[637] Zum Verhältnis zwischen dem Reich und den Ländern habe sich die DVP auf dem Leipziger Parteitag 1921 klar für einen Einheitsstaat ausgesprochen. Dieser sei jedoch in absehbarer Zukunft aus mehreren Gründen nicht erreichbar. Eine gewaltsame Überführung Deutschlands in einen Einheitsstaat durch Machtansprüche des Reiches komme für die DVP nicht in Frage.[638] Zurzeit gehe es lediglich darum, den Ausgleich zwischen Unitarismus und Föderalismus innerhalb des Bundesstaates zu erreichen. Um diesen Ausgleich zu erreichen, müssten Zuständigkeiten auf dem Gebiete der Gesetzgebung und Verwaltung, die landeseigentümlich bedingt und bewährt und als unveräußerliche Hoheitsrechte eines Staates anzusehen seien, zurückgegeben werden oder aber erhalten bleiben. Dagegen müssten die Mittel, derer das Reich zur Erhaltung seiner Einheit, zur Entfaltung seiner Kraft im Inneren und nach außen, zur Erfüllung seiner völkerrechtlichen Verbindlichkeiten und zur Steigerung seiner Weltstellung notwendig bedürfe, ihm gelassen oder noch gegeben werden.

---

[635] Wilhelm Kahl, Grundfragen der Verfassung, in Deutscher Aufbau, Nationalliberale Arbeit der Deutschen Volkspartei, Berlin 1927, S. 28 ff.
[636] Wilhelm Kahl, Grundfragen der Verfassung, in Deutscher Aufbau, Nationalliberale Arbeit der Deutschen Volkspartei, Berlin 1927, S. 29.
[637] Wilhelm Kahl, Grundfragen der Verfassung, in Deutscher Aufbau, Nationalliberale Arbeit der Deutschen Volkspartei, Berlin 1927, S. 30.
[638] Wilhelm Kahl, Grundfragen der Verfassung, in Deutscher Aufbau, Nationalliberale Arbeit der Deutschen Volkspartei, Berlin 1927, S. 30.

*„Bei Gesamtwürdigung unseres Verfassungslebens ist gerechterweise ein Dreifaches nicht zu übersehen. Erstens, daß niemals eine Verfassung dazu verurteilt war, unter größerer Bedrängnis von Volk und Staat entstehen und sich einleben zu müssen als die von Weimar. Zweitens, daß manche Erschütterungen des Verfassungslebens, die bis zur Stunde nachwirken, uns erspart geblieben wären, hätten nicht verbrecherische Narren im Inneren oder vertragsbrüchige Feinde von außen uns immer wieder den Weg der ruhigen Entwicklung gestört. Drittens, daß auch heute noch ein nicht geringer Teil der Mängel und Unzulänglichkeiten weniger auf das Schuldkonto der Verfassung selbst zu schreiben ist, als vielmehr sich gezeigt hat, auf die geistig vernagelte Art ihrer Anwendung, auf die durch Mißwirtschaft des Parteiwesens nahezu systematisch betriebene Zerstörung der politischen Vernunft. Es wäre, aller Revisionsnotwendigkeiten ungeachtet, mit der Verfassung von Weimar auszukommen, wenn Einheitswille und Staatsgesinnung den Buchstaben mit dem richtigen Geist beleben wollten. Die Fraktion von Weimar hat mit höchstem Verantwortungsbewusstsein gegen die Verfassung gestimmt, um pflichtgemäß und ehrlich ihrer innersten politischen und staatsrechtlichen Überzeugung Ausdruck zu geben und die Zukunft zu verwahren. Sie hat die Verfassung aber nicht abgelehnt, um widerwillig dem kommenden Verfassungsleben fernzubleiben oder gar das Grundgesetz selbst zu sabotieren. (...) Daher erkennt sie ohne Vorbehalt die Verfassung als gegebene Grundlage an. Die DVP ist eine verfassungstreue Partei. Ihr Beruf und ihr Wille ist, Auslegung, Anwendung, Fortbildung der Verfassung unter den erreichbar stärksten Einfluß ihrer politischen, sozialen, rechtlichen und ethischen Überzeugung zu bringen, und das Letzte aus ihr herauszuholen, was für Rettung und Freiheit des Vaterlandes aus ihr herauszuholen ist.“*[639]

## 6. Mitglied des Reichstages

Wilhelm Kahl war zur Wahl der Deutschen Nationalversammlung als Kandidat für den Wahlkreis 3 in Berlin angetreten, im Juni 1920 kandidierte bei der Reichstagswahl für den Wahlkreis 2 in Berlin, im Mai 1923 für den Wahlkreis 22 Oberbayern - Schwaben und stand seit Mai 1924 auf der Liste des Reichswahlvorschlags.[640] Zu Beginn seiner Arbeit im Reichstag gehörte Kahl zu den Rednern, die am häufigsten das Wort ergriffen, insgesamt 115-mal in der ersten Wahlperiode. Im Laufe der Zeit nahmen seine Redebeiträge deutlich ab, bis er endlich in der 5. Wahlperiode, auch bedingt durch das seltene Zusammentreten des Reichstages, nur noch zweimal redete.

---

[639] Wilhelm Kahl, Grundfragen der Verfassung, in Deutscher Aufbau, Nationalliberale Arbeit der Deutschen Volkspartei, Berlin 1927, S. 33-34.

[640] Martin Schumacher (Hrsg.), M.d.R. Die Reichstagsabgeordneten der Weimarer Republik in der Zeit des Nationalsozialismus, 3. Auflage, Düsseldorf 1994, S. 738.

### a. Erste Wahlperiode[641]

#### aa. Politische Propaganda der akademischen Jugend[642]

Abgesehen von vier Anträgen zur Geschäftsordnung[643] und einer Anfrage,[644] ist dies die erste Rede Kahls vor dem Plenum des Reichstages. Darin äußerte Kahl sich zur politischen Propaganda der akademischen Jugend.[645] Gerade im politischen Bereiche dürfe sich die akademische Jugend nicht einseitig fassen lassen, sondern müsse diesen im Geiste der ganzen Aufgabe mit allen Erscheinungen des Wirtschafts- und Volkslebens betreiben. Keinesfalls werde er als Hochschullehrer zulassen, dass die Studenten durch die, durchaus auch auf der Linken vorhandenen agitatorischen Fähigkeiten, auf die Seite des Kommunismus, Spartakismus und Bolschewismus gezogen würden. Daher erziehe er sie auch zur Treue gegenüber der Verfassung, was jedoch nicht bedeuten solle, dass damit die historischen Wurzeln des deutschen Volkes ausgeklammert würden.

*„Ich habe meine Studenten stets gelehrt: Treue gegen die Verfassung. Selbstverständlich fällt mir nicht ein, sie von dem realen Boden der Gegenwart abzuziehen und auf irgendwelche revolutionären Gedanken hinzulenken. Die Demokratie gibt uns aber das Recht, durch Gewinnung der öffentlichen Überzeugung die Zukunft so zu gestalten, wie es unseren Idealen entspricht. Sie werden von uns nicht verlangen, daß wir unsere akademische Jugend von den großen geschichtlichen Grundlagen unseres Staates und unseres deutschen Volkes loslösen. Was die Gegenwart von Größe übernommen hat, hat sie im Wesentlichen als ein Kapital aus der Vergangenheit Preußens und des Deutschen Reiches übernommen. Daß wir diese wesentlichen Güter unseren Studenten nicht entziehen, ist allerdings sicher. Wir wollen sie dem Volke keineswegs entfremden, aber sie auf den großen geschichtlichen Grundlagen unseres deutschen Staats- und Volkslebens erhalten.“*[646]

#### bb. Stellung der DVP zur Monarchie[647]

Anlass der Rede Kahls in der 32. Sitzung des Reichstages vom 22. November 1920 war eine Interpellation des Abgeordneten Müller (SPD), in welcher dieser die Reaktion der Regierung auf angeblich illegale Kapitalverschiebungen der Hohenzollern durch das Bankhaus Gruser ins Ausland erfahren wollte.[648] Im einzelnen bezog sich die Anfrage darauf, ob Kapitalverschiebungen nach dem Ausland stattgefunden haben, inwiefern bereits Akten des Bankhauses beschlag-

---

[641] Die Reichstagswahl fand am 06. Juni 1920 statt. Die DVP verdreifachte bei dieser Wahl ihren Stimmenanteil auf 13, 9 %.

[642] Stenographische Berichte des Reichstags, Band 344, S. 533 ff.

[643] Stenographische Berichte des Reichstags, Band 344, S. 177 f., 215, 250, 410.

[644] Stenographische Berichte des Reichstags, Band 344, S. 178.

[645] Stenographische Berichte des Reichstags, Band 344, S. 536 f.

[646] Stenographische Berichte des Reichstags, Band 344, S. 536 f.

[647] Stenographische Berichte des Reichstags, Band 345, S. 1174.

[648] Stenographische Berichte des Reichstags, Band 345, S. 1163 ff.; Anlagen zu den Stenographischen Berichten des Reichstags, Band 364, Nr. 879.

nahmt wurden aus denen sich ergab, dass an diesen Kapitalverschiebungen nicht nur das Haus Hohenzollern, sondern eine große Anzahl von adligen und fürstlichen Häusern beteiligt war, und was die Reichsregierung gegen die Beschuldigten zu tun gedenkt.[649] Nachdem der Reichsfinanzminister Dr. Wirth (Zentrum) diese Anfrage damit beantwortet hatte, dass das Reichsfinanzministerium die notwendigen Sicherungsmaßnahmen angeordnet habe,[650] ergriff Kahl das Wort. Er machte Eingangs seiner Rede deutlich, dass es ihm und seiner Fraktion nicht einfalle strafbare Handlungen, von wem auch immer begangen, zu decken.[651]

*"Die Majestät des Rechts steht höher als jede sonst in der Menschheit aufgerichtete Majestät."*[652]

Jedoch sei die Deutsche Volkspartei nicht bereit, Vorkommnisse, wie sie in dieser Interpellation behandelt würden, zu parteipolitischen Zwecken zu missbrauchen und auszuschlachten. Die DVP habe sich zunächst auch überlegt. ob es nicht ausreiche, in einer kurzen mündlichen oder schriftlichen Erklärung Stellung zu der Interpellation zu nehmen. Da der Gang und die Tonart der Verhandlung den üblichen Rahmen jedoch überschritten hätten, sehe er sich genötigt mit einer längeren Stellungnahme in die Verhandlung einzugreifen.[653] Der Interpellation hätte es nicht bedurft, da zur Aufklärung der Vorkommnisse im Bankhaus Gruser bereits gerichtliche Ermittlungen eingeleitet worden seien, und dies auch dem Interpellanten bekannt gewesen sei. Von daher lege die DVP auf das Schärfste Protest dagegen ein, dass das Parlament immer häufiger mit Fragen belästigt werde, in welchen Staatsanwaltschaften und die Gerichte bereits ermittelten. Dies seien unzulässige Eingriffe in laufende Verfahren. Der Interpellant versuche unter dem Schutz der parlamentarischen Immunität Verdächtigungen auszusprechen, *"die dann bei dem bekannten Wahrheitssinn der Presse, (...), als Tatsachen hingestellt werden"*.[654] Zweck der Interpellation sei nicht Aufklärung. Diese sei nichts anderes als ein Glied in der Kette von Kampfveranstaltungen gegen den Adel, das Fürstentum, die Hohenzollern sowie gegen die gesamte Monarchie, also gegen das alte System. Selbst wenn es wahr sein sollte, dass Mitglieder der Hohenzollern an illegalen Kapitalverschiebungen beteiligt gewesen seien, *"so würde das nicht das Hohenzollernhaus und nicht die Monarchie als solche berühren."*[655] Im Weiteren führte Kahl aus:

---

649 Stenographische Berichte des Reichstags, Band 345, S. 1163 ff.; Anlagen zu den Stenographischen Berichten des Reichstags, Band 364, Nr. 879.
650 Stenographische Berichte des Reichstags, Band 345, S. 1168 ff.
651 Stenographische Berichte des Reichstags, Band 345, S. 1173.
652 Stenographische Berichte des Reichstags, Band 345, S. 1173.
653 Stenographische Berichte des Reichstags, Band 345, S. 1173.
654 Stenographische Berichte des Reichstags, Band 345, S. 1173.
655 Stenographische Berichte des Reichstags, Band 345, S. 1174.

*"Ich will nicht mit der banalen Selbstverständlichkeit operieren, daß es in jedem Haus und jeder Familie abwegige Glieder geben kann, ohne daß man darum das gesamte Haus mit Steinen bewerfen muß. Was aber das deutsche Fürstentum und das Haus Hohenzollern betrifft, so erlaube ich mir speziell dem Herrn Begründer der Interpellation mit Rücksicht auf die vielen unehrerbiegen Bemerkungen, die er sich diesem Hause gegenüber schon gestattet hat, zu sagen: was insbesondere das Hohenzollernhaus an Kulturwerten in fünfhundertjähriger Arbeit, nicht bloß dem deutschen Volke, sondern der ganzen Welt gegeben hat, das steht in den Sternen geschrieben und kann durch Sie nicht verdunkelt werden, und kann auch dadurch nicht verdunkelt werden, daß etwa ein Nachgeborener dem Sie gewaltsam seiner Rechte entkleidet und teilweise in Not gebracht haben, sich zu Fehltritten hinreißen ließ.*

*Das ist nicht etwa zur Entschuldigung Strafwürdiger gesagt; sondern - das will ich ihnen sagen (...) - zur Rettung der geschichtlichen Wahrheit.*

*Sowenig der Wert der republikanischen Staatsform dadurch herabgesetzt werden könnte, daß irgendwo und irgendwann einmal ein Schurke an ihrer Spitze gestanden hätte, so wenig berührt es das Wesen des monarchischen Gedankens, daß Mitglieder eines Fürstenhauses vom Wege Rechtens abgewichen sein sollen. Ich muß es noch einmal sagen: Die Frage der Monarchie ist für uns in keinem Sinne eine Personenfrage. Wir halten die Monarchie für die bessere Staatsform, weil sie eine von dem Parteiwesen unabhängige Staatsgewalt verbürgt und dadurch den Gedanken und das Wesen der Staatsautorität selbst klarer herausstellt.* [656]

*(...) Und wenn wir auch jetzt noch nach dieser Interpellation grundsätzlich von dem monarchischen Standpunkt nicht abgehen, so bleiben wir uns doch dessen bewußt, was wir auf Grundlage der Weimarer Verfassung der jetzt bestehenden republikanischen Staatsform schuldig sind, so bleiben wir uns doch vollkommen dessen bewußt, daß das Volk jetzt ganz andere und größere Sorgen hat, als die Frage der Staatsform, und endlich auch dessen bewußt, daß, wenn wir die Wiederherstellung der Monarchie auf Grund ordnungsgemäßer Kundgebung des Volkswillens wünschen, wir sie anders wünschen, als sie war, nämlich als volkstümlich soziale Monarchie."*[657]

Die Partei und viele Millionen ihrer Anhänger seien dadurch verletzt worden, dass der Interpellant jede geschichtliche Pietät, jede Achtung vor dem Unglück, jede Rücksicht auf die innenpolitische Lage, jedes Verständnis für die nationale Würde dem Ausland gegenüber verleugnet habe. Selbst wenn der Vorwurf der illegalen Kapitalverschiebungen durch die Hohenzollern wahr sein sollte, so hätte diese Rücksicht den Interpellanten bestimmen müssen, von dieser Interpellation Abstand zu nehmen. Dies sei jedoch wegen der ethisch-nationalen Weltanschauung der Sozialdemokraten kaum zu erwarten gewesen:

*„Sinn für geschichtliche Werte außer für ihre eigenen Götzen haben die Sozialdemokraten freilich niemals gehabt"*[658] *(...) Nie hätte im Ausland eine Partei in solcher Lage derartiges unternommen, dessen Wirkung sein muß, unsere Position gegenüber einer Welt von Feinden weiter zu erschweren und die Lügen, die der Friedensvertrag aufstellt, noch mehr in der Vor-*

---

656 Stenographische Berichte des Reichstags, Band 345, S. 1174.
657 Stenographische Berichte des Reichstags, Band 345, S. 1174.
658 Stenographische Berichte des Reichstags, Band 345, S. 1176.

*stellung unserer Feinde zu befestigen.*[659] *Nach meiner Überzeugung ist ihre Rechnung falsch, und das deutsche Volk wird ihnen das nicht lohnen, sondern zu entsprechender Stunde ankreiden. Eine für uns hoffnungsvolle Seite hat die Sache für uns allerdings. Die Interpellation, meine Herren von der Sozialdemokratie, ist nach meiner Auffassung ein Zeugnis ihrer politischen Schwäche. (...) Ihr politischer Einfluss sinkt, weil die Arbeiterwelt allmählich begreift, daß sie von ihren Theorien, und wenn sie noch so ideal sind, nichts zu erwarten hat. (...) Ihr langsamer Niedergang ist nach meiner Ansicht endgültig. (...) Ich kann dem Abgeordneten Müller (Interpellant) nur empfehlen: Gewöhnen sie sich ihrerseits langsam daran, in Schönheit zu sterben."*

Kahls Rede wurde begleitet von Zwischenrufen der Linken sowie Beifallbekundungen der eigenen Partei und der DNVP. In der Mitte der Rede unterbrach der Präsident die Ausführungen Kahls, um die Ordnung im Reichstag wiederherzustellen. Die Zeiten des Verfassungsausschusses und der Nationalversammlung mit ihrer hohen kommunikativen Offenheit waren nun vorbei.
In seiner Antwort auf die Rede Kahls lobte Dr. Wirth (Zentrum) das ethisch-nationale Moment der Rede:

*„Herr Abgeordneter Kahl (...) ich habe wörtlich gesagt, daß sie dieses ethisch nationale Element betont haben. Nein meine Damen und Herren, tun sie dem Herrn Professor Dr. Kahl kein Unrecht, wenn er in berechtigter Erregung das ausgesprochen hat. Er ist ein ehrwürdiger Zeuge einer großen, tapferen Vergangenheit. Ich mußte ihn in Schutz nehmen."*

Auf Zwischenrufe der Sozialdemokraten fuhr er fort:

*„(...) Ich habe hervorheben wollen und tue es jetzt erst recht, daß es ein Unrecht ist, dem Herrn Professor Kahl persönlich zu nahe zu treten. Ich habe ausgeführt, (...) erstens, daß er selbst bei der Gründung des Reichs als Kämpfer vor Sedan gefochten hat, zweitens, daß er jetzt für das ethisch nationale Moment eintritt, gewiss in einer Form die ihnen (nach links) unangenehm sein kann, aber ich habe gesagt, wir müssen ihm dankbar sein, daß er diese Frage auch auf das ethisch nationale Element hinübergetragen hat." (...)*[660]

Selbst Breitscheid von der USPD erkannte dies an, wenn auch empört darüber, dass Kahl als Universitätsprofessor ein Wort für die Hohenzollern eingelegt habe und bezeichnete ihn als

*„(...) ehrenwerten Mann. Herr Kahl ist ein hervorragender Jurist, Herr Kahl ist ein edler Mensch, ein würdiger Repräsentant der Vergangenheit."*[661]

Die Reaktion von Wirth (Zentrum) zeigte, dass Kahl von Mitgliedern des Zentrums und SPD geachtet und respektiert wurde, obwohl seine Folgerungen aus dieser Vergangenheit bei den Linken auf harsche Kritik stießen.

---

[659] Stenographische Berichte des Reichstags, Band 345, S. 1176.
[660] Stenographische Berichte des Reichstags, Band 345, S. 1177.
[661] Stenographische Berichte des Reichstags, Band 345, S. 1197.

### cc. Mord an Erzberger[662]

Am 26.August 1921 wurde Matthias Erzberger von zwei jungen ehemaligen Offizieren und Freikorpskämpfern[663] auf einem Spaziergang im Schwarzwald ermordet.[664] Erzberger, einflussreicher Exponent des linken Flügels der Zentrumspartei, war allen nationalen Gruppen bis weit in die Mitte seit langer Zeit verhasst. Auch Stresemann hatte nie einen Hehl daraus gemacht, dass er ihn als einen der Hauptverantwortlichen für den Zusammenbruch im Winter 1918/1919 erachtete.[665] Trotzdem distanzierte er sich nachdrücklich von der Tat. Am 28.08.1921 erklärte er in der Vossischen Zeitung, die DVP erkenne die Verfassung als rechtmäßig entstandene Grundlage des Staates an und werde sie gegen alle illegalen Angriffe verteidigen. Sie unterstütze daher die Maßnahmen der Regierung zum Schutze der Republik.[666] In dem zwischen den Sitzungsperioden des Reichstags amtierenden 8. Ausschuss erklärte Kahl am 2.9.1921 für sich und, wie er vermute, auch für seine Partei, dass sie zur republikanischen Verfassung stehe und die Regierung beim Schutz dieser Verfassung unterstütze. Er bekämpfe jede Hetze gegen diese Verfassung, sei sie von rechts oder von links. Auf Aufforderung von Braun (SPD) wiederholte Stresemann diese Erklärung und bekräftigte sie für die Partei.

In seiner Rede vor dem Reichstag vom 16. Dezember 1921 beantragte Kahl, die vom Reichspräsidenten am 28. September 1921 erlassene Notverordnung zum 31. Januar 1922 außer Kraft zu setzten.[667] Bei dieser Notverordnung handelte es sich um eine überarbeitete Fassung der Notverordnung des Reichspräsidenten vom 29. August 1921.[668] Diese erlaubte es dem Reichsinnenminister solche Druckschriften zu verbieten, die zu Gewalttaten aufforderten, solche billigten oder die die verfassungsmäßigen Einrichtungen des Staates in einer den inneren Frieden gefährdenden Weise verächtlich machten. Wegen Protestes der bayrischen Regierung, die einen solchen Eingriff in ihre Staatlichkeit nicht dulden wollte,[669] wurde in der neuen Verordnung die Zuständigkeit der Landeszentralbehörden zum Vollzug der Verordnung anerkannt und der Reichsinnenminister

---

662 Stenographische Berichte des Reichstags, Band 352, S. 5276.

663 Gotthard Jasper, Der Schutz der Republik, Studien zur staatlichen Sicherung der Demokratie in der Weimarer Republik 1922-1930, Tübingen 1963, S. 35.

664 Peter Grupp, Matthias Erzberger, in: Die Weimarer Republik, Portrait einer Epoche in Biographien, Darmstadt 2002, S. 173.

665 Ludwig Richter, Die Deutsche Volkspartei, Düsseldorf 2002, S. 243.

666 Vossische Zeitung Nr. 187 vom 28.08.1921.

667 Bei diesem Antrag handelte es sich um einen Antrag der DVP Fraktion, abgedruckt in Anlagen zu den stenographischen Berichten des Reichstags, Band 370, Nr. 3209.

668 Verordnung des Reichspräsidenten zum Schutze der Republik vom 29.08.1921, Reichsgesetzblatt 1921, S. 1239.

669 Gotthard Jasper, Der Schutz der Republik, Studien zur staatlichen Sicherung der Demokratie in der Weimarer Republik 1922-1930, Tübingen 1963, S. 43.

auf das Recht beschränkt, die Landeszentralbehörden um die in der Verordnung vorgesehenen staatspolizeilichen Maßnahmen zu ersuchen.[670] Dafür sagte der neue bayrische Ministerpräsident Graf Lerchenfeld (BVP) der Reichsregierung zu, den Ausnahmezustand, der noch aus Zeiten der Räterepublik stammte und unter dem im September 1921 entlassenen Ministerpräsidenten Kahr immer weiter gegen links ausgedehnt wurde, bis zum 6. Oktober 1921 aufzuheben.[671]
Gegen den Antrag Kahls, die Notverordnung zum 31. Januar 1922 außer Kraft zu setzen, standen die Fraktionsanträge von Frau Agnes (SPD),[672] Bartz (USPD),[673] Koenen (USPD)[674] und Hergt (DNVP),[675] der Reichstag möge die Notverordnung mit sofortiger Wirkung außer Kraft setzen. Zu Beginn seiner Rede lehnte Kahl es ab, nochmals auf die *„tieftraurige Situation"* einzugehen, die zu dieser Notverordnung des Reichspräsidenten geführt habe.[676] Mit dem gestellten Antrag Nr. 3209:

*„Der Reichstag wolle beschließen: Die Verordnung des Reichspräsidenten vom 28. September 1921 tritt am 31. Januar 1922 außer Kraft."*[677]

wolle die DVP-Fraktion ein Doppeltes ausgedrückt haben. Zum einen sei die Deutsche Volkspartei durchaus gewillt, dem Reiche, dem Reichspräsidenten und den Ländern diejenigen Mittel zur Verfügung zu stellen, welche diese zum Schutze der öffentlichen Ordnung gegen außerordentliche Gefahren benötigten.[678] Im Gegensatz zu seinem Vorredner, dem Abgeordneten Graef (DNVP),[679] sei er durchaus der Ansicht, dass die Verordnung des Reichspräsidenten vom 28. September 1921 mit der Verfassung vereinbar sei, womit er jedoch kein Urteil über die Güte ihres Inhalts oder ihrer Anwendung abgeben wolle. Wie er bereits im September im Überwachungsausschuss zum Ausdruck gebracht habe, sei die Fraktion der Deutschen Volkspartei bereit, sämtliche Mittel zum Schutze der Republik zu gewährleisten.
Auf der anderen Seite wolle die DVP mit ihrem Antrag jedoch auch zum Ausdruck bringen, dass eine Ausnahmeverordnung immerhin auch nur eine Aus-

---

[670] Zweite Verordnung des Reichspräsidenten zum Schutze der Republik vom 28. September 1921, Reichsgesetzblatt 1921, S. 1271.
[671] Gotthard Jasper, Der Schutz der Republik, Studien zur staatlichen Sicherung der Demokratie in der Weimarer Republik 1922-1930, Tübingen 1963, S. 43-45.
[672] Anlagen zu den stenographischen Berichten des Reichstags, Band 369, Nr. 2740.
[673] Anlagen zu den stenographischen Berichten des Reichstags, Band 369, Nr. 2735.
[674] Anlagen zu den stenographischen Berichten des Reichstags, Band 369, Nr. 2736.
[675] Anlagen zu den stenographischen Berichten des Reichstags, Band 369, Nr. 2738.
[676] Stenographische Berichte des Reichstags, Band 352, S. 5276.
[677] Anlagen zu den Stenographischen Berichten des Reichstags, Band 370, Nr. 3209.
[678] Stenographische Berichte des Reichstags, Band 352, S. 5276.
[679] Graef erklärte in seiner Rede, die Verordnung des Reichspräsidenten vom 28. September 1921 sei verfassungswidrig. (Stenographische Berichte des Reichstags, Band 352, S. 5272 ff.).

nahme darstelle, demnach nur vorübergehend bestehen dürfe.[680] Dies werde durch die Verfassung an verschiedenen Stellen belegt. Bereits im Rechtsausschuss hätten er und seine Freunde darauf aufmerksam gemacht, dass Gefahren, die als fortdauernd angesehen würden, nicht im Wege einer Notverordnung, sondern durch ordentliche Gesetzgebung begegnet werden müsse. Dabei sei man zur damaligen Zeit nicht davon ausgegangen, dass das Reich bis zum Abschluss eines ordentlichen Gesetzgebungsverfahrens schutzlos bleiben müsse.[681] Vielmehr sei die damalige Abstimmung im Rechtsausschuss ein Hinweis an die Reichsregierung gewesen, endlich die notwendigen gesetzgeberischen Maßnahmen zum Schutze gegen die der Republik drohenden Gefahren einzuleiten. Da er von Seiten des Reichsjustizministeriums und des Reichsinnenministeriums erfahren habe, dass gesetzgeberische Arbeiten zum Schutze der Republik im Januar 1922 abgeschlossen sein würden, stelle die DVP den Antrag, dem Reich und den Ländern den durch die Verordnung des Reichspräsidenten gewährten Schutz bis zu diesem Zeitpunkt zu gewähren.[682] Sodann ging Kahl auf die Frage ein, ob überhaupt noch ein Bedürfnis bestehe, die Notverordnung des Reichspräsidenten aufrecht zu halten. In dieser Frage müsse er von der Einschätzung der Redner der Mehrheitssozialisten deutlich abweichen. Zwar gestehe er ihnen zu, dass sich die Lage im Reich seit September deutlich beruhigt habe. Dennoch könne es auch den Mehrheitssozialisten nicht entgangen sein, dass für die Weihnachtszeit kommunistische Putsche angekündigt worden seien. Aus diesem Grunde müsse die Frage, ob noch ein Bedürfnis zur Beibehaltung der Notverordnung des Reichspräsidenten bestehe, entschieden bejaht werden.[683] Mit der beantragten Aufhebung der Verordnung für Ende Januar wolle man der Gesetzgebung den erforderlichen Nachdruck verleihen. Im übrigen spreche sich die Deutsche Volkspartei dafür aus, dass die allergrößte Gerechtigkeit und Sorgfalt bei der Anwendung der Ausnahmeverordnung beachtet werde; die Verordnung dürfe nur nach der politischen Seite angewendet werde, aus der im Einzelfall die Störung der öffentlichen Ordnung erfolge.[684] Abschließend bat Kahl die anderen Parteien mit Ausnahme der DNVP, die in dieser Frage offensichtlich einen anderen Standpunkt vertrete, sich dem Antrag Nr. 3209 anzuschließen.[685] Diese folgten der Bitte jedoch nicht. Angenommen wurden vielmehr die Anträge, die das sofortige Außerkraftsetzen der Notverordnung geforderten hatten.[686] Das Motiv von Kahls deutlichem Bekenntnis zum Schutz der Republik dürfte

680 Stenographische Berichte des Reichstags, Band 352, S. 5276.
681 Stenographische Berichte des Reichstags, Band 352, S. 5277.
682 Stenographische Berichte des Reichstags, Band 352, S. 5277.
683 Stenographische Berichte des Reichstags, Band 352, S. 5277.
684 Stenographische Berichte des Reichstags, Band 352, S. 5277.
685 Stenographische Berichte des Reichstags, Band 352, S. 5277.
686 Dies waren die Anträge von Bartz, Hergt, Agnes; Stenographische Berichte des Reichstags, Band 352, S.5291.

darin gelegen haben, dass sich die DVP bereits vor dem Mord an Erzberger in Verhandlungen über die Erweiterung der Weimarer Koalition befunden hatte.[687] Jedenfalls aus diesem Grunde war es notwendig, sich deutlich von dem Mord an Erzberger zu distanzieren und die Republik als Staatsform anzuerkennen, wenn sie auch weiterhin nicht voll akzeptiert wurde. Am 3. September 1921 hatte die Vossische Zeitung gemeldet:[688]

*„Von der Leitung der Deutschen Volkspartei wird betont, daß die Erklärung Kahls keine Änderung in der grundsätzlichen Auffassung der Deutschen Volkspartei zu der Frage der Staatsform bedeute. Dagegen stehe die Deutsche Volkspartei auf dem wiederholt von ihr und von den Herrn Campe und Stresemann erneut betonten Standpunkt, jede gewaltsame Lösung der Verfassungsfrage abzulehnen und jede etwaige Änderung der Verfassung nur auf verfassungsmäßigem Wege zu erstreben."*

Die Vossische Zeitung dagegen meinte zu dieser Erklärung, sie sei nichts anderes als ein Widerruf der Erklärung Kahls, in einer Form, die nur den Bedürfnissen der Taktik angepasst sei.[689]

### dd. Klassenjustiz[690]

Zu Beginn der zwanziger Jahre des 19. Jahrhunderts kam das Schlagwort von der „Vertrauenskrise der Justiz" auf. Gerade die Linken warfen den Gerichten vor, einseitig zugunsten der Rechten zu entscheiden. Tatsächlich hatte es der neue Staat versäumt, sich im Herbst 1918 neue Diener zu geben.[691] Die Richter und Staatsanwälte des alten Regimes mit ihrer anti-republikanischen, antiparlamentarischen und selbstverständlich anti-sozialistischen Haltung blieben im Amt. Wegen dieser politischen Anschauung schienen ihnen die Verbrechen der Rechten auch keinesfalls so verdammungswürdig wie die der für Revolution und Republik verantwortlichen Kommunisten.[692]

So kamen Untersuchungen des Mathematikprofessors Emil Julius Gumbel aus dem Jahre 1921[693] zu dem Ergebnis, dass seit dem 9. November 1918 in Deutschland 314 politische Morde von Rechtsradikalen begangen und mit insgesamt 31 Jahren und 3 Monaten Freiheitsstrafe sowie einer lebenslänglichen Festungshaft geahndet worden seien. Demgegenüber seien die von Linksradikalen begangenen 13 Morde mit acht Todesurteilen, sowie 176 Jahren und 10 Mo-

---

[687] Ludwig Richter, Die Deutsche Volkspartei, Düsseldorf 2002, S. 242 f; Gotthard Jasper, Der Schutz der Republik, Studien zur staatlichen Sicherung der Demokratie in der Weimarer Republik 1922-1930, Tübingen 1963, S. 50f.

[688] Vossische Zeitung vom 3.9.1921, Nr. 414.

[689] Vossische Zeitung vom 3.9.1921, Nr. 414.

[690] Stenographische Berichte des Reichstags, Band 353, S. 6029 ff.

[691] Robert Kuhn, Die Vertrauenskrise der Justiz, Köln 1983, S. 15.

[692] Hans Hattenhauer, Die geistesgeschichtlichen Grundlagen des deutschen Rechts, Heidelberg 1996, S. 292.

[693] Emil Julius Gumbel, Zwei Jahre Mord, Berlin 1921.

naten Freiheitsstrafe bestraft worden.[694] Verstärkt wurde dieses Misstrauen gegen die Justiz durch eine laute Pressekampagne,[695] in der sich vor allem linksintelektuelle Publizisten mit ihren außerordentlich scharfen und oft polemischen Angriffen gegen missliebige Richter und Staatsanwälte hervortaten.[696] Dennoch reichten die Untersuchungen Gumbels sowie das Presseecho nicht aus, zu Beginn der 20er Jahre eine breite Masse für dieses Problem zu interessieren. Es brauchte ein auslösendes Ereignis, welches jedoch bis ins Jahr 1926 auf sich warten ließ.

In seiner Rede vom 23. Februar 1922 antwortete Kahl auf eine zuvor vom Abgeordneten Hoffmann (SPD) gehaltene, in welcher jener *„das alte Lied von der Klassenjustiz"* angesprochen habe.[697] Diese Klassenjustiz, so Hoffmann, zeige sich nicht nur im Urteil, sondern im gesamten Verfahren, von der Einleitung bis zur Begründung des Urteils. Auch wenn ihm bereits im Ausschuss der Gebrauch des Wortes „Klassenjustiz" von Kahl vorgeworfen worden sei, so sei es doch das gute Recht der Politik, mit solchen Schlagwörtern zu arbeiten. Der Politik sei erlaubt, was der Wissenschaft, auch der juristischen, verboten sei.

Eine solche Verallgemeinerung und Verurteilung des Richterstandes, so Kahl in seiner Rede, der von den Linken als Urheber dieses Missstandes ausgemacht worden sei, sei generell zurückzuweisen. Man müsse beachten, dass die Umstellung in eine neue Weltanschauung keine bloß intellektuelle Arbeit sei, sondern eine sittliche Leistung erfordere, die jeder Einzelne an sich vollziehen müsse. Diese werde jedoch dadurch erschwert, dass in unermesslicher Weise und durch vielfach gehässige Methoden die ganze ehrwürdige und große deutsche und preußische Geschichte entstellt werde. Deshalb sei es nur verständlich, dass durch solche Angriffe die Hinneigung zum Alten ein viel stärkeres Gewicht gewinne.[698] Im Übrigen sei nicht zu erwarten, dass sich die Situation ändern werde, wenn anstelle der altgedienten Richter plötzlich neue, dem linken Lager zugehörige, dieses Amt ausübten. Gerade diese seien in ihrer eigenen Weltanschauung verfangen. Dies werde bereits durch die Tatsache dokumentiert, dass sie die Beurteilung der gesamten Menschheit nur vornähmen, indem sie zwischen der Arbeiterklasse und dem Rest unterschieden. Es sei doch beachtenswert, dass die Gleichberechtigung der konservativen Weltanschauung nicht in gleichem Maße zuerkannt würde, wie die Konservativen sich bemühten, die Weltanschauung der Linken zu akzeptieren.[699]

---

694 Hans Hattenhauer, Die geistesgeschichtlichen Grundlagen des deutschen Rechts, Heidelberg 1996, S. 292.

695 Hans Hattenhauer, Die geistesgeschichtlichen Grundlagen des deutschen Rechts, Heidelberg 1996, S. 292.

696 Robert Kuhn, Die Vertrauenskrise der Justiz, Köln 1983, S. 20.

697 Stenographische Berichte des Reichstags, Band 353, S. 6019 ff.

698 Stenographische Berichte des Reichstags, Band 353, S. 6030.

699 Stenographische Berichte des Reichstags, Band 353, S. 6030.

Zum Schluss sprach Kahl noch den Republikanischen Richterbund an. Dieser wurde am 4. Januar 1922 in Berlin gegründet und verstand sich selbst als ein Akt der Justizkritik.[700] Die Mitglieder des Bundes kamen meist aus sozialdemokratischen Kreisen, während die Kommunisten den Bund als bürgerliches Täuschungsmanöver verspotteten.[701] Die Gründungsmitglieder betonten, sie wollten keine Parteipolitik betreiben. Vielmehr stand hinter der Gründung die Erkenntnis, dass der Kampf um den neuen Staat nicht allein im Parlament ausgefochten wird, sondern entscheidend in Schulen, Kirchen, Gerichtshallen und Amtsstuben.[702] Ihre erste Forderung richtete sich auf die Schaffung eines freiheitlichen Richtertums, das frei von Standesdünkeln aus innerer Harmonie dem Herzschlag des Volkes, seiner schaffenden und schöpferischen Schicht folge.[703] Um dies zu erreichen, sollte durch ständige Eingaben und Beschwerden sowie durch Einflussnahme auf den Justiz- und Verwaltungsapparat die bürokratie-erfahrene Oberschicht dazu bewogen werden, die Verhältnisse zugunsten der republikanischen Kräfte zu ändern.[704]

An der Gründung dieses Bundes, so Kahl, dürfe keine Kritik geübt werden.[705] Bedauerlich sei nur, dass damit ein trennendes Moment in die Richterschaft getragen worden sei. Für ihn, wäre er damals Richter gewesen, wäre es kein Problem gewesen, in diesen Richterbund einzutreten. Es sei eine Selbstverständlichkeit, dass ein Richter auf dem Boden des geltenden Verfassungsrechts stehen müsse. Daher könnten auch Richter, die die Monarchie für die bessere Staatsform hielten, unbedenklich diesem Bund beitreten. Einem Richter, der nicht felsenfest auf dem Boden des geltenden Verfassungsrechts stehe, fehle überhaupt jede Grundvoraussetzung für dieses Amt.

Was das von Kahl angesprochene trennende Moment anbelangt, so bestätigte sich seine Einschätzung. Trotz aller Bemühungen wollte es dem Richterbund nicht gelingen, die Standesgenossen in größerer Zahl anzulocken. Die Gründung eines eigenen Bundes hatte sie zu einer Konkurrenzveranstaltung des Deutschen Richterbundes gemacht. Mit ihrem Programm, das anstelle der Standespolitik die Gesellschaftspolitik in den Mittelpunkt stellte, war bei der Mehrzahl der Richter nichts auszurichten.[706] Vielmehr standen sich Mitte der zwanziger Jahre die beiden Parteien im Kampf um die Justiz voller Feindseligkeit gegenüber: auf

---

[700] Hans Hattenhauer, Handbuch des öffentlichen Dienstes, Band I, Geschichte des Beamtentums, Köln, Berlin, Bonn, München 1980, S. 336.

[701] Hans Hattenhauer, Handbuch des öffentlichen Dienstes, Band I, Geschichte des Beamtentums, Köln, Berlin, Bonn, München 1980, S. 336.

[702] Robert Kuhn, Die Vertrauenskrise der Justiz, Köln 1983, S. 19.

[703] Hans Hattenhauer, Handbuch des öffentlichen Dienstes, Band I, Geschichte des Beamtentums, Köln, Berlin, Bonn, München 1980, 336.

[704] Robert Kuhn, Die Vertrauenskrise der Justiz, Köln 1983, S. 19.

[705] Stenographische Berichte des Reichstags, Band 353, S. 6031.

[706] Stenographische Berichte des Reichstags, Band 353, S. 336.

der einen Seite die Konservativen, die sich einer immer weiter zunehmenden Kritik der Linken ausgesetzt sahen und eine Politisierung der Rechtspflege beklagten, auf der anderen Seite die Republikaner, die den konservativen Richtern politische Einseitigkeit vorwarfen. Auf der Bruchstelle zwischen diesen Parteien standen diejenigen, deren Herz zwar weiter für die Monarchie schlug, die es aber aus Gründen der Einsicht in die politische Wirklichkeit für geboten hielten, sich zum demokratischen Staat und seinen neuen Einrichtungen zu bekennen.[707] Wie die Stellungnahme Kahls im Reichstag zeigt, gehörte auch er zu dieser Gruppe.

**ee. Schutz der Republik, der Rathenaumord[708]**

Am 24. Juni 1922 wurde Reichsaußenminister Walter Rathenau (DDP) von Angehörigen der „Organisation Consul" auf dem Weg von seiner Villa im Grunewald zum Auswärtigen Amt erschossen.[709] Sein Tod löste ein politisches Erdbeben aus, repräsentierte doch gerade Rathenau die aus Kriegsniederlage und Revolution geborene Nachkriegsordnung Deutschlands.[710] Unmittelbar nach Bekanntwerden des Attentats kam es im Reichstag zu stürmischen Kundgebungen gegen die Rechtsparteien, denen die parlamentarische Mehrheit die intellektuelle Urheberschaft und moralische Verantwortung für den Mord beimaß.[711] Es kam sogar zu Handgreiflichkeiten zwischen Volksparteilern auf der einen und Sozialdemokraten und Kommunisten auf der anderen Seite.[712] Noch am gleichen Tag rief Reichskanzler Wirth (Zentrum), der nach dem Tode Rathenaus das Amt des Außenministers übernommen hatte, alle Vertreter einer freiheitlichen Staatsgesinnung zum gemeinsamen Schutz der Republik auf und kündete einschneidende Maßregeln an.[713] Wirth ließ keinen Zweifel daran, dass diese Maßnahmen sich ausschließlich gegen die republikfeindliche Rechte richten werden.[714] Als Stresemann von dem Rathenaumord erfuhr, wies er das Berliner Parteiblatt „Die Zeit" an, in allerschärfster Weise dagegen Stellung zu nehmen. Die Partei müsse Maßregeln gegen diese anscheinend organisierte Mordtätigkeit fordern.[715] Am 3. Juli 1922 legte die Reichsregierung, als Reaktion auf den Mord an Rathenau den

---

[707] Robert Kuhn, Die Vertrauenskrise der Justiz, Köln 1983, S. 22.
[708] Stenographische Berichte des Reichstags, Band 356, S. 8407 ff.; Band 354, S. 8457 ff.
[709] Gerhard Hecker, Walther Rathenau und sein Verhältnis zu Militär und Krieg, S. 497; Ernst Rudolf Huber, Deutsche Verfassungsgeschichte, Band 7, S. 250.
[710] Martin Sabrow, Der Rathenaumord, Rekonstruktion einer Verschwörung gegen die Republik von Weimar, München 1994, S. 69, 157; Ernst Rudolf Huber, Deutsche Verfassungsgeschichte, Band 7, Stuttgart 1984, S. 253 f.
[711] Stenographische Berichte des Reichstags, Band 355, S. 8033 ff.; Ernst Rudolf Huber, Deutsche Verfassungsgeschichte, Band 7, Stuttgart 1984, S. 250.
[712] Ludwig Richter, Die Deutsche Volkspartei, Düsseldorf 2002, S. 257.
[713] Stenographische Berichte des Reichstags, Band 355, S. 8037 ff.
[714] Ernst Rudolf Huber, Deutsche Verfassungsgeschichte, Band 7, Stuttgart 1984, S. 256.
[715] Ludwig Richter, Die Deutsche Volkspartei, Düsseldorf 2002, S. 257.

Entwurf eines Gesetzes zum Schutze der Republik vor, der innerhalb der Reichstagsfraktion der DVP äußerst umstritten war.[716] Selbst nachdem in den Ausschussberatungen einzelne Artikel wesentlich entschärft oder gestrichen worden waren,[717] erschienen zahlreichen volksparteilichen Abgeordneten manche Bestimmungen untragbar. Da der Reichskanzler jedoch bereits angekündigt hatte, er werde im Falle einer Ablehnung der Vorlage sofort zurücktreten und Neuwahlen ausschreiben lassen, setzte sich Stresemann, unterstützt vom linken Flügel der Partei, für deren Annahme ein. Er befürchtete, die DVP würde sich im Falle einer Ablehnung dem Vorwurf aussetzen müssen, sie billige den Terror, was einen großen Verlust an Wählerstimmen zur Folge haben werde.[718] Zudem stand immer noch die im Herbst 1921 gescheiterte Erweiterung der Koalition an, wobei nicht alleine eine Erweiterung nach rechts unter Einbeziehung der DVP, sondern ebenso eine nach links unter Einbeziehung der USPD in Frage kam.[719]
Nach der ersten Lesung des Gesetzes zum Schutze der Republik am 5. Juli kam Kahl in der Fortsetzung der zweiten am 11. Juli 1922 in der 248. Sitzung des Reichstages zu Wort.[720] Er betonte eingangs, die DVP sei, wie bereits die Beratungen im Rechtsausschuss gezeigt hätten, durchaus bereit,

*„die verfassungsmäßige republikanische Staatsform und die Organe der Republik so zu schützen, wie sie gegenüber dem ungeheuerlichen Zustande der Rechtsunsicherheit, der durch die jüngsten und die vorangegangenen Verbrechen herbeigeführt worden sei, geschützt werden muß. Diese Bereitschaft haben wir auch heute noch.“*[721]

Jedoch sei die große Eile, in welcher das Gesetz verabschiedet werden solle verhängnisvoll, auch wenn sie auf die Mitarbeit und auf die Entschließungen der Deutschen Volkspartei keinen Einfluss habe. Es wäre sicherlich von Vorteil gewesen, hätte man zunächst versucht mit der Notverordnung des Reichspräsidenten[722] auszukommen, wobei diese jedoch ihres einseitigen Charakters hätte entkleidet werden müssen.
Jedoch dürften Einschränkungen der durch die Weimarer Verfassung garantierten Freiheiten, die zum Schutze der Republik, was auch er in der gegenwärtigen Situation zugeben müsse, notwendig seien, nur mit äußerster Vorsicht und Zu-

[716] Ludwig Richter, Die Deutsche Volkspartei, Düsseldorf 2002, S. 259.
[717] Gotthard Jasper, Der Schutz der Republik, Studien zur staatlichen Sicherung der Demokratie in der Weimarer Republik 1922-1930, Tübingen 1963, S. 75.
[718] Ludwig Richter, Die Deutsche Volkspartei, Düsseldorf 2002, S. 259.
[719] Gotthard Jasper, Der Schutz der Republik, Studien zur staatlichen Sicherung der Demokratie in der Weimarer Republik 1922-1930, Tübingen 1963, S. 61.
[720] Der Gesetzesentwurf ist abgedruckt in den Anlagen der stenographischen Berichte des Reichstages, Band 374, Antrag Nr. 4661, Nr. 4703; Band 369, Antrag Nr. 2703. Der Antrag 4703 stellt den Gesetzentwurf nach den Beschlüssen des Rechtsausschusses dar.
[721] Stenographische Berichte des Reichstags, Band 356, S. 8425.
[722] Stenographische Berichte des Reichstags, Band 355, S. 8037 ff.

rückhaltung vorgenommen werden.[723] Er sei darüber verwundert, dass *„traditionelle Schwärmer"* der staatsbürgerlichen und bürgerlichen Freiheit plötzlich sehr leicht daran gegangen seien, diese Freiheiten der Reichsverfassung durch das vorgeschlagene Gesetz zum Schutze der Republik einzuschränken, offensichtlich mit dem Hintergedanken, dass man die *„Antirepublikaner"* lange genug geschont habe und nun um so schärfer gegen diese vorgehen müsse.
Die DVP wolle nichts bestreiten oder mildern an der Schuld der wirklich Schuldigen, an der Schuld der Mörder, der Organisationen, der Anstifter aller derer, die jene vergiftete Atmosphäre geschaffen hätten. Dabei wolle seine Partei aber zum Ausdruck bringen, dass es im politischen Kampfe nicht angehe, ganze politische Parteien als Mörderbanden zu bezeichnen und für einen bestimmten Mord verantwortlich zu machen.[724]
Die abschreckenden Maßnahmen jedoch, die durch dieses Gesetz geschaffen werden sollten, seien alleine nicht geeignet, die jüngsten Verbrechen zu verhindern. Vielmehr müsse die Gesinnung gewonnen werden. Das Staatsbewusstsein, die Rechtsfreudigkeit müsse wieder entdeckt werden.[725] Diese *„wertvollen Erinnerungen und Traditionen"* seien jedoch in den letzten drei Jahren nicht nur durch die reaktionären Erscheinungsformen der jüngsten Vergangenheit, sondern durch die politischen Methoden einiger Parteien verletzt worden. Im Gegensatz zu Mitgliedern der DVP, die nie ein negatives Wort über die Farben schwarz-rot-gold verloren hätten, und die diese Farben sogar in treuer Erinnerung an ihre Jugendzeit in Ehren hielten, seien die alten Farben „schwarz-weiß-rot" von den Linken übel verhöhnt worden. Gleiches sei mit den landesherrlichen Familien geschehen. Deren Herabsetzung habe die Empfindungen der Pietät, der Erinnerung und Dankbarkeit tief verletzt. Habe man in Fällen von ungerechten Angriffen ein Wort zur Verteidigung gesagt, sei man gleich als *„Hohenzollernschieber"* beschimpft worden.[726] Ähnlich sei man mit nationalen Gedenktagen wie dem 18. Januar umgegangen.[727] Diese aus der Revolution geborene Stimmung habe denn auch dazu geführt, dass das Einleben in die neue Zeit vielen Millionen nicht nur schwer falle, sondern viele diese neue Zeit wegen der Geschehnisse sogar ablehnten.

*„Die Atmosphäre ist nicht bloß durch die Agitation gegen die Republik erzeugt worden, sondern auch dadurch, daß Sie (nach links), wie ich ausdrücklich wiederhole, dem geschichtlich empfindenden deutschen Volkstum in gar keiner Weise verständnisvoll Rechnung getragen haben.*

---

[723] Stenographische Berichte des Reichstags, Band 356, S. 8425.
[724] Stenographische Berichte des Reichstags, Band 356, S. 8426.
[725] Stenographische Berichte des Reichstags, Band 356, S. 8426.
[726] Kahl erwähnte damit einen Angriff auf seine Person durch Dr. Wirth in der 32. Sitzung des Reichstags. (Stenographische Berichte des Reichstags, Band 352 Stenographische Berichte des Reichstags, Band 345, S. 1177).
[727] Stenographische Berichte des Reichstags, Band 356, S. 8427.

*Davon, daß sie eine Geduld ausgeübt hätten, die sie jetzt berechtigt, um so schärfer vorzugehen, kann niemals die Rede sein."*[728]

Voraussetzung für die Zustimmung der DVP zu diesem Gesetz sei dessen gerechte Anwendung. Niemals dürfe die Freiheit, die öffentliche Meinung für Staatsideale auf öffentlichem Wege zu gewinnen, beschränkt werden. Diesen Eindruck vermittele jedoch das vorgelegte Gesetz. Man müsse sich davor hüten, dass Gesinnungsverfolgung jemals bei der Anwendung des Gesetzes zur Verwirklichung komme. Dann nämlich würde das Gegenteil von dem erreicht, wozu das Gesetz bestimmt sei. Man stimme mit der Regierung überein, dass gegen die jüngste Bluttat Maßnahmen ergriffen werden müssten. Für deren Auswahl fordere das Bürgertum jedoch Gerechtigkeit, Menschlichkeit und äußerste Schonung der staatsbürgerlichen Freiheit.

*„Das Bürgertum weiß, daß sich so, wie die Dinge heute liegen, wie sich die Verhältnisse heute entwickelt haben, jede vaterländische politische Arbeit auf dem Boden der bestehenden republikanischen Staatsform vollziehen muß und nicht anders vollziehen kann, und zwar ehrlich ohne Vorbehalte. Man schilt uns - schelten im guten Sinne - wie es auch im Rechtsausschuß geschehen ist, als „Vernunftrepublikaner". Den Titel „Vernunftrepublikaner" kann man annehmen, wenn im übrigen kein Zweifel in unserer Verfassungstreue, an der wir nicht rütteln lassen, in der wir uns von niemanden übertreffen lassen, gesetzt wird."*[729]

Auf Zwischenrufe von links antwortete er:

*„(...) Der Unterschied liegt nur darin, daß es außerhalb unserer Reihen noch viele Vernunftrepublikaner gibt, die nur eben es für angezeigt halten, im gegenwärtigen Augenblick dies nicht zu sagen, wie wir das tun. Wollen sie aber uns und unsere künftigen Geschlechter aus Vernunftrepublikanern zu Gesinnungsrepublikanern machen - bei mir selbst wird es ja schwerlich mehr gelingen - dann sorgen sie dafür, daß wir in der Deutschen Republik eine Staatsform kennen lernen, zu der wir wegen ihrer Freiheit und Gerechtigkeit auch volles Vertrauen fassen können."*[730]

Am 12. Juli 1922 bezog Kahl Stellung zu dem geplanten § 14, dem so genannten Kaiser- und Kronprinzenparagraphen,[731] des Republikschutzgesetzes. Dieser sollte lauten:

*Mitglieder solcher Familien, von denen eine Angehöriger bis November 1918 in einem ehemaligen deutschen Bundesstaate regiert hat, dürfen, wenn sie ihren Wohnsitz oder dauernden Aufenthaltsort im Ausland haben, nur mit Erlaubnis der Reichsregierung das Reichsgebiet betreten und können im Falle der Zuwiderhandlung durch Beschluß der Reichsregierung aus dem Reichsgebiet ausgewiesen werden."*

Kahl beantragte, diesen ersatzlos zu streichen,[732] notfalls ihn wie folgt zu fassen:

---

[728] Stenographische Berichte des Reichstags, Band 356, S. 8427.
[729] Stenographische Berichte des Reichstags, Band 356, S. 8428.
[730] Stenographische Berichte des Reichstags, Band 356, S. 8428-8429.
[731] Stenographische Berichte des Reichstags, Band 352, S. 82.
[732] Anlagen zu den stenographischen Berichten des Reichstags, Band 374, Nr. 4662.

*„Mitgliedern solcher Familien, von denen ein Angehöriger bis November 1918 in einem ehemaligen deutschen Bundesstaate regiert hat, kann, wenn sie ihren Wohnsitz oder dauernden Aufenthaltsort im Auslande haben, nach ihrer Rückkehr ins Reichsgebiet von der Reichsregierung der Aufenthalt auf bestimmte Ziele oder Orte des Reichs beschränkt werden, falls bestimmte Tatsachen vorliegen, die die Besorgnis rechtfertigen, daß andernfalls das Wohl der Republik gefährdet wird. Im Falle der Zuwiderhandlung können sie durch Beschluß der Reichsregierung aus dem Reichsgebiet ausgewiesen werden."*[733]

Kahl erklärte zur großen Heiterkeit unter den Linken:

*„Als verfassungsmäßiger Republikaner (...) so gestatten sie mir nunmehr, daß ich unsere Anträge in aller Kürze begründe."*[734]

*(...) Der § 14 dessen Streichung wir beantragen, hat den nicht ruhmvollen Charakter eines rein persönlichen Ausnahmegesetzes. Er macht ferner den nichtrühmlichen Eindruck, als ob sich die Republik zu schwach fühle, um ohne diese gesetzgeberische Hilfe sich gegen den Überfall zweier Persönlichkeiten zu schützen. Denn - machen wir uns keine Flausen vor - es handelt sich in der Tendenz lediglich um zwei Persönlichkeiten, nämlich um den Kronprinzen und äußerstenfalls um den Kaiser. (Auf erneute Zurufe von links) Ich habe ja gar nichts gesagt von „seiner Majestät dem Kaiser" oder dergleichen. (Große Heiterkeit) Im Übrigen, auch wenn ich das gesagt hätte, (...) und damit in die Zeiten der „finsteren Barbarei" und des „Mittelalters" zurückgefallen wäre, so würde ich gleichwohl in Beziehung auf die Verleihung von Titeln freier stehen als selbst unser hochverehrter Herr Reichspräsident: Ich darf Titel verleihen, wem und soviel ich will, und wenn sie wüssten, welche Titel ich seit drei Jahren schon verliehen habe! (...)"*[735]

Während dieser Teil seiner Rede durch ständigen Beifall und Zwischenrufe unterbrochen worden war, begründete Kahl, zur Ernsthaftigkeit zurückkehrend, den Antrag der DVP. Einziger Grund des geplanten § 14 RSG sei die Angst vor einer Rückkehr des Kronprinzen. In dieser Meinung sei er nunmehr durch die andauernden Zwischenrufe während seiner Rede und die Beleidigungen desselben noch bestärkt worden. Allein bei der Erwähnung des Kronprinzen riefen die Linken: *„Das Ohrfeigengesicht"* sowie *„der Kronprinz mit dem Harem"*. Dies rief in den Reihen der DVP tiefe Entrüstung hervor.[736]

*„Was das betrifft, so kann ich, um so mehr nach den Bemerkungen, die hier fallen, meinerseits unmöglich die Empfindung unterdrücken, daß es eine Unmenschlichkeit, eine Grausamkeit unerhörter Art wäre, die gesetzgeberischen Vorschriften so einzurichten, daß ihm überhaupt die Möglichkeit genommen wäre, wieder in seine Heimat zurückzukehren, und daß man ihm sein natürliches Menschenrecht auf die Dauer verkümmern wollte, mit den Seinen vereint zu sein und die Erziehung seiner Söhne selbst zu leiten. Er hat ein unerziehbares Wohnrecht auf deutscher Erde, so gut wie sie selbst.*

---

733 Stenographische Berichte des Reichstags, Band 356, S. 8508.
734 Stenographische Berichte des Reichstags, Band 356, S. 8509.
735 Stenographische Berichte des Reichstags, Band 356, S. 8509.
736 Stenographische Berichte des Reichstags, Band 356, S. 8509.

*Er würde vielleicht mehr als viele andere, die sich einbilden, die Ruhe der Republik nunmehr zu fördern, ganz zweifellos ein arbeitsamer und friedlicher Bürger dieses Landes werden.*"[737]

Der eigentliche Grund, der gegen den geplanten § 14 spreche sei jedoch, dass dieser zwar nicht gegen die Buchstaben, wohl aber gegen den Geist der Verfassung verstoßen würde. Da Kahl nicht auf Verständnis bei den Linken hoffte, wandte er sich anschließend an die parlamentarische Mitte und nach rechts und forderte diese zur Streichung des Paragraphen, notfalls zur Annahme des Vorschlags der DVP auf,[738] fand dafür aber, wie sich bei der Abstimmung herausstellte, keine Mehrheit.[739] Zwei Jahre nach der Rede vom 22. November 1920 über die monarchische Einstellung der DVP war Kahl nun zwar kein Freund der Republik geworden, bekämpfte sie aber nicht mehr mit der alten Härte. Er betonte nun mehrfach die Verfassungstreue der DVP, wenngleich die Republik nicht seiner Gesinnung entspreche. Eine innere Bindung zur Republik war bei Kahl, trotz der betonten Verfassungstreue jedoch nicht vorhanden, und daher an einen Republikschutz im positiven Sinne kaum zu denken.

Trotz seiner Bedenken stimmte Kahl letztlich für das von der Regierung eingebrachte Gesetz zum Schutze der Republik.[740] Obwohl sich der Reichsausschuss der DVP in seiner Sitzung vom 9. Juli zur Unterstützung des Gesetzes verständigt hatte,[741] schloss sich Kahl nur eine knappe Mehrheit der Deutschen Volkspartei an, während Düringer, Janson und Zapf mit „Nein" stimmten und Adams, Geißler, v. Lersner und Leutheusser sich ihrer Stimme enthielten. 21 Abgeordnete der DVP, darunter mit Vögler, Kulenkamff und Moldenhauer einige Wortführer des rechten Flügels, zogen es vor, der Abstimmung fern zu bleiben. Damit war der bei Abstimmungen bisher beachtete Fraktionszwang, an den sich die DVP in der Nationalversammlung gehalten hatte, entgegen der Vermutung Stresemanns aufgegeben worden. Dieser teilte Geheimrat Vogel in einem Brief kurz nach der Sitzung des Reichsausschusses mit:[742]

*„Sie ist (...) in voller Einigkeit verlaufen und bildet, wie ich hoffe, einen Wendepunkt in unserer Entwicklung, der uns in Zukunft in großer Einheit und Geschlossenheit den für richtig erkannten Weg gehen läßt."*

Nach der Verabschiedung des Republikschutzgesetzes beantragte Kahl in der 299. Sitzung am 13. Februar 1923, dieses wieder abzuschaffen.[743] Die Republik sei derzeit nicht in Gefahr, jedenfalls nicht in einer solchen, dass dieses Gesetz benötigt werde:

---

737 Stenographische Berichte des Reichstags, Band 356, S. 8509.
738 Stenographische Berichte des Reichstags, Band 356, S. 8510.
739 Stenographische Berichte des Reichstags, Band 356, S. 8512.
740 Stenographische Berichte des Reichstags, Band 356, S. 8738.
741 NLC vom 10.07.1922, „Der Verlauf der Sitzung".
742 Stresemann an Geheimrat Vogel am 11.07.1922, PA NL Stresemann 247.
743 Stenographische Berichte des Reichstags, Band 358, S. 9654.

*„Wer jetzt nicht den Staat schützen will, so „wie er ist", (...) der würde auch durch die schwersten Strafbestimmungen, die Sie in diesem Gesetz angehäuft haben, noch lange nicht genügend bestraft sein."*[744]

Seine Aufhebung würde außenpolitisch von entscheidender Bedeutung sein. Sie würde zeigen, dass die Deutschen sich nicht um die Staatsform stritten, wenn es um das Ganze, um das Reich gehe. Innenpolitisch würde die Aufhebung das Bewusstsein der Einigkeit und Einheit in dieser schweren Zeit stärken, was gerade in den besetzten Gebieten von entscheidender Bedeutung sei. Dieser Schritt Kahls legt die Vermutung nahe, dass er trotz seiner Zustimmung, das Gesetz von Anfang an abgelehnt hatte, sich jedoch aus politischen Erwägungen wie wegen seiner Freundschaft mit Stresemann für die Verabschiedung bereit erklärt hatte. Diese Einstellung galt für den größten Teil der bürgerlichen Mitte, hatte doch der Republikschutz wenig mit republikanischer Gesinnung zu tun.[745] Auch Stresemann betonte, der Kampf, auch der verfassungsmäßige, habe in diesen Zeiten zu schweigen. Damit gebe man jedoch nicht das Geringste seiner gesinnungsmäßigen Einstellung auf.[746]

### b. Zweite Wahlperiode

In der zweiten Wahlperiode gab es wegen deren Kürze - sie dauerte lediglich von Mai bis Oktober 1924 - nur wenige Reden Kahls. Deren wichtigste hielt er über die Entlassung der inhaftierten Mitglieder des Reichstags aus dem Gefängnis: Kriebel (NF), welcher aufgrund der Vorgänge in München vom 9. November 1923 zu 5 Jahren Festungshaft verurteilt worden war, Lademann (KPD), der wegen eines Verstoßes gegen § 19 II des Republikschutzgesetzes zu 1 Jahr Haft verurteilt worden war, weil er sich nach dem Verbot der Kommunistischen Partei im November 1923 weiterhin in der kommunistischen Partei, insbesondere bei Aufstellung von kommunistischen Hundertschaften im Freistaats Thüringen betätigt haben soll, Heydemann (KPD), der sich einem Strafverfahren wegen Verstoßes gegen §§ 110, 111, 130 des Strafgesetzbuches hatte stellen müssen, Florin, Buchmann und Schlecht (alle KPD), die wegen der Teilnahme an einer kommunistischen Versammlung in Untersuchungshaft saßen, wobei die genauen Umstände, warum Untersuchungshaft verhängt worden war derzeit noch nicht bekannt waren, sowie Urbahns (KPD), der ebenfalls wegen des Verdachts des Hochverrats in Untersuchungshaft saß. Er wurde beschuldigt am Putsch in Hamburg vom November 1923 beteiligt gewesen zu sein, sowie diesen vorbereitet zu haben. Zudem habe er die verbotene Kommunistische Partei fortgesetzt und sich an verbotenen Versammlungen beteiligt. Da er auf der Flucht festgenommen wurde, saß er derzeit in Untersuchungshaft. Die Entlassung der Abge-

---

[744] Stenographische Berichte des Reichstags, Band 358, S. 9654.

[745] Gotthard Jasper, Der Schutz der Republik, Studien zur staatlichen Sicherung der Demokratie in der Weimarer Republik 1922-1930, Tübingen 1963, S. 88.

[746] Stenographische Berichte des Reichstags, Band 356, S. 8708 ff.

ordneten Pfeiffer, Jadasch, Heydemann und Lindau war von Koenen (KPD) und Genossen für die Dauer der Sitzungsperiode beantragt worden.[747]
In seiner Rede vom 4. Juni 1924 führte Kahl aus, seine Fraktion könne den Anträgen auf Aufhebung von Strafhaft nicht zustimmen.[748] Der Grundgedanke der Immunität, wegen derer die Abgeordneten aus der Haft entlassen werden könnten, treffe dann nicht mehr zu, wenn ein rechtskräftiges Urteil ergangen sei. In diesem Falle, so die Auffassung der DVP, habe jemand, dem rechtskräftig eine Strafe zuerkannt worden sei, diese abzusitzen, soweit nicht eine Begnadigung erfolge. Der weitaus größte Teil der vorliegenden Fälle betreffe solche, in denen den Angeklagten Hochverrat vorgeworfen werde. Gerade weil in den letzten Jahren eine Zunahme der Hochverratsverbrechen stattgefunden habe, die für den Bestand des Reiches und der Länder die allerhöchste Gefahr darstellten, dürfe man der Justiz in solchen Fällen nicht in die Arme fallen. Bei Hochverrat stehe das Staatsinteresse auf dem Spiel. Dann müsse das Interesse des einzelnen Abgeordneten weichen. Aus diesem Grunde lehne die DVP hier eine Haftentlassung ab.[749]
Gerade auf Seiten der Kommunisten, deren Ziel es sei die bestehende Staatsform gewaltsam zu zerstören, sei ein enormer Zuwachs der Hochverratsverbrechen zu verzeichnen. Diesem Verhalten gegenüber wäre es eine Art von Selbstmord des Reichstages, ohne weiteres den Kommunisten bei den Hochverratsverbrechen Immunität zubilligen zu wollen. Gegen deren Haftentlassung zu stimmen sei auch geboten, weil der frühere Reichstag die Sitzungsperioden, für welche die Haftentlassungen in allen Fällen beantragt worden seien, abgeschafft habe. Das habe zur Folge, dass eine Haftentlassung nur noch für den Zeitraum einer gesamten Wahlperiode in Frage komme.[750] Dies sei ein unerträglicher Zustand, der nichts mehr mit dem eigentlichen Sinn und Zweck der Immunität zu tun habe. Ganz im Gegenteil sei dieser Zustand ein Hohn auf die Justiz. Er erschüttere und untergrabe die Fundamente derselben. Er bedeute eine Erschütterung der Staatsautorität, die man sich gerade im gegenwärtigen Zeitpunkt den Kommunisten gegenüber nicht erlauben könne. Zwei Sitzungen später griff Kahl das Thema erneut auf und den Abgeordneten Thälmann (KPD), sowie den Abgeordneten Levi von den Sozialdemokraten wegen deren zuvor gehaltenen Reden mit scharfen Worten an.[751] Thälmann hatte in seiner unmittelbar vorangegangenen Rede gesagt:[752]

[747] Stenographische Berichte des Reichstags, Band 381, S. 30.
[748] Stenographische Berichte des Reichstags, Band 381, S. 38.
[749] Stenographische Berichte des Reichstags, Band 381, S: 38.
[750] Stenographische Berichte des Reichstags, Band 381, S. 39.
[751] Stenographische Berichte des Reichstags, Band 381, S. 95.
[752] Stenographische Berichte des Reichstags, Band 381, S. 91ff.

*„(...) Es wäre geradezu ein Frevel, in diesem Zusammenhange zu erklären, daß wir irgendwie den bewaffneten Aufstand ablehnen. (...) Wir erklären, daß es in bestimmten Perioden scharfer wirtschaftlicher und politischer Krisen unvermeidlich ist, daß der Klassenkampf sich steigert zum offenen Bürgerkrieg, das heißt zum bewaffneten Aufstand zweier Volksteile (...). (...) denn wir sagen mit aller Offenheit ohne jede Verschleierung, daß der Staat, der in sich in Fäulnis übergeht, im krankhaften und krisenhaften Stadium von dem Proletariat unter Führung der KPD zertrümmert und zerstört werden muss*

Levi (SPD) hatte kurz vor Thälmanns Rede ausgeführt:[753]

*„(...) Und wenn sie sich heute moralisch über die Tiefe der geistigen Verworrenheit entrüsten, von der die Taten zeugen würden, die zum Gegenstand dieses Verfahrens gemacht worden sind, wenn sie sich über die sittliche Verwilderung entrüsten, so sage ich: turmhoch über dieser sittlichen Verwilderung erhebt sich die sittliche Verworfenheit der deutschen Justiz, die den Mord in Deutschland hegt und pflegt."*

Wenn es irgendeines Beweises bedurft hätte, erwiderte Kahl darauf, dass der Reichstag einen ernsten und strengen Standpunkt zu den hochverräterischen Unternehmungen der Kommunisten einnehmen müsse, so sei dieser durch die Brand- und Revolutionsrede des Abgeordneten Thälmann erbracht. Eine nähere Auseinandersetzung mit dieser sei unmöglich und auch unnötig, da sich zwischen der Weltanschauung von Thälmann und jener der DVP eine so tiefe Kluft auftue, dass diese unmöglich überbrückt werden könne.[754] Jedoch habe er zu seinem lebhaften Bedauern feststellen müssen, dass sich die Rede des Abgeordneten Levi in einigen Punkten mit jener von Thälmann gedeckt habe. Wenn dieser von der Verworfenheit der deutschen Justiz spreche, so zeige dies, zumal diese Worte von einem Rechtsanwalt und Juristen gesprochen worden seien, die bedauerliche Einseitigkeit und Unkenntnis der Linken:[755]

*„Selbstverständlich, in Ihren Augen (zu den Sozialdemokraten) ist die deutsche Justiz immer dann schlecht und verworfen, wenn sie mit Ernst – das gilt namentlich hier für die Kommunisten – gegen einen der Ihren vorgeht, wenn sie Gerechtigkeit übt. Eine gerechte Justiz nennen Sie eine schlechte Justiz; so liegt die Sache."*[756]

Auch der Abgeordnete Henning wurde von Kahl scharf kritisiert. Dieser hatte Kahl zuvor vorgeworfen, in Bezug auf den Begriff des Hochverrats, welcher den Inhaftierten zur Last werde, Haarspalterei zu betreiben:[757]

*„(...) es kommt dabei grundsätzlich auf die Auffassung an, die man in das Wort Hochverrat legt. Ich glaube, es ist eine Frage des Geistes, wie man diese Dinge ansieht. An diesen Begriff – nehmen Sie (zur deutschen Volkspartei) mir ein hartes Wort nicht übel, meine Herren – sind Sie mit juristischer Haarspalterei herangegangen, nicht aber haben Sie nach dem Geiste und nach der Gesinnung geurteilt. Was hilft uns hier Paragraphenfuscherei? Worum handelt es*

---

[753] Stenographische Berichte des Reichstags, Band 381, S. 91.
[754] Stenographische Berichte des Reichstags, Band 381, S. 95.
[755] Stenographische Berichte des Reichstags, Band 381, S. 95.
[756] Stenographische Berichte des Reichstags, Band 381, S. 95.
[757] Stenographische Berichte des Reichstags, Band 381, S. 82 ff.

*sich? Ich frage Sie Herr Kollege Kahl und Herr Kollege Wunderlich, die Sie schon im Ausschuß gegen Herrn Kriebel gestimmt haben: haben Sie kein Gefühl dafür, welcher Geist im Begriffe Hochverrat liegt? Dem Sinne nach liegt doch für das deutsche Volk in diesem Wort der Begriff der Vaterlandslosigkeit (...)"*

Kahl erwiderte, mit dieser Rede habe der Abgeordnete Henning jegliche Verbindung zur Deutschen Volkspartei zerschnitten. Er selber, Kahl, habe wegen der unbequemen Nachbarschaft der beiden Parteien immer versucht, jeden Angriff gegen die Deutschvölkischen zu unterlassen, um diese Nachbarschaft erträglich zu gestalten.[758] Er habe daran geglaubt, dass, wenn auch die Mittel und Wege der Politik beider Parteien noch so unterschiedlich sein mögen, der vaterländische Gedanke beide eine, zumal in dieser Hinsicht eine Verständigung mit den Linken nicht zu erwarten sei:

*„Das hatten wir gehofft. Sie aber haben in brutaler Weise diese Zusammenhänge gestört. Wir werden uns das merken. Ich kann Ihnen sagen, Herr Henning, daß ihre Rede ein Maß von politischer Minderwertigkeit dargestellt hat, die nicht zu überbieten ist."*[759]

Wer das Recht so mit Füßen trete sagte Kahl in Richtung Nationalsozialisten, der gebe der DVP keine Garantie für die Rettung des deutschen Volkes.
Wie bereits in seiner Rede vom 23. Februar 1922 leugnete Kahl auch bei seiner Stellungnahme zur Rede Levis das Vorliegen einer Vertrauenskrise der Justiz. Dies änderte sich erst nach dem „Magdeburger Mordfall" im Jahre 1925, einem gewöhnlichen Kriminalfall ohne jeden politischen Beigeschmack.[760] Wegen zu vieler Ungereimtheiten im Zuge der zu diesem Fall stattgefundenen Ermittlungen, hatte sich die öffentliche Meinung zum ersten Mal so erregt, dass die deutsche Juristenwelt nicht mehr zu ihrer gewohnten Tagesordnung zurückkehren konnte.[761] Aufgrund des enormen Presseechos sah man sich gezwungen zu handeln. Kaum ein Juristenkongress verging in der Folgezeit, auf dem nicht zumindest einige Worte zu der Vertrauenskrise verloren wurden. So sprach auch Kahl auf dem 34. Deutschen Juristentag vom 12. bis 15. September in Köln von dieser und verhalf damit dem Schlagwort zum endgültigen Durchbruch.[762] Es sei Feigheit, so Kahl in seiner Rede, wollte der Juristentag die Vertrauenskrise der Rechtspflege verschweigen:[763]

*„Auf den Geist kommt es an, auf den guten Willen zum Recht. Weg mit aller Art von Parteipolitik, bei allen die in irgendeiner Weise unmittelbar oder mittelbar mit der Rechtspflege als solcher zusammenhängen!*

---

[758] Stenographische Berichte des Reichstags, Band 381, S. 96.
[759] Stenographische Berichte des Reichstags, Band 381, S. 96.
[760] Robert Kuhn, Die Vertrauenskrise der Justiz, Köln 1983, S. 97.
[761] Robert Kuhn, Die Vertrauenskrise der Justiz, Köln 1983, S. 59.
[762] Robert Kuhn, Die Vertrauenskrise der Justiz, Köln 1983, S. 104.
[763] Verhandlungen des 34. DJT in Köln, Band 2, S. 26.

*Der reine Geist von Recht und Gerechtigkeit muß Gemeingut aller unser Standesgenossen sein. Es ist mein Recht und meine Pflicht in dieser Zeit mahnend und warnend meine Stimme zu richten an alle, die es angeht.*"[764]

Wie das Berliner Tageblatt am 13. September 1926 berichtete blieben die Worte Kahls nicht ohne Folgen:

*„Es war (...) ein unvergesslicher Anblick, als der verehrungswürdige Dr. Kahl wie ein Priester die Hände zum Himmel hob und seine Kollegen mahnend, bittend und warnend beschwor, das Vertrauen in Recht und Rechtsprechung das so tief erschüttert sei, wieder zu beleben, wie er zu sittlicher Selbstdisziplin aufrief, zu sittlicher, restloser Hingabe an den Staat, wie ihn die harte, geschichtliche Notwendigkeit geschaffen habe, mit dem Rufe: Ob Dir dieser Staat lieb ist oder leid, kommt für den heiligen Imperativ der Pflicht gar nicht in Frage!"*

Der Erfolg von Kahls Rede, die großen Beifall erntete,[765] war, dass parlamentarische Untersuchungsausschüsse, die noch auf dem Augsburger Richtertag bekämpft wurden, nun als ein *„notwendiges Gebilde des parlamentarischen Staates"* bezeichnet wurden.[766] Ein weiterer Erfolg der Rede bestand darin, dass man Gustav Radbruch, den Propheten der Vertrauenskrise und *„markantesten Hauptvertreter der Justiz- und Juristenreform"*[767] einstimmig zum Mitglied der ständigen Deputation des Deutschen Juristentages wählte.[768]
Dass gerade Kahl es war, dem es gelang die Herzen der konservativen Richter aufzurütteln, lag zum einen daran, dass er Präsident des Deutschen Juristentages und einer der angesehensten Lehrer des Kirchenrechts war, zum anderen auch daran, dass er die unbestrittene fachliche und moralische Autorität für Rechtsfragen im Reichstag und fast so etwas wie eine *„nationale Institution"* war.[769] Eines solchen Eingeständnisses durch einen prominenten Rechtspolitiker der politischen Mitte hatte es bedurft, um aus dem Wort der Vertrauenskrise ein Schlagwort zu machen.[770] Hatte Reichsjustizminister Bell nur vor einer Vertrauenskrise gewarnt, so war Kahl zu ihrem Künder geworden.[771] So schrieb die Vossische Zeitung zum Ende des Juristentages:[772]

*„Gerade die bedeutsamen Wortführer auf allen Seiten erkennen und betonen den Ernst der Lage immer wieder, und man darf wohl insbesondere hoffen, daß die von hohem sittlichen Ernst getragene und warm ausgesprochene Mahnung Kahls auf allen Seiten das Echo finden*

---

[764] Auszug aus Kahls Rede auf dem 34. DJT in Köln, zit. aus der Vossischen Zeitung vom 14. September 1926.
[765] Berliner Tageblatt vom 13.9.1926, Vossische Zeitung vom 14. September 1926.
[766] Verhandlungen des 34. DJT in Köln, Band 2, S. 155; Vossische Zeitung vom 15. September 1926.
[767] Robert Kuhn, Die Vertrauenskrise der Justiz, Köln 1983, S. 102.
[768] Robert Kuhn, Die Vertrauenskrise der Justiz, Köln 1983, S. 102.
[769] Robert Kuhn, Die Vertrauenskrise der Justiz, Köln 1983, S. 104.
[770] Robert Kuhn, Die Vertrauenskrise der Justiz, Köln 1983, S. 58.
[771] Robert Kuhn, Die Vertrauenskrise der Justiz, Köln 1983, S. 105.
[772] Vossische Zeitung vom 16.09.1926.

*wird, daß der Verehrung entspricht, das seiner Persönlichkeit in den Kreisen aller deutschen Juristen entgegengebracht wird.“*

### c. Dritte Wahlperiode

#### aa. Enteignung der Fürstenhäuser[773]

Das überragende innenpolitische Thema des Jahres 1926 war die Auseinandersetzung um das Vermögen der ehemals regierenden deutschen Fürstenhäuser. Weder der Rat der Volksbeauftragten noch die Nationalversammlung hatte eine reichseinheitliche Lösung für dieses Problem getroffen, da auch die neuen Landesregierungen Bedenken hatten, das Vermögen unterschiedslos und ohne Entschädigung zu enteignen. Folge dieser fehlenden Regelung waren komplizierte Vergleichsverhandlungen und langwierige gerichtliche Auseinandersetzungen.[774] Aktuell wurde das Problem 1925, als das Reichsgericht im Wege des Normenkontrollverfahrens die durch Landesgesetz im Juli 1919 verfügte Enteignung der Herzogfamilie von Sachsen-Coburg und Gotha wegen eines Formfehlers für verfassungswidrig erklärte.[775] Dies erregte angesichts von fast drei Millionen Hauptunterstützungsempfängern und einer breiten Masse von Aufwertungs- und Inflationsopfern enormes Aufsehen. Hinzu kam noch der Versuch der preußischen Regierung im Oktober 1925 mit dem Hause Hohenzollern zu einer, für das ehemalige Königshaus günstigen Einigung zu kommen. Dies stieß nicht nur in parlamentarischen Kreisen auf beachtliches Interesse,[776] sondern löste vor allem in der Öffentlichkeit massive Proteste aus.[777] Aufgrund dieser Entscheidung war nun auch die DVP, bei der das Thema der Fürstenenteignungen bis ins Jahr 1925 keine Rolle gespielt hatte, gezwungen zu handeln.[778]

Der Rede Kahls zu diesem Thema lagen zwei Anträge zugrunde, die als Reaktion auf das Urteil des Reichsgerichts sowie auf den Versuch der preußischen Regierung sich mit den Hohenzollern zu einigen, in den Reichstag eingebracht worden waren; der eine stammte von den Abgeordneten Stoecker, Neubauer und Genossen (KPD). Sie forderten in § 1:

*„Das gesamte Vermögen der ehemals regierenden Fürsten sowie aller ihrer Familienangehörigen, mit allen seinen unbeweglichen, beweglichen und sonstigen Bestandteilen, wird ohne Entschädigung enteignet.“*[779]

---

[773] Stenographische Berichte des Reichstags, Band 388, S. 4748 ff.

[774] Ludwig Richter, Die Deutsche Volkspartei, Düsseldorf 2002, S. 418; Ulrich Schüren, Der Volksentscheid zur Fürstenenteignung 1926, Düsseldorf 1978, S. 41 ff.

[775] RGZ 1925, Band 111, S. 123-134.

[776] Ulrich Schüren, Der Volksentscheid zur Fürstenenteignung 1926, Düsseldorf 1978, S. 44-46.

[777] Ludwig Richter, Die Deutsche Volkspartei, Düsseldorf 2002, S. 418.

[778] Ludwig Richter, Die Deutsche Volkspartei, Düsseldorf 2002, S. 418.

[779] Anlagen zu den stenographischen Berichten des Reichstags, Band 405, Antrag 1539.

Die Enteignung sollte rückwirkend zum 8. November 1918 gelten. Der Antrag der Kommunisten nach entschädigungsloser Enteignung kam keinesfalls überraschend. Die KPD-Fraktion hatte bereits im Oktober 1924 den „Entwurf eines Gesetzes zur Enteignung des Vermögens der vormaligen Bundesfürsten" in den Reichstag eingebracht und im Januar 1925 die entschädigungslose Enteignung allen Großgrundbesitzes gefordert.[780]
Außerdem hatten Koch-Weser (DDP) und Genossen den Antrag eingebracht, die Länder zu ermächtigen, die vermögensrechtlichen Auseinandersetzungen mit den Fürsten durch Landesgesetz unter Ausschluss des Rechtsweges zu regeln. Soweit durch Landesgesetz Enteignungen ausgesprochen würden, sollte die Entschädigung ebenfalls durch Landesgesetz und unter Ausschluss des Rechtsweges geregelt werden können.[781] Die Erfolgsaussichten dieses Antrages waren aufgrund der Mehrheitsverhältnisse wesentlich günstiger als die des kommunistischen Antrags. Selbst wenn die SPD sich auf die Seite der Kommunisten gestellt hätte, hätten diese Stimmen nicht einmal für die einfache Mehrheit gereicht.
Nach Beratungen in der Fraktion stellte Kahl am 3. Dezember 1925 zunächst fest, dass die in den beiden Anträgen aufgeworfenen Fragen im Sinne der Gerechtigkeit beantwortet werden müssten. Auf keinen Fall dürfen sie zu rein agitatorischen Zwecken missbraucht werden, was Tags zuvor von den Kommunisten und Scheidemann versucht worden sei:

*„Wenn der Vertreter der kommunistischen Partei sich gestattet hat, hier zu sprechen von Raubzügen der Fürsten, Schimpfworte, wie Schmarotzer, Parasiten und andere vom Haß eingegebene Worte hier zu gebrauchen, so war das lediglich zu agitatorischen Zwecken für das Proletariat."*[782]

Eine Verweisung der Anträge in den Rechtsausschuss sei die einzige Möglichkeit, dieses Problem sachgerecht zu lösen. Die Beantwortung der aufgeworfenen Frage, wie mit dem Eigentum der Fürstenfamilien im Sinne der Gerechtigkeit zu verfahren sei, sei mit dem kommunistischen Antrag nicht möglich. Dieser bezwecke alleine, die ehemaligen Fürsten zu Bettlern zu machen, was mit rechtsstaatlichen Prinzipien nicht vereinbar sei.

*„Eine entschädigungslose Enteignung in diesem Fall würde glatt eine rechtswidrige Besitzentziehung sein, das, was wir kriminalistisch als Diebstahl bezeichnen, (...)"*[783]

Durch die in § 4 des kommunistischen Antrages vorgesehene Rückwirkung solle der endgültige Sieg der Revolution über alles geschichtliche Recht etabliert und dauernd festgesetzt werden. Der Bolschewismus solle mit diesem Gesetz zunächst in einem kleinen Abschnitt eingeführt werden, wobei man sich frage, aus

---

[780] Ulrich Schüren, Der Volksentscheid zur Fürstenenteignung 1926, Düsseldorf 1978, S. 50.
[781] Anlagen zu den stenographischen Berichten des Reichstags, Band 405, Antrag 1527.
[782] Stenographische Berichte des Reichstags, Band 388, S. 4748.
[783] Stenographische Berichte des Reichstags, Band 388, S. 4748.

welchem Grunde die Kommunisten so bescheiden blieben. Konsequent müsse doch ihre Forderung lauten, dass alle, deren Besitz eine bestimmte Höhe überschreite, diesen an den Staat abzugeben hätten.[784] Wolle der Reichstag nicht gänzlich seine Autorität verlieren, so dürfe er sich nicht ernsthaft mit einem derartigen Antrag beschäftigen.[785]

Sodann ging Kahl auf den Antrag von Koch-Weser (DDP) sowie auf die von Scheidemann (SPD) am Vortag gehaltene Rede ein. Auch letzterer habe das Thema allein zu agitatorischen Zwecken missbraucht, indem er mit höhnischen Worten von der angeblichen Sparsamkeit der Fürsten gesprochen habe. Zwar erwarte er, dass beide Anträge im Reichstag scheitern würden. Deshalb habe er einen Volksentscheid in Aussicht gestellt:

*„Er hat in einem sehr sieghaft klingenden Rufe damit geschlossen, der Ausgang eines solchen Volksentscheids sei ihm nicht zweifelhaft. Mir auch nicht; ich würde einen Volksentscheid unbedenklich tragen. Ich denke mir die Volksstimmung ungefähr so: Sicherlich würden sehr viele begeistert zustimmen, die Fürsten zu beschränken und ihnen den Rechtsweg abzuschneiden, soweit nur möglich. Denen würden sich alle diejenigen anschließen, die aus irgendeinem Grunde heutzutage - und deren gibt es ja recht viele - unzufrieden sind. Aber ich schätze, ein recht großer Teil, vielleicht der größere, würde sich etwa sagen: Wenn wir auch entfernt nicht das monarchische System wieder zurückführen wollen, so schulden wir doch den Fürstengeschlechtern in ihrer geschichtlichen Entwicklung der Landeshoheit seit sechs Jahrhunderten so viel Dank, daß wir sie nicht verarmen lassen wollen. Diese, auf die ich rechne, werden sich erinnern, daß es in Preußen einen großen Kurfürsten, einen Friedrich und einen Kaiser Wilhelm I., in Bayern einen Kurfürsten Maximilian, einen König Ludwig I., und einen König Max gegeben hat, und sie werden unter gar keinen Umständen wollen, daß durch eine solche Gesetzgebung nicht nur die geschichtliche Gerechtigkeit, sondern auch die Würde des deutschen Volkes verletzt wird. Denn wie sich ein Volk zu seiner großen geschichtlichen Vergangenheit stellt, ist untrennbar auch ein Stück seiner persönlichen Würde."*[786]

Zum Antrag der Demokraten könne er nur sagen:

*„Hände weg, soweit es sich um den gerichtlichen Schutz von Privatrechten und Privateigentum handelt."*[787]

Auch die Demokraten hätten noch in der Nationalversammlung gefordert, dass dem Privateigentum gegenüber der Rechtsweg niemals abgeschnitten werden dürfe. Eine Änderung dieses Prinzips bedürfe, dessen müssten sich die Demokraten ebenfalls im Klaren sein, einer Änderung der geltenden Verfassung. Danach könne eine Enteignung nur vorgenommen werden, soweit das Wohl der Allgemeinheit im Vordergrund stehe, was vorliegend jedoch nicht der Fall sei. Gerade die Demokraten, die Liberalen des Jahres 1848 hätten diesen Punkt, dass niemand seinem Richter entzogen werden dürfe, in den Vordergrund gestellt.

---

784 Stenographische Berichte des Reichstags, Band 388, S. 4748.
785 Stenographische Berichte des Reichstags, Band 388, S. 4748.
786 Stenographische Berichte des Reichstags, Band 388, S. 4749.
787 Stenographische Berichte des Reichstags, Band 388, S. 4749.

Heute dagegen vertrete allein noch die DVP diesen Grundsatz des Liberalismus, welche von der DDP offensichtlich aufgegeben worden sei.[788]
Kahl ging sodann auf Ausführungen des „Demokratischen Pressedienstes“ ein. Dieser habe vor der Debatte im Reichstag geschrieben, die Fürsten hätten mit ihren unberechtigten Forderungen bereits die Unterstützung der Gerichte, insbesondere des Reichsgerichts gefunden. Dieses Urteil des Pressedienstes sei ein unerhörter und nicht zu rechtfertigender Eingriff in die Rechtspflege. Er könne nur bedeuten, dass das Reichsgericht parteiisch zugunsten der Fürsten Recht gesprochen habe. Man dürfe jedoch den Gerichten keine Vorwürfe machen, weil sie nicht den Geschmack einer Partei träfen. Die Gerichte hätten die einzige Aufgabe Recht zu sprechen, und dürften sich nicht an politischen Strömungen orientieren.[789]
Ein anderer Artikel, diesmal in der „Vossischen Zeitung“ habe behauptet, „nur diejenigen Parlamentarier können sich gegen den demokratischen Gesetzentwurf wenden, die ein Interesse daran haben, daß die monarchische Bewegung mit den Geldern der Fürstenabfindungen finanziert werde.“[790] Dazu könne er nur erklären, „daß wir weiß Gott gänzlich fern sind von der Finanzierung monarchischer Bestrebungen.“[791] Ein Zeitungsschreiber dürfe sich auf keinen Fall anmaßen, allen Parlamentariern, die einen bestimmten Antrag ablehnen, zu unterstellen, sie unterstützten monarchische Bestrebungen. Um der Frage der Fürstenabfindungen gerecht werden zu können, sei es daher am besten, diese Frage an den Rechtsausschuss zu überweisen. Diesem Antrag Kahls wurde zugestimmt, jedoch führte dies nicht zur Beilegung des Problems. Erst zwei gescheiterte, von SPD und KPD initiierte Volksentscheide zur Fürstenenteignungen führten endlich zu dem Ergebnis, dass die gegenwärtige Rechtslage aufrechterhalten blieb. Alle einschlägigen Rechtsstreitigkeiten wurden bis zu einer reichsgerichtlichen Regelung ausgesetzt, um zu verhindern, dass den klagenden Fürstenhäusern während der langen Beratungen im Rechtsausschuss noch weitere Vermögenswerte zugesprochen werden. Obwohl das Ziel der DVP damit erreicht schien, gab es innerparteilich keinen Grund zur Freude. KPD und SPD hatten es doch geschafft, vier Millionen Stimmen mehr als bei den letzten Wahlen im Dezember 1924 zu erhalten.[792] Kahl sah sich in seiner Einschätzung der öffentlichen Meinung getäuscht. Die Deutschen waren dabei, zu ihren Fürstenhäusern auf Abstand zu gehen.

[788] Stenographische Berichte des Reichstags, Band 388, S. 4750.
[789] Stenographische Berichte des Reichstags, Band 388, S. 4751.
[790] Stenographische Berichte des Reichstags, Band 388, S. 4752.
[791] Stenographische Berichte des Reichstags, Band 388, S. 4752.
[792] Ludwig Richter, Die Deutsche Volkspartei, Düsseldorf 2002, S. 426.

**bb. Reichshaushaltsplan 1927**[793]

Im Rahmen der Beratungen des Reichshaushaltsplans für 1927 kam erneut die Diskussion über die „Vertrauenskrise der Justiz“ auf. Kurz vor dieser Debatte lag die Ernennung von Oskar Hergt (DNVP)[794] zum Reichsjustizminister. Mit ihm trat ein Mann an die Spitze der Reichsjustizverwaltung, der noch stark ins monarchische Regime zurückragte.[795] Die linke Presse stufte ihn dementsprechend kurz nach der Kabinettsbildung als *„Mann der schärferen Richtung“*,[796] als *„deutschnationaler Bremser“*[797] oder als *„ausgesprochen reaktionär“*[798] ein. In seiner Antrittsrede nicht erwähnt,[799] ging Hergt in seiner Rede vom 22. Februar 1927 im Reichstag auf das Thema der Vertrauenskrise der Justiz ein.[800] Zur Überraschung der Linken näherte sich der deutschnationale Minister weitgehend der Position der Mitte an, ohne dabei jedoch den Wählern seiner Partei vor den Kopf zu stoßen. Er gab Fehlurteile in den letzten Jahren zu,[801] versicherte den Richtern jedoch weiterhin das Wohlwollen der Regierung. Levi (SPD) lobte daraufhin die Rede Hergts. Er sei der erste Reichsjustizminister, der *„wenigstens etwas zugegeben hat“*,[802] auch wenn die Vertrauenskrise schon zu Zeiten bestand, als die Sozialdemokraten noch als einzige von ihr gesprochen hätten. Der Argumentation Hergts, die Justizkritik begründe sich nur auf einigen Einzelfällen, widersprach Levi jedoch. Zwar sei es zutreffend, dass die überwiegende Zahl von Fällen durch die Justiz in anständiger Weise erledigt würde, dies sei jedoch nicht der Maßstab, an dem die Justiz zu messen sei.[803] Dieser Maßstab liege in Einzelfällen, in solchen, in welchen der Richter ohne sittliche Empfindungen über einen Menschen urteilt.

Bockius (Zentrum) äußerte sich erfreut über die Übereinstimmung des Oppositionsredners Levi mit den Ausführungen des Reichsjustizministers:

> *„Im wesentlichen war man sich darüber einig, daß es eine Vertrauenskrise in der Justiz gab, daß es noch eine gibt, daß sie aber im Ausklingen ist, (...).“*[804]

Er hoffe, dass die Frage der Vertrauenskrise mit der derzeitigen Aussprache endgültig erledigt sei. Die Richter verdienten nun ein positives Vertrauensvotum.

---

793 Stenographische Berichte des Reichstags, Band 392, S. 9188 ff.
794 Robert Kuhn, Deutsche Justizminister 1877-1977, Eine Dokumentation, mit einem einleitenden Aufsatz von Prof. Dr. Hans Hattenhauer, Köln 1977, S. 72-73.
795 Robert Kuhn, Die Vertrauenskrise der Justiz, Köln 1983, S. 148.
796 Vossische Zeitung vom 29.01.1927.
797 Welt am Abend vom 29.01.1927.
798 Berliner Abendblatt vom 29.01.1927.
799 Robert Kuhn, Die Vertrauenskrise der Justiz, Köln 1983, S. 149.
800 Stenographische Berichte des Reichstags, Band 392, S. 9162 ff.
801 Stenographische Berichte des Reichstags, Band 392, S. 9160.
802 Stenographische Berichte des Reichstags, Band 392, S. 9168.
803 Stenographische Berichte des Reichstags, Band 392, S. 9169.
804 Stenographische Berichte des Reichstags, Band 392, S. 9184.

Kahl stimmte seinem Vorredner Bockius in seiner darauf folgenden Rede zu:

*„Im übrigen hat auch dieses Mal bei allen Rednern die Frage der Kritik an der Justiz, die Vertrauenskrise eine Rolle gespielt, die mein Herr Vorredner sehr richtig charakterisiert und auf ihr wahres Maß zurückgeführt hat. Ich muß ja sagen: dieses Thema fängt allmählich an – ich hätte fast gesagt – langweilig zu werden, jedenfalls an Eindruckskraft zu verlieren."*[805]

Es lohne sich nicht mehr auf Einzelfälle einzugehen. Über Grund und Ziel sei man sich einig; man wolle von einem Richter Recht und Gerechtigkeit. Dieses Ziel könne durch die von den Linken angewandte Methode, das Reichsjustizministerium für alles verantwortlich zu machen jedoch nicht erreicht werden:[806]

*„Auf die materielle Rechtsprechung hat das Reichsjustizministerium einen Einfluß nicht zu nehmen, und nähme es einen solchen, so wäre das eine Verletzung der Unabhängigkeit der Rechtspflege."*

Zudem würde immer wieder der gleiche Fehler der Verallgemeinerung gemacht. Einzelfälle würden so gedeutet, als ob sie der Ausdruck oder die Folge einer allgemeinen Verderbnis der deutschen Justiz wären. Es sei nicht außergewöhnlich auf Urteile zu stoßen, die einen innerlich bedrücken. Auch er habe teilweise solche Bedenken, würde sich aber davor hüten,

*„einzelne nach meiner Meinung fehlerhafte Urteile dieser Art – einzelne gegenüber tausenden und abertausenden! – nun als Anzeichen einer allgemein schlechten Justiz vor dem Volke bloßstellen zu wollen. Unsere deutsche Justiz als Einheit, als Gesamtheit genommen, bewertet, steht – (...) – durchaus auf der Höhe ihrer Aufgaben von Recht und Gerechtigkeit."*[807]

Zusammenfassend, so Kahl, könne man die Vertrauenskrise nur noch einmal erwähnen, um sie endlich zu Grabe zu geleiten.[808]

*„Der gleiche Mann, der im Herbst 1926 auf dem Kölner Juristentag zum Künder der Vertrauenskrise geworden war, hielt nun ihre Grabesrede."*[809]

Mit diesen Reden war das Schlagwort der Vertrauenskrise erstmals im Reichstag ausführlich behandelt worden. Die Konservativen setzten auf die Kurzlebigkeit solcher Schlagworte. Falls es jemals eine Vertrauenskrise der Justiz gegeben habe, so der einstimmige Tenor, sei sie jetzt jedenfalls vorbei. Die Republikaner sahen allmählich die Gefahr, dass das Schlagwort veraltern könnte. Tatsächlich hatte die republikanische Kampagne schon viel von ihrem Schwung verloren,[810] und wurde letzten Endes 1928 von der „Großen Justizreform", sowie der „Verrechtlichung der Justiz", abgelöst.[811]

---

[805] Stenographische Berichte des Reichstags, Band 392, S. 9190.
[806] Stenographische Berichte des Reichstags, Band 392, S. 9190.
[807] Stenographische Berichte des Reichstags, Band 392, S. 9190.
[808] Stenographische Berichte des Reichstags, Band 392, S. 9191.
[809] Robert Kuhn, Die Vertrauenskrise der Justiz, Köln 1983, S. 155.
[810] Robert Kuhn, Die Vertrauenskrise der Justiz, Köln 1983, S. 159.
[811] Robert Kuhn, Die Vertrauenskrise der Justiz, Köln 1983, S. 225.

### cc. Erste Beratungen des Entwurfs eines Strafgesetzbuchs

Nachdem Kahl zu dem Entwurf eines Deutschen Strafgesetzbuches gesprochen hatte,[812] wurde das Wort dem Abgeordneten Landsberg (SPD) erteilt:

*„Meine Damen und Herren! So vieles uns auch voneinander trennt, es gibt doch erfreulicher Weise auch Dinge, in denen wir übereinstimmen, und dazu gehört die Verehrung des Verehrungswürdigen. Ich denke, Sie werden mich als Ihren Herold gelten lassen, wenn ich dem verehrten Herrn Vorredner meine aufrichtige Bewunderung ausspreche (Bravo) zu dieser Rede, in der sich die Weisheit des Alters mit dem schönen Eifer der Jugend gepaart hat, und die unsere Verhandlungen auf das würdigste eingeleitet hat. (Lebhaftes Bravo)“*[813]

## d. Vierte und fünfte Wahlperiode

In der vierten Wahlperiode nahmen die Wortbeiträge Kahls im Plenum merklich ab. Hatte er sich in zuvor noch zu allgemeinen politischen Themen geäußert, so sprach er von nun ab ausschließlich zu juristischen Problemen, insbesondere das Strafgesetzbuch und die Ehescheidung. In der fünften Wahlperiode redete er bis zu seinem Tode nur noch zweimal, davon einmal lediglich zur Geschäftsordnung.

Erwähnenswert für diese Zeit ist jedoch Kahls Abstimmungsverhalten bei dem im Oktober 1931 gegen Brüning (Zentrum) eingebrachten Misstrauensvotum. Vorausgegangen war der Abstimmung im Reichstag zwei Monate zuvor das Volksbegehren in Preußen, mit dem die politische Rechte, unterstützt von der KPD, die Landesregierung hatte stürzen wollen. Wie auch beim späteren Misstrauensantrag gegen Brüning (Zentrum) hatte Kahl bei diesem Volksbegehren eine Stellung im Gegensatz zur Politik seiner Partei eingenommen.

Im Frühjahr 1931 hatte der Stahlhelm ein Volksbegehren auf den Weg gebracht,[814] das die sofortige Auflösung des preußischen Landtags zum Ziel gehabt hatte. Unterstützung hatte er von der NSDAP, DNVP, DVP, dem Landvolk und den Christlichsozialen erfahren. Die für die Einleitung eines solchen Volksbegehrens notwendige Mindestanzahl von Stimmen war nur knapp erreicht worden,[815] worauf sich nun die KPD der Initiative anschloss. Diese forderte ihre Genossen auf, auch ihrerseits für die sofortige Ablösung des preußischen Landtags zu stimmen.

In der letzten Woche vor dem 9. August 1931, dem Tag des Volksbegehrens, nahmen die Auseinandersetzungen innerhalb der DVP immer schärfere Formen an. In der Kölnischen Zeitung vom 04. August 1932 veröffentlichte Graf zu Dohna (DVP) *„Gegengründe“* und bezeichnete das Volksbegehren als verant-

---

[812] Stenographische Berichte des Reichstags, Band 393, S. 10942 ff.

[813] Stenographische Berichte des Reichstags, Band 393, S. 10950.

[814] Kölnische Zeitung vom 04.08.1931, Nr. 418, S. 1.

[815] Insgesamt trugen sich 5 955 966 Wahlberechtigte in die Listen ein (Manfred Overesch; Friedrich Wilhelm Saal, Chronik Deutscher Zeitgeschichte, Düsseldorf 1982, S. 538)

wortungslos und kritisierte die Parteileitung scharf. In derselben Ausgabe sprach sich Dr. Regh (DVP) für den Landkreis Köln–Aachen zugunsten des Volksentscheids aus, und damit für den mehrheitlichen Kurs der DVP.[816] Graf zu Dohna schrieb in seinem Artikel:

*„Ginge es wirklich darum, der Regierung Preußens Vertrauen oder Misstrauen zu bezeugen, so wäre es keinem Mitglied der Oppositionsparteien zu verdenken, wenn er für die Auflösung des Landtags stimmte. Es wäre das geradezu ein Gebot der Selbstachtung und eine ganz natürliche Konsequenz des parlamentarischen Prinzips. So erklärt es sich denn auch, daß die Deutsche Volkspartei sich dem Volksbegehren angeschlossen hat. Denn damals konnte noch die begehrte Volksabstimmung in diesem rein parlamentarischen Sinne aufgefasst werden. Dann trug sie den Charakter einer bloßen Demonstration und hatte den Wert einer solchen.*

*Nun aber hat es sich gefügt, daß die Abstimmung für und wider die Auflösung des preußischen Landtags in einem Zeitpunkt vorgenommen werden muß, in dem es für uns Deutsche um das Letzte geht: um unsere nationale, politische und wirtschaftliche Existenz. (...) Die Welt sieht in dem Stimmkampf eine vom Stahlhelm inaugurierte, vom Faschismus getragene und nun gar vom Bolschewismus unterstützte Aktion eine Kraftprobe derjenigen Elemente, denen es darauf ankommt, die Herrschaft im Staate an sich zu reißen und alsdann der Weltpolitik eine Richtung zu geben, die jedenfalls weit abführt von den Zielen, die die verantwortungsvollen Leiter des Deutschen Reiches seit Jahren stetig und in den letzten Wochen mit Nachdruck verfolgt haben.*

*(...)Ob sie ( die DVP ) es verantworten kann, dem Manne, der im Reich das Steuer führt, eben jetzt die fast schon verzweifelte Lage noch dadurch zu erschweren, dass ihm die Stütze entzogen wird, die ihm die Stabilität der preußischen Regierung immerhin gewährt. Ich kann diese Fragen nur im verneinenden Sinne beantworten. (...) Stillhalten – das ist heute die Losung."*

Dem schloss sich Kahl, in einem von der Kölnischen Zeitung veröffentlichten Telegramm, wenige Tage später an:[817]

*„Den Ausführungen meines Freundes Dohna in der Kölnischen Zeitung gegen Beteiligung der Deutschen Volkspartei am Volksentscheid vom 9. August stimme ich aus tiefster Überzeugung in vollstem Umfang zu und halte nach der gesamten innen- und außenpolitischen Lage die Nichtbeteiligung für vaterländische Pflicht. Dr. Wilhelm Kahl, M.d.R."*

Diese Stellungnahme Kahls schlug in den rheinisch-westfälischen Parteiorganisationen *„wie ein Blitz ein"*.[818] In einem Brief äußerte sich Dr. Regh gegenüber Kahl verstimmt. Kahls Stellung als Ehrenvorsitzender der Partei habe dazu beigetragen, dass ihm, Regh, in seinem Wahlkreis zunehmend vorgeworfen werde, es lohne sich nicht mehr in einer Partei zu sein, die nicht wisse was sie wolle.[819] Regh äußerte sich zudem in einem Schreiben an Dingeldey über Kahls Telegramm:[820]

---

816 Kölnische Zeitung, 04.08.1931, Nr. 418, S. 1
817 Kölnische Zeitung vom 6. August 1931, Nr. 422: Telegramm von Kahl.
818 Schreiben Reghs an Kahl vom 10. August 1931, BAK NL Dingeldey 116, 39.
819 BAK NL Dingeldey 116, 39.
820 Schreiben Reghs an Dingeldey vom 06.08.1931; BAK NL Dingeldey 116, S. 34.

*„Besonders die Wendung, daß der Herr Dr. Kahl es für eine vaterländische Pflicht erklärt, stempelt ja diejenigen, die sich, wie Sie und ich ausdrücklich für den Volksentscheid erklärten, zu pflichtvergessenen Volksgenossen ab. Bei aller Achtung vor persönlicher Überzeugung halte ich gelinde gesagt diese Form, seine abweichende Meinung zum Ausdruck zu bringen, nicht gerade für Parteidisziplin. Jedenfalls bin ich persönlich außerordentlich verärgert über die Art und Weise, mit der Herr Geheimrat Kahl mir in meinen Wahlkreis hineinspringt, der mit unendlich viel Mühe von uns zusammengehalten wird und in den so ungeschickt hineinzuschlagen von Herren der Reichsliste außerordentlich leicht ist."*

Besonders der rechte Parteiflügel versuchte Dingeldey (DVP) zu drängen, dieser solle Kahl öffentlich maßregeln, der doch *„die Einheit der Partei zerstört und sie schutzlos den radikalen Elementen in der Unterstützungsfront"* überlassen habe.[821] So schrieb v. Gilsa (DVP):

*„Sie werden inzwischen ja die Veröffentlichung des Telegramms von Kahl an die Kölnische Zeitung, (...), gelesen haben. Es ist doch ein unerhörter Zustand, daß Kahl, den ich als Mensch in vielen Dingen außerordentlich hoch schätze, in einer solchen Form der eigenen Partei und, was noch schlimmer ist, der nationalen Sache solche Schwierigkeiten macht. Die Schlußwendung, daß die Nichtbeteiligung am Volksentscheid vaterländische Pflicht sei, ist zudem eine schwere Beleidigung für alle die, die, wie Sie und ich, einen gegenteiligen Standpunkt vertreten. Dazu kommt noch, daß, wie mir aus Köln mitgeteilt wird, Kahl die Kölnische Zeitung ausdrücklich zur Veröffentlichung seines Telegramms aufgefordert hat. (...) Ich bin nun gezwungen, heute, morgen und übermorgen sehr eindeutig und klar Herrn Kahl für alle Volksparteiler hier im Westen in aller Öffentlichkeit abzuschütteln. Daß dies keine angenehme Aufgabe ist, werden Sie verstehen, aber es muß sein. Wenn wir, Sie gestatten mir ein offenes Wort, nicht völlig zu einem politischen Sauhaufen herabsinken, sondern eine Partei bleiben wollen, ist eine Korrektur gegen Herrn Kahl auch von Ihnen, bzw. vom Parteivorstand aus unbedingt am Platze."*

Dass es zwischen der „Westfalengruppe" um von Gilsa und Hugo auf der einen, sowie Kahl und zu seinen Lebzeiten auch noch Stresemann auf der anderen Seite immer wieder zu Konflikten kam, zeigt bereits ein Schreiben Kahls an Stresemann aus dem Jahre 1929. In diesem antwortete Kahl auf Rückzugsgedanken Stresemanns:[822]

*„(...) einseitige Betonung von Einzelinteressen, teilweise sogar bestimmt durch persönliche Abneigung (Hauptgegner die neue Westfalengruppe) (...)"*

Einen Tag vor dem Volksentscheid, am 08.08.1931 veröffentlichte die Deutsche Volkspartei Westfalen Süd folgende Erklärung:[823]

*„Vereinzelte Mitglieder der Deutschen Volkspartei fühlen sich berufen, der Öffentlichkeit durch die Kölnische Zeitung mitzuteilen, daß sie sich nicht am Volksentscheid beteiligen werden. Diese Einzelstimmen stehen unseres Erachtens außerhalb der Deutschen Volkspartei. Die Reichsleitung der Deutschen Volkspartei hat unzweifelhaft beschlossen, sich mit allen Kräften für den Volksentscheid einzusetzen. (...)"*

---

821 Schreiben v. Gilsas an Dingeldey vom 09.08.1931; BAK NL Dingeldey 69, S. 53.

822 PA NL Stresemann 104, S. 24ff.

823 zit. nach Kölnische Zeitung vom 11.08.1931, Nr. 432, S. 1.

Nach dem Scheitern des Volksentscheids - erforderlich wären 13.449.500 Ja Stimmen gewesen, abgegeben wurden jedoch lediglich 9.784.810[824] - erreichte der Aufruhr in der DVP seinen Höhepunkt. Zusammen mit den Wahlkreisverbänden Magdeburg und Breslau, vertreten durch Georg Zehle und Paul Neumann, forderten alle rheinisch – westfälischen Wahlkreise Dingeldey auf, Kahl, Graf Dohna und Mittelmann unverzüglich aus der Partei auszuschließen. Otto Hugo teilte Dingeldey mit, im Westen herrsche eine geradezu revolutionäre Stimmung. Die Ortsgruppe Gelsenkirchen telegraphierte nach Berlin:

*„Nun muß man endlich mit rücksichtsloser Schärfe alle die aus der Partei ausschließen, die sich öffentlich gegen den Volksentscheid betätigt haben."*

Neben harscher Kritik an Kahl und Dohna gab es in der DVP jedoch auch Zustimmung. Führende Vorstandsmitglieder des Wahlkreises Potsdam II äußerten sich gegenüber von Kardorff *„zutiefst zufrieden über die befreiende Stellungnahme"* Kahls und Graf Dohnas, habe doch die Verbündung mit politischen Desperados, wie sie der Parteivorsitzende betreibe, in weiten Kreisen der örtlichen Parteimitglieder großen Unwillen erregt. Niemals, so die allgemeine Überzeugung, *„hätte sich Stresemann im gegenwärtigen Augenblick am Volksentscheid beteiligt"*.[825]

Auch die Kölnische Zeitung, die nach dem Abdruck des Artikels von Dohna und des Telegramms Kahls von Volksparteilern kritisiert wurde,[826] bezog Stellung:

*„Wir bedauern, daß die Deutsche Volkspartei Westfalen Süd sich zu so unüberlegten Urteilen hinreißen ließ und wir bedauern auch, daß sie von Männern wie Kahl, Graf zu Dohna, Posse und Mittelmann behauptet, sie stünden „außerhalb" der Deutschen Volkspartei. Es ist nicht unsere Sache, uns darum zu kümmern, wie die einzelnen Herren sich hierzu stellen. Der Öffentlichkeit mutet es jedenfalls seltsam an, wenn eine Parteiorganisation von ihrem Ehrenvorsitzenden behauptet, er stehe außerhalb der Partei."*[827]

Kahl selber rechtfertigte seine Entscheidung in einem Brief vom 28. August 1931 an den Parteivorsitzenden Dingeldey:[828]

*„Mein Kölner Telegramm in Sachen des Volksentscheids hat nicht nur in der gegnerischen Presse, sondern gelegentlich auch aus der eigenen Partei die Auslegung erfahren, daß es sich darin um einen persönlichen Angriff gegen den Parteiführer gehandelt habe. Ich war und bin noch heute felsenfest überzeugt, daß nach unserem nie unterbrochenen offenen Freundschaftsverhältnisses und zumal nach unserer Unterredung wenige Tage vor dem 9. August Sie selbst meinem Telegram eine solche Deutung nicht gegeben haben, und nicht geben konnten. In dieser Überzeugung habe ich davon abgesehen, mich gegen eine derartige Unterstellung zu verwahren. Nachdem ich aber aus jüngsten Pressenotizen und Privatschreiben zu meinem*

---

[824] Kölnische Zeitung vom 10. 08.1931, Nr. 430, S. 1.
[825] Ernst Horwitz im Auftrage zahlreicher Vorstandsmitglieder an Kardorff vom 23.08.1931; BAK NL v. Kardorff 10, S. 125
[826] Kölnische Zeitung vom 11.08.1931, Nr. 432, S. 1.
[827] Kölnische Zeitung vom 11.08.1931, Nr. 432, S. 1.
[828] BAK NL Dingeldey 74, S. 2 ff.

*Bedauern entnehmen muß, daß jener Auffassung über Sinn und Zweck meines Telegramms sich doch weiter erhellt, bei dem einen mit hoffnungsvoller Freude, bei anderen mit Empörung über meine angebliche Kampfstellung gegen den Parteiführer, ist es mir doch (...) ein Wahrheits- ja Herzensbedürfnis Ihnen gegenüber eine loyale Erklärung und Versicherung ausdrücklich abzugeben. Mein Telegramm war im allgemeinen aus zwingender Gewissensnot geboren. Warnungsruf, sich angesichts der gegenwärtigen politischen Lage an diesem Volksentscheid zu beteiligen. Das Mißverständnis, als habe ich den Anhängern des Volksentscheids pflichtwidriges Handeln zuschreiben wollen, habe ich bereits durch die, m.E. richtig gestellt. Ich bedaure aufrichtig, daß es durch den kurzen Telegramstil überhaupt entstehen konnte. Ihnen gegenüber kommt es mir einzig und allein auf die feierliche Feststellung an, daß in den (...) verantwortungsvollen Erwägungen, die meinem Entschluß öffentlicher Stellungnahme vorangingen, der Gedanke einer persönlichen Spitze gegen Sie und Ihre Parteiführung, oder dem Willen, störend in die Einheit der Partei einzugreifen, niemals, auch nur die geringste Härte gefunden hat. Meinen abweichenden Standpunkt in der Sache muß ich auch weiterhin vertreten. Ich habe nicht die Absicht, ihn hier zu rechtfertigen oder mich dieserhalb zu entschuldigen. Eine Differenz der vorliegenden Art kann und muß in einer Partei mit weiten geistigen Horizonten getragen und überwunden werden. In diesem Glauben verzichte ich auch darauf, an dieser Stelle zur grundsätzlichen Frage der Grenzen von Parteidisziplin und politischer Gewissensfreiheit mich zu äußern. Gerade ihre Hochschätzung der letzteren ist bekannt. Ich verwahre mich nur gegen den offenen oder versteckten Vorwurf eines Dolchstoßes. Es liegt mir am Herzen, das Bekenntnis des Vertrauens und das Gelöbnis der Treue, das ich Ihnen aussprechen durfte, als ich die Ehre hatte, im November 1930 Sie als neu gewählten Parteiführer im Zentralvorstand zu begrüßen, bei gegebener Gelegenheit meinerseits zu wiederholen und nachdrücklich zu bestätigen. Ich wünsche und hoffe, daß die Führung der DVP noch recht lange und bis in glückliche Zeiten in Ihren Händen ruhen möge. Nehmen Sie bitte diese, meine Erklärung wohlwollend und kollegial entgegen, bevor wir uns demnächst zur Fortsetzung der gemeinsamen vaterländischen Arbeit persönlich wiederum begegnen. Inzwischen mit herzlichen Grüßen, Ihr erfurchtsvoll und aufrichtigst ergebener Wilhelm Kahl."*

Dieser scharfen Auseinandersetzung innerhalb der DVP folgte zwei Monate später der von den Rechtsparteien ebenfalls mit Unterstützung der KPD in den Reichstag eingebrachte Misstrauensantrag gegen die Regierung Brüning.

War die DVP noch beim ersten Reichskabinett Brüning mit Julius Curtius als Außenminister und Paul Moldenhauer als Reichsfinanzminister vertreten gewesen, so lehnte sie eine Beteiligung am zweiten Reichskabinett Brüning (Zentrum) wegen des erfolgten Ausscheidens von Außenminister Curtius (DVP) ab.[829] Dies hatte zur Folge, dass sich die DVP nun zum ersten Mal seit Stresemanns Kanzlerschaft wieder in der Opposition befand.[830]

Nach einer Pause von sechseinhalb Monaten trat der Reichstag am 13. Oktober 1931 zu einer viertägigen Sitzung zusammen. Einziger Tagesordnungspunkt war die Entgegennahme der Regierungserklärung Brünings.[831] Danach stellten NSDAP, KPD und DNVP[832] den Antrag, der Regierung das Misstrauen auszu-

---

[829] Huber, Deutsche Verfassungsgeschichte, Band VII, S. 752, 875, 876.

[830] Ludwig Richter, Die Deutsche Volkspartei, Düsseldorf 2002, S. 721.

[831] Stenographische Berichte des Reichstags, Band 446, S. 2069 ff.

[832] Die Misstrauensanträge von NSDAP und DNVP waren eines der wenigen praktischen

sprechen.[833] Die Meinung in der DVP zu diesen Misstrauensanträgen war gespalten. Auf einer nach der Plenarsitzung abgehaltenen Fraktionssitzung erklärte Rudolf Schneider, mit einer Zustimmung begebe man sich in eine Krise, deren Ende niemand kenne. Unterstützung erhielt er von Wilhelm Kahl, der den Sturz Brüning für ein nationales Unglück hielt und die Redeskizze Dingeldeys scharf angriff.[834] Diese gebe nur die Meinung von zwei Dritteln der Fraktion wieder, weshalb es von Nöten sei, nun die Frage des Fraktionszwanges zu klären.[835] Dies lehnte Dingeldey jedoch ab.[836]

Die Zustimmung, die Kahl auch von Schiffer und Dauch erhielt rief sofort den rechten Flügel auf den Plan. Hintzmann warnte seine Kollegen davor, alles abzulehnen, was die Opposition beantragt habe.[837] In den nächsten drei Tagen bis zur Abstimmung über die Misstrauensanträge inszenierten die rheinisch- westfälischen Wahlkreisverbände einen wahren Proteststurm. Die Reichstagsfraktion wurde aufgefordert, *„Schulter an Schulter mit der nationalen Opposition gegen den Marxismus"* zu kämpfen,[838] sich endlich freizumachen von der *„sozialdemokratischen Verseuchung"* und *„im heiligen Interesse der Einheit der Partei ganz geschlossen gegen Brüning zu stimmen."*[839]

In der Fraktionssitzung vom 16. Oktober 1932 warb Dingeldey nochmals für seine Haltung. In der Fraktionssitzung der Nationalsozialisten habe Hitler gestern erklärt, man werde sich mit einem neutralen Reichskanzler zufrieden geben und beanspruche lediglich die Posten des Wirtschafts- und des Finanzministers. Zudem seien nach Aussage Görings (NSDAP) und Hugenbergs (DNVP) auch von den Nationalsozialisten keine Experimente in der Außen-, Handels-, und Sozialpolitik zu erwarten. Deswegen komme eine Stimmenthaltung, wie sie vor allem seitens der gemäßigten Kräfte gefordert werde, nicht in Frage, sei sie doch die *„Erklärung der Unfähigkeit, Stellung zu nehmen"*. *„Wer auch Recht habe, für uns steht fest, daß früher oder später doch die Flut des Nationalsozialismus über Deutschland hereinbreche."*[840]

Diese Erklärung Dingeldeys stieß jedoch auf den Widerstand der gemäßigten Kräfte in der Fraktion. *„Ungenügend und widerspruchsvoll"* fand Rudolf

---

Ergebnisse der Harzburger Tagung.

[833] Stenographische Berichte des Reichstags, Band 446, S. 2079.

[834] Dingeldey lehnte es in seiner Rede vom 15.10.31 ab, dem Reichskanzler das Vertrauen auszusprechen.

[835] BAK R 45 II / 67, S. 341.

[836] BAK R 45 II / 67, S. 341.

[837] BAK R 45 II / 67, S. 341 ff.

[838] BAK NL Dingeldey 46, S. 53.

[839] Resolution des GA im Wahlkreisverband Westfalen Nord vom 16.10.31, BAL DVP 56, S. 89.

[840] BAK R 45 II / 67, S. 344.

Schneider die Erklärung Görings und Hugenbergs. Wilhelm Kalle sagte:[841]

*„Brüning ist trotz allen Versagens 1000 Mal besser als es Hugenberg und Hitler sind."*

Kahl bat in seiner Erklärung um Verständnis, dass er es nicht verantworten könne, zum Sturz Brünings beizutragen. Er erbitte die Erlaubnis, gegen das Misstrauensvotum stimmen zu dürfen. Werde ihm diese versagt, müsse er blutenden Herzens die Folgerungen ziehen.[842]
Die Vorstellung, dass eine große Anzahl der DVP - Abgeordneten für die Regierung Brüning stimmen könne, alarmierte den rechten Flügel der Fraktion. Ernst Hintzmann befand, eine uneinheitliche Stimmabgabe sei höchst schädlich und Engelbert Regh sagte, er stehe den Rechten näher als den Linken. Die anschließende Probeabstimmung zeigte deutlich den Riss, der durch die Fraktion ging. Erklärten sich zwanzig Abgeordnete bereit, das Misstrauensvotum zu unterstützen, so lehnten es sechs kategorisch ab. Die Abstimmung im Plenum des Reichstages bestätigte das Bild der Zerrissenheit: Frank Glatzel, Wilhelm Kahl, Wilhelm Kalle, Siegfried von Kardorff und Otto Thiel stimmten gegen die Misstrauensanträge, Paul Moldenhauer und Rudolf Schneider blieben, obwohl sie im Reichstagsgebäude waren, der Abstimmung fern, Walter Dauch war beurlaubt, Julius Curtius ebenfalls nicht anwesend. Die übrigen 21 Mitglieder der Fraktion stimmten für das Misstrauensvotum, welches jedoch im Ergebnis 295 zu 270 Stimmen bei drei Enthaltungen abgelehnt wurde.[843]
Das geteilte Abstimmungsverhalten stieß auf scharfe Kritik bei den regionalen Parteiorganisationen. Gefordert wurden Reaktionen der Partei gegen die Abweichler, die von *„schärfsten Sanktionen"*,[844] bis zum Parteiausschluss reichten.[845] Von Gilsa schrieb dazu:

*„Die Reinigung in der Partei muß so durchgeführt werden, daß der von Ihnen gewählte neue Kurs von allen in unserer Partei an politisch verantwortlicher Stelle Stehenden anerkannt und innegehalten wird."*

Diese Kritik am Abstimmungsverhalten teilten nicht alle DVP-Mitglieder. So teilte Otto Thiel dem Parteivorsitzenden am Tage danach mit, dass von Eynem, Wilhelm Kahl und Graf Dohna die Gründung eines Deutschen Nationalvereins als demokratischem und liberalem Gegenstück zur DVP planten, um Entwicklungen zu vermeiden, die *„nicht im Sinne unseres unvergesslichen Stresemann"* lägen.[846]

---

841 BAK R 45 II / 67, S. 345.
842 BAK R 45 II / 67, S. 345.
843 Stenographische Berichte des Reichstags, Band 446, S. 2239.
844 Telegramme der Ortsgruppen Stuttgart und Darmstadt vom 17. und 24.10 1931; BAK NL Dingeldey 53, S. 93 f.
845 Schreiben v. Gilsas an Dingeldey vom 3. November 1931, BAK NL Dingeldey 69, S. 67.
846 Ludwig Richter, Die Deutsche Volkspartei, Düsseldorf 2002, S. 728.

Dass ein Austritt Kahls aus der DVP hingegen für ihn nicht in Frage kam, zeigte sein Schreiben an den Grafen zu Dohna. Darin versicherte er zwar seine Sympathien mit dem angestrebten Vorhaben, sagte jedoch auch, er wolle sich von der Bewegung fernhalten, deren Weg sich vielleicht einmal von der Partei trennen könne. Er wolle sein Lebenswerk, die Strafrechtsreform, nicht gefährden.[847] Graf zu Dohna entschied sich dann auch seinerseits aus Rücksicht auf Kahl die Partei nicht zu verlassen, obwohl er dieser keine Zukunft mehr zutraute.
Dass Dingeldey trotz der harschen Kritik, die nach der Abstimmung bei ihm eintraf nicht daran dachte, Kahl und andere wie gefordert aus der Fraktion auszuschließen, zeigte seine Antwort auf einen Brief v. Gilsas:[848]

*„Ich wehre mich mit allem Nachdruck dagegen, daß aus Anlaß der Abstimmung vom 16. Oktober 1931 noch nachträglich irgendwelche Maßnahmen oder Beschlüsse der Fraktion oder der Partei in Frage kommen. Ich habe aus sehr wohl erwogenen Gründen von einem Fraktions- oder Gesinnungszwang gegenüber den Fraktionsfreunden, die anderer Auffassung waren als ich, Abstand genommen. Daraus folgt, daß ich auch selbstverständlich mich dagegen wehre, daß nunmehr Folgerungen gezogen werden, als ob ein solcher Zwang stattgefunden hätte."*

Dass sich damit der Streit in der DVP nicht gelegt hatte, zeigte der von der DVP eingebrachte Misstrauensantrag gegen Brüning vom Februar 1932. Dingeldey wollte so das Profil der Partei stärken, stieß jedoch erneut auf den Widerstand der Gruppe um Kahl, v. Kardorff, Curtius und Schneider.[849] Wegen des enormen Drucks aus dem Wahlkreis Westfalen-Süd entschloss sich Dingeldey schließlich dazu, Anwesenheitszwang bei der Abstimmung zu verhängen. Trotz dieses in der DVP noch nie da gewesenen Drucks erschienen v. Kardorff und Curtius am 26. Februar 1932 nicht zur Abstimmung im Reichstag. Dauch, Glatzel, Hugo, Schnee, Schneider, Scholz und Thiel waren beurlaubt oder fehlten wie Kahl wegen Krankheit.[850] Curtius und v. Kardorff wurden daraufhin aus der Fraktion ausgeschlossen.[851] Das Misstrauensvotum scheiterte mit 288 gegen 264 Stimmen.
Im Gegensatz zu den Anfangsjahren seiner politischen Laufbahn unterstützte Kahl nun, selbst gegen die stärksten Widerstände in Partei und Fraktion, die Regierung. Dies tat er selbst dann, wenn, wie in Preußen, die SPD an dieser beteiligt war. Dies geschah aus der Erkenntnis, dass schlimmeres auf Deutschland bei einem weiteren Stimmenzuwachs der Nationalsozialisten zukommen werde.
Seine Gegnerschaft zu den Nationalsozialisten hatte Kahl bereits ein Jahr zuvor in der Sitzung des Reichsausschusses vom 2.11.1930 begründet. Dort hatte er einen Artikel in der „Berliner Stimme" kritisiert, in der die *„herrliche Haltung*

---

[847] BAL DVP 22, S. 3 ff.
[848] BAK NL Dingeldey 69, S. 78.
[849] BAK R 45 II / 67, S. 363 ff.
[850] Stenographische Berichte des Reichstags, Band 446, S. 2462.
[851] BAK R 45 II 67, S. 371.

*der Nationalsozialisten im Reichstag im Vergleich zu den Kommunisten*" gelobt worden war. Die 107 nationalsozialistischen Reichstagsabgeordneten waren aus Protest gegen das Uniformverbot der preußischen Regierung zur konstituierenden Sitzung des Reichstags am 13.10.1930 in der braunen SA-Uniform erschienen. Zudem störten sie die Sitzungen vom 15., 16. und 18.10.1930 durch Trillerpfeifen, Drohungen an die sozialdemokratischen Redner und dauernde Sprechchöre. Dazu führte Kahl aus:[852]

*„Die Berliner Stimmen haben einen Artikel gebracht, der in seinem einen Teil geradezu ein außerordentlicher Lobspruch, aber kein sachlich begründeter, auf die Nationalsozialisten war. (...)*

*Wer den ersten Tag im Reichstag mitgemacht hat, der weiß, daß die Kommunisten sich unendlich anständiger benommen haben als die Nationalsozialisten. Ich sehe hierbei ganz ab von der Komödie der Tracht, in der die Burschen eingezogen sind, und die wahrhaft ekelerregend war für den, der einiges Gefühl für Würde und Bedeutung eines Deutschen Reichstags hat. Die Kommunisten waren zurückhaltend und sind in angenehmer Ziviluniform erschienen. Aber das war nicht die Hauptursache. Die Hauptursache ist die, daß von Anfang an ein Geist des Widerspruchs, ein Geist des kleinlichsten Dreinredens in diesen Kreisen Links von uns sich geltend gemacht hat, bei den Nationalsozialisten, der geradezu unerträglich war. Eine Fülle von solchen frechen Zurufen und Kritiken an den Redner auch da, wo die Redner absolut maßvoll gesprochen haben, hat sich da geltend gemacht, von dem sich derjenige keine Vorstellung macht, der nicht dabei war. Die dabei waren -(...)- haben das als geradezu unerträglich empfunden. Dann die weitere Linie! Was haben wir erleben müssen von Herrn Strasser! Er hat, öffentlich darauf angesprochen daß er sein Ehrenwort gebrochen habe, gesagt: Jawohl, das habe ich gebrochen, das werde ich auch weiter tun, denn ich halte das für ein berechtigtes Mittel des politischen Kampfes. Meine Freunde, neben solchen Leuten muß man sitzen! Das ist einfach, schon von dieser äußeren Seite des Anstandes aus gesehen, eine ganz außerordentliche Differenz. In dieser Art haben die Kommunisten noch niemals sich bloßgestellt wie in diesen Tagen die Nationalsozialisten.*

*(...) Aber auf der anderen Seite muß eine ganz scharfe Grenzlinie gezogen werden zwischen uns und den Nationalsozialisten. Denn sonst hätte es gar keinen Sinn, sonst gehen uns, wenn doch kein Unterschied ohne weiteres zu erkennen ist, unsere jungen Leute fort zu der radikaleren Partei. Das liegt in der Natur der Sache. Das darf unter keinen Umständen eintreten. Es müssen diese Grenzlinien absolut gezogen werden. Die Überhebung der Nationalsozialisten, als ob sie allein die Träger des vaterländischen Gedankens und der großen Ziele der Freiheit wären, ist eine Lächerlichkeit, der müssen wir bei jeder Gelegenheit widersprechen. (...) Aber verkennen wir doch nicht die ganz ungeheure Gefahr, die in dem sozialistischen Programm der Nationalsozialisten gelegen ist. Man liest immer nur das Nationalistische, nicht aber das Sozialistische, und das ist doch bis jetzt schon in den Anträgen der Nationalsozialisten hervorgetreten, daß wir demgegenüber den allerschärfsten Grenzstrich ziehen müssen, der überhaupt möglich ist. Wir unterscheiden uns hier noch mehr von den Nationalsozialisten, als von den Sozialdemokraten. Denn ich halte die Verbindung des Sozialistischen mit dem Nationalen für eine ganz besondere Gefahr. Deshalb lege ich das größte Gewicht darauf, daß diese Differenz zwischen unseren beiden Parteien immer - in der sachlichsten und vornehmsten Weise*

[852] BAK R 45 II 32, S. 707 ff.

*selbstverständlich, aber bei jeder Gelegenheit mit absoluter Schärfe - nicht nur an den Reichstag denke ich -, auch im Lande bei jeder Gelegenheit festgelegt wird. Denn sonst kann eine Vermischung und eine Verwirrung eintreten. Wir stehen hier den allergrößten politischen und nicht zuletzt wahlpolitischen Gefahren gegenüber. (...) Wir sind nicht eine mit den Nationalsozialisten koalierte bürgerliche Partei. Das lehne ich unter allen Umständen ab. Wir sind eine ausgesprochen bürgerliche Gegenpartei gegen die Nationalsozialisten, und dies hier anzusprechen, (...) ist mir einfach eine Gewissenspflicht gewesen."*

Dass diese Haltung auf Gegenseitigkeit beruhte, zeigte ein Schreiben von Schäfer an den Oberbürgermeister von Düsseldorf, Dr. Dr. Lehr, vom 4. März 1933:[853]

*„Ich darf schließlich darauf hinweisen, daß gestern Abend in Hilden unsere Versammlung, in welcher Dr. Böhm sprechen sollte, von den Nationalsozialisten gesprengt wurde, angeblich wegen einer Beleidigung der Reichsregierung in einem Flugblatt. In einem solchen Fall ging man früher gegen den Verfasser des Flugblattes vor. Heute sprengt man mit solchen Angaben von Parteiseite her die Versammlungen.*

*Dabei beschimpft man uns in der unglaublichsten Weise, zieht die Person Stresemanns und des greisen verehrungswürdigen Kahl in einer Weise in den Kot, daß sich anständige Menschen mit Entsetzen abwenden müssen."*

Vor allem durch das Abstimmungsverhalten für Brüning hatte Kahl den Hass der Nationalsozialisten auf sich gezogen.

Laut einer Anweisung Otto Wageners und Konstantin Hierls aus dem Jahre 1931 sei die DVP in Zukunft einem verstärkten Druck auszusetzen:[854]

*„Leute wie Kardorff, Kahl, Kalle, also alle, die bei der Reichstagsabstimmung entgegen dem Mehrheitsbeschluß der Deutschen Volkspartei für Brüning eingetreten sind, müssen (...) rücksichtslos angegriffen und an den Pranger gestellt werden."*

Ein nach dem Zweiten Weltkrieg verfasster Nachruf bestätigt dies:[855]

*"Kahls gewinnende Persönlichkeit, seine hilfsbereite Güte, sein überlegener Humor, seine wahrhaft liberale Fähigkeit des Verstehens auch der gegnerischen Meinung hat ihm überall die Herzen der Menschen erschlossen. Feinde hatte er nicht. Nur einer hat es fertig gebracht, ihm wenige Wochen vor seinem Tode im Wandelgang des Reichstages eine freche Beleidigung ins Gesicht zu schleudern: Josef Goebbels. Hier dokumentierte die "neue Zeit" ihre Ehrfurchtlosigkeit vor dem Ehrwürdigen, ihre sittliche Verderbtheit, ihren Zynismus. Es ist Kahl erspart geblieben, den Ausbruch dieser "neuen Zeit" zu erleben."*

---

[853] BAK NL Dingeldey 113, 21.
[854] Gerhard Schulz, Aufstieg des Nationalsozialismus, Krise und Revolution in Deutschland, Frankfurt, Berlin, Wien 1975, Seite 633.
[855] Eberhard Schmidt, Süddeutsche Juristenzeitung, 1949, S. 444.

### e. Rede zur Reichsgründungsfeier im Reichstag am 18. Januar 1931[856]

Bei einer Ministerbesprechung am 17. Dezember 1930 wurde der Vorschlag des Reichsinnenministers Joseph Wirth (Zentrum) von Reichskanzler Brüning (Zentrum) aufgegriffen, Kahl als Redner für den Festakt zu gewinnen. Es müsse auf jeden Fall vermieden werden, dass die Feier zu einer monarchischen Kundgebung ausarte. Vielmehr müsse sie den Charakter einer Erinnerung an die Einigung des Deutschen Reiches tragen. Aus diesem Grunde halte er auch den Vorschlag des Geheimrats Kahl als Redner für besonders glücklich.[857] Zu Beginn seiner Rede am 18. Januar 1931 erinnerte Kahl an die Geschehnisse vom 18. Januar 1871 im Spiegelsaal von Versailles. Endlich sei erreicht worden, wovon Generationen geträumt hätten: ein Deutsches Reich. Jeder sei in dieser Stunde davon ausgegangen, das Deutsche Reich werde in dieser Form ewig bestehen:

*„Einen Narren hätten wir gescholten, der uns hätte weissagen wollen: 47 Jahre, 10 Monate, 8 Tage! So ist es aber gekommen. Ein Weltbeben hat die europäische Staatenordnung erschüttert. Das Deutsche Reich hat es an den Abgrund gerissen. Es hat ihm seine Grenzen eingedrückt. Aus der Quelle einer Lüge hat es ihm unerträgliche Lasten auferzwungen. Nach außen sind wir im täglichen Kampf um Recht und Gerechtigkeit gestellt, nach innen in wirtschaftlicher, kultureller und viel anderer Not. Das staatlich-politische Leben ist tausendfach kompliziert und der Streit unter den Deutschen oft bis zur Siedehitze gestiegen."*[858]

Aus diesem Grunde stelle sich die Frage, ob man überhaupt Anlass zu einer Reichsgründungsfeier habe. Sie könne nur mit ja beantwortet werden. Es solle aber keine Jubelfeier werden, sondern eine solche tiefen Ernstes und heiliger Entschlüsse. Nicht Erinnerung allein könne der Sinn dieser Feier sein. Willenserneuerung, vaterländische Entschlüsse im Geiste der Geschichte müssten in deren Mittelpunkt stehen:

*„Vieles ist uns genommen, das Reich ist geblieben. Feier der Reichsgründung kann keinen anderen Sinn haben, als das Gelöbnis der Reichserhaltung, die Losung „Haltet das Reich". Reichserhaltung die Lebensfrage des Deutschtums überhaupt. Alle Werte unseres staatlichen und nationalen Lebens sind im Reiche geborgen, Recht, Religion, Wirtschaft, Kunst, Wissenschaft, der unermeßliche Reichtum einer großen, geschichtlichen Vergangenheit. Das Reich, der einzige Hort und Bürge auch unserer Freiheit."*[859]

Gefährdet sei diese Freiheit vor allem durch die Zerklüftung des Parteiwesens sowie den Kampf gegen den Staat. Parteien seien zwar unvermeidlich, ja sogar notwendig, da sie der Ausdruck des geistigen Reichtums eines zum politischen

---

[856] Wilhelm Kahl, Staat und Volk, Rede bei der Reichsgründungsfeier der Reichsregierung im Reichstag am 18. Januar 1931, Berlin 1931.

[857] Karl Dietrich Erdmann (Hrsg.) Akten der Reichskanzlei, Kab. Brüning, Band I, Boppart am Rhein 1968 – 1973, Akte Nr. 203.

[858] Karl Dietrich Erdmann (Hrsg.) Akten der Reichskanzlei, Kab. Brüning, Band I, Boppart am Rhein 1968 – 1973, S. 4-5.

[859] Karl Dietrich Erdmann (Hrsg.) Akten der Reichskanzlei, Kab. Brüning, Band I, Boppart am Rhein 1968 – 1973, S. 9.

Selbstbewusstsein erwachten Volkes seien. Zu rügen sei jedoch die unwürdige Entartung ihres Streits:

*„Selbst die Vielheit von Parteien ist zu tragen. Zwar birgt sie in sich die Gefahr reiner Interessenverbände. Aber dem Drang nach selbständiger Darstellung politischer Weltanschauungen ist keine Schranke zu setzen. Woran es fehlt, ist ein anderes. Es fehlt an der inneren Verbundenheit der Parteien untereinander, im letzten Zweck und höchsten Ziel, nur und nichts anderes zu sein, als Gliederungen für den Dienst an Staat, Volk, und Vaterland."*[860]

Eine weitere Sorge sei der Parteikampf, der Volkskampf gegen diesen Staat:

*„Grundsätzlicher Kampf gegen diesen Staat, will sagen gegen sein oberstes Grundgesetz, seine Verfassung kann, darf niemals Volksparole sein. Nicht zu reden natürlich vom Wahnsinn oder Verbrechen gewaltsamen Umsturzes. Nicht zu reden von der selbstverständlichen Freiheit und Pflicht der organischen Fortentwicklung, der Verbesserung und Vervollkommnung, einer jeden durch politische Einsicht, Erfahrung oder Not gebotene Verfassungsreform. (...) In die neue Zeit sich gefunden zu haben oder zu finden, war und ist für Millionen Deutscher Sache schwersten rechtlichen und sittlichen Konflikts. Ich rechne mich selber dazu und fordere Verstehen für alle. Aber der Konflikt muß gelöst werden, soll die Einheit von Volk und Staat bestehen. Verfassung ist der feste Sammelpunkt eines Volkes um seinen Staat."*[861]

Schaffen könne man dies nur, wenn jeder die Einsicht habe, dass aus tausend inneren und äußeren Notwendigkeiten Rettung nur auf dem tatsächlich bestehenden, festen Rechtsboden möglich sei, dass um dieses höchsten Zieles willen die schwersten Opfer eigener Ideale zu bringen seien. Das schlechthin Notwendige sei der Staat, nicht seine Form, sondern seine Einheit mit dem Volk. Dieses aber brauche mehr Geduld, mehr Vertrauen, sowie mehr Dankbarkeit. Man müsse sich auf das besinnen, was man alles in der Zeit seit dem Friedensschluss bereits geleistet habe, müsse der Geschichte jedoch noch Zeit geben:

*„Kampf also in aller Welt gegen die Lüge, die Quelle allen Übels, Kampf gegen aufgezwungene Verträge und Lasten, Kampf um die geschändeten Grenzen, um unsere Deutschen draußen, um unsere Wehrhaftigkeit, um noch vieles andere. Jeder Einsichtige und Ehrliche aber weiß, daß Kräfte und Mittel zur Durchsetzung dieser Ansprüche gebunden sind. Das ist nicht Bekenntnis der Schwäche, sondern Bekenntnis zur Wahrheit. Mit Krieg können wir das Reich nicht wiederherstellen und nicht erhalten. Ja, zwänge man uns zum heiligen Verteidigungskampf, so wären wir zur Stelle bis zum letzten Mann. In jedem anderen Fall sind wir gebunden an Normen und Formen des Völkerrechts. Sein Schrittmaß kennen wir nicht, sein gewollter Bruch aber wäre der Untergang."*[862]

Anders als 1919 in der Nationalversammlung erkannte Kahl nun die Notwendigkeit des Völkerrechts an. Hatte er damals gesagt, der Völkerbund sei ledig-

---

[860] Karl Dietrich Erdmann (Hrsg.) Akten der Reichskanzlei, Kab. Brüning, Band I, Boppart am Rhein 1968 – 1973, S. 10.

[861] Karl Dietrich Erdmann (Hrsg.) Akten der Reichskanzlei, Kab. Brüning, Band I, Boppart am Rhein 1968 – 1973, S. 11.

[862] Karl Dietrich Erdmann (Hrsg.) Akten der Reichskanzlei, Kab. Brüning, Band I, Boppart am Rhein 1968 – 1973, S. 13.

lich erfunden worden, um die Knechtung des Deutschen Reiches zu bewirken, so sah er dies 1931 nun anders:

*„Der Gedanke einer gleichberechtigten Mitgliedschaft ist von vornherein grundsätzlich ausgeschlossen. Den 32 ursprünglichen und 13 zum Beitritt aufzufordernden Mitgliedern steht Deutschland, falls es durch sein Wohlverhalten jemals die Aufnahme erreichen wird, von Anfang an als das gezüchtigte und gedemütigte Mitglied gegenüber."*[863]

## III. Ehrungen

Kahl hatte bereits im Jahre 1895 die Ehrendoktorwürde der theologischen Fakultät der Universität Bonn erhalten. 1910 war jene der medizinischen Fakultät der Universität Erlangen gefolgt.[864] 1919 wurde ihm die Ehrendoktorwürde der philosophischen Fakultät der Universität Bonn verliehen,[865] 1921, anlässlich seiner Emeritierung ernannte ihn die staatswissenschaftliche Fakultät der Universität Berlin zu ihrem ersten Ehrendoktor,[866] schließlich kam 1929 noch die Ehrendoktorwürde der gesamten Universität zu Wien hinzu.[867] Alle Auszeichnungen verdankte er seinem wissenschaftlichen Werk. Keine wurde ihm wegen seiner politischen Arbeit verliehen.

Mit Erlass vom 12. Januar 1914 verlieh Kaiser Wilhelm II. Kahl den Roten Adlerorden II. Klasse mit königlicher Krone[868] und 1908 den königlichen Kromorden dritter Klasse.[869]

Hinzu kamen wissenschaftliche Festschriften. 1923, anlässlich seines goldenen Doktorjubiläums eine Festgabe der Berliner Juristischen Fakultät.[870] Aus demselben Anlass ehrten ihn Triepel, Goldschmidt, Sehling und Rießer in der Deutschen Juristenzeitung vom 01.04.1923 mit vier Beiträgen, die Kahls Wirken als Staatsrechtsgelehrter, Strafrechtler, Kirchenrechtler und Parlamentarier betrafen.[871] Den Schlussbeitrag dazu lieferte Liebmann, der Herausgeber der Deutschen Juristenzeitung.[872] Dessen Beitrag schilderte den „Menschen Wilhelm Kahl", und schloss mit den Worten:

*„An der Wiedergeburt des heißgeliebten Vaterlandes hat Wilhelm Kahl selbst so viel ureigensten Anteil, daß ihm die deutsche Rechtsgeschichte wie das deutsche Verfassungsrecht, die*

---

[863] Stenographische Berichte der Nationalversammlung, Band 327, S. 1130

[864] DJZ 1910, Sp. 812.

[865] DJZ 1919, Sp. 732.

[866] DJZ 1921, Sp. 356.

[867] Kahl bekam die Ehrendoktorwürde der Universität Wien bei den Feiern zu seinem 80. Geburtstag verliehen.

[868] Archiv der Humboldt-Universität zu Berlin, UK Kahl 15, Blatt 7.

[869] Archiv der Humboldt-Universität zu Berlin, UK Kahl 15, Blatt 5.

[870] Festgabe der Berliner Juristischen Fakultät für Wilhelm Kahl zum Doktorjubiläum am 19. April 1923, Tübingen 1923.

[871] DJZ 1923, Sp. 185 ff.

[872] DJZ 1923, Sp. 190-192.

*deutsche Geisteswelt wie die deutsche Kultur, daß ihm das ganze Deutschland zu ewigem Danke verbunden bleiben wird.“*

Zu seinem 80. Geburtstag wurde ihm die höchste Ehrung der Republik, der Adlerschild des Deutschen Reiches verliehen.[873] Die DJZ berichtete:[874]

*„Der Kahltag, wie der 17. Juni 1929 ohne Übertreibung genannt werden kann, gestaltete sich zu einer imposanten Huldigung zum 80. Geburtstag für Wilhelm Kahl, wie eine solche kaum je einem Juristen zuteil geworden ist. Bei der Fülle von Huldigungen müssen wir uns auf eine kurze Zusammenfassung beschränken. Im Namen des Reichspräsidenten überbrachten der Reichsjustizminister von Gerard und der Reichsinnenminister Severing eine Fotographie mit Unterschrift des Herrn Reichspräsidenten neben einem Anschreiben und dem Adlerschild des Reiches mit der Widmung: „Dem Hüter und Gestalter des Rechts“.*

*Nicht weniger als 21 Deputationen begrüßten Kahl bei dem Empfange: die höchsten evangelischen Kirchenbehörden, die ständige Deputation des Deutschen Juristentages (...), der Vorstand der Deutschen Anwaltskammer, (...), IKV(...), die medizinischen Gesellschaften, der Berliner Wingolf, die Herausgeber unser DJZ, mit der vom Reichsjustizminister a.D. Schiffer meisterhaft abgefassten Glückwunschadresse, die an der Spitze des Kahl-Heftes der DJZ. abgedruckt worden ist. Es folgten der Dekan der juristischen Fakultät der Universität Bonn (...), der Rektor der Universität Rostock (...), die juristische Fakultät der Universität Berlin (...), die Universität Wien, in deren Namen der Rektor Prof. Dr. Innitzer und der Dekan der juristischen Fakultät Prof. Graf Gleispach ihm das Ehrendoktordiplom der Universität Wien überreichten, eine außergewöhnliche Auszeichnung, die einstimmig von der gesamten Wiener*

---

[873] Kurt-G. Klietmann, Staatlich-Zivile Auszeichnungen, Weimarer Republik und Drittes Reich, Stuttgart 1990, S. 24. Durch Art. 109 der Reichsverfassung war vorgeschrieben: “Orden und Ehrenzeichen dürfen vom Staate nicht verliehen werden. Kein Deutscher darf von einer ausländischen Regierung Titel oder Orden annehmen.“ Nachdem jedoch bereits zu Beginn der 20er Jahre die Nachfrage nach akademischen Titeln, sowie das Angebot an fragwürdigen in- und ausländischen Adelstiteln zugenommen hatte, wurde der Mangel des Art. 109 offensichtlich. Die Möglichkeit Orden zu verleihen, musste wieder geschaffen werden, um innen- und außenpolitischen Belangen gerecht zu werden. Hier bot sich die Möglichkeit an, durch eine nichttragbare künstlerisch gestaltete Medaille, den Adlerschild des Deutschen Reiches, besondere Verdienste zu ehren.
Der Adlerschild des Deutschen Reiches war eine 15 cm große bronzene Gussmedaille, montiert auf einem Bronzesockel, vorderseitig mit dem Reichsadler und rückseitig mit einer Zweckinschrift versehen. Die Inschrift wurde auf die geehrten Persönlichkeiten individuell zugeschnitten. Der Adlerschild war die höchste, nicht tragbare Auszeichnung der Weimarer Republik. Diese Ehrengabe verlieh der Reichspräsident mit einem Handschreiben an verdienstvolle Persönlichkeiten auf dem Gebiet der Kunst-, Kultur-, Geistes- und Naturwissenschaften, aber auch der Wirtschaft, die in der Regel das 70. oder 75 Lebensjahr erreicht hatten.
Der Adlerschild war in der Weimarer Republik insgesamt 19-mal vergeben worden. Vorschlagsrecht an das über die Vergabe zu entscheidende Innenministerium hatte Reichskunstwart Redslob; die Auszeichnung und Anfertigung der einzelnen Medaillen wurde in seinem Büro im Auftrage des Reichspräsidenten vorbereitet. (Hans Hattenhauer, Deutsche Nationalsymbole, S. 218 ff, Kurt-G. Klietmann, Staatlich-Zivile Auszeichnungen, S. 24 ff.).

[874] DJZ 1929, Sp. 899-901.

*Universität dem Jubilar zuteil geworden ist. Der Parteivorstand und die Fraktion der Deutschen Volkspartei, das Rote Kreuz, der Magistrat Wilmersdorf (Stadtrat Dr. Spanier, der dem Jubilar verkündete, dass demnächst eine Straße in Wilmersdorf den Namen „Wilhelm-Kahl-Straße" tragen soll)*[875] *folgten.*

*Zum Schluss dieser eindrucksvollen Feier überreichte der Arbeitsausschuß der „Kahl-Spende" (Reichsminister Dr. Scholz, Reichsjustizminister a.D. Koch-Weser, Professor Stutz, MdR Dr. Wunderlich, und Dr. Liebmann) Kahl als einstweiliges Ergebnis der Kahl-Spende den stattlichen Betrag von rund 22.000 Mark (...) und eine Plakette des Jubilars. Die Stadt Kleinheubach, die Geburtsstätte Kahls, ernannte Kahl zu ihrem Ehrenbürger.*

*Im Reichstag wurde Kahl durch eine besonders herzliche Rede des Reichstagspräsidenten Löbe gefeiert unter einem im Reichstag wohl noch nie gehörten Jubel aller Parteien.*[876] *(...) Die Ehrungen, die ihm zuteil wurden, waren ganz außergewöhnlich, aber eines Wilhelm Kahl würdig. Der deutsche Juristenstand darf sich rühmen, einen Mann wie ihn zu besitzen."*

Auch von seinen politischen Gegner wurde Kahl zu seinem 80. Geburtstag geehrt. Gustav Radbruch (SPD) schrieb im „Abend" der Spätausgabe des „Vorwärts" zu Kahls 80. Geburtstag:[877]

*„Aber der Platz im deutschen Volke, den er heute einnimmt, gewann Kahl erst, als er nach der Revolution in die Verfassungsgebende Nationalversammlung eintrat. Er hat gegen dieselbe Verfassung, für die er im Verfassungsausschuß wertvolle Arbeit geleistet hatte, in der Vollversammlung mit seiner Partei seine Stimme abgeben müssen. Aber nach guter Juristenart, hat er sich für dieselbe Verfassung, die er bei ihrem Entstehen verworfen hatte, als sie Gesetz geworden war, mit der vollen Kraft seines Wesens eingesetzt. Wenige haben für das Ansehen der Weimarer Verfassung, bei denen der ihr ursprünglich ablehnend gegenüberstanden, soviel geleistet wie er. (...) Als Mann des Rechts hat er den Weg zur Verfassung gefunden."*

Auch die in Wien erscheinende „Zeitschrift für soziales Recht" widmete Kahl einen Artikel:[878]

*„Kaum je ist einem politischen Führer eine so ungeteilte, alle Parteigrenzen überflutende Verehrung dargebracht worden wie dem achtzigjährigen Wilhelm Kahl. Diese überparteiliche Verehrung hat ihren letzten Grund darin, daß Wilhelm Kahl auch als Politiker ein Mann des Rechts und der Gerechtigkeit, daß er ein Mann des Rechts ist nicht nur dem Berufe, sondern dem Herzen nach.*

---

875 Am 09.08.1929 wurde aus Anlass von Kahls 80. Geburtstags die „Straße 38" in Berlin Wilmersdorf in „Kahlstraße" umbenannt. Bis heute behielt sie diesen Namen. (Kahlstraße, 10713 Berlin-Wilmersdorf).

876 Präsident Löbe sagte u.a.: (...) Hochverehrter Herr Geheimrat! Erlauben Sie mir Ihnen an Ihrem Ehrentage zu versichern, daß der Reichstag stolz ist, Sie unter seinen Mitgliedern zu finden, daß er glücklich ist, Sie in dieser Rüstigkeit und Frische stets mit an unserem Werke zu sehen, daß er Ihnen dankbar ist für die Hoheit und Würde, die Sie unseren Beratungen oft zu geben vermochten, und daß er einig ist mit dem Wunsche, Sie noch lange mit uns an der Arbeit zu sehen.(...) (Stenographische Berichte des Reichstags, Band 425, S. 2567).

877 Der Abend, Spätausgabe des Vorwärts vom 15.06.1929.

878 Zeitschrift für soziales Recht, 1. Jg. 1929, S. 264.

## D. Nachrufe

Nachdem Kahl in der ersten Nachmittagsstunde des 14. Mai 1932 verstorben war, erschienen noch am selben Tage Berichte in Berliner und überregionalen Tageszeitungen. Das Berliner Tageblatt berichtete:[879]

*"Der Alterspräsident des Reichstags, Geheimrat Wilhelm Kahl, der hochverehrte Rechtslehrer der Berliner Universität, ist heute im 83. Lebensjahre, in der ersten Nachmittagsstunde gestorben. Er hatte, seit einigen Tagen an einer schweren Brustfellentzündung erkrankt, den Vormittag meist bewußtlos gelegen und war nur vorübergehend auf wenige Augenblicke zum Bewußtsein erwacht.*

*In großer Betrübnis stehen wir am Sterbebett Wilhelm Kahls. Betrauern wir Juristen den Senior unseres Standes, der Reichstag sein ältestes Mitglied, die akademische Welt einen hochverdienten Lehrer und Forscher, so ist damit wenig gesagt - die Nation hat ihren Besten verloren, die deutsche Kultur ist ärmer geworden mit seinem Tod. Wenn ich die vielen Verdienste dieses Mannes betrachte und gegeneinander abwäge, so scheint mit das Wesentliche und Wichtige an seiner Gestalt zu sein die Lebensart und Lebensform, die Kunst im Umgang mit Menschen, die Sicherheit seiner Führung, das innere und äußere Gleichgewicht, die glückliche Verteilung von Ernst und Leichtigkeit in seinem Wesen. Wenn einem das häufig mißbrauchte Eigenschaftswort "ehrwürdig" zukam, so war er es. Aber mit einer bedeutungsvollen Beigabe. Er war nicht langweilig. (...)*

*Viermal wählte ihn der Deutsche Juristentag zum Präsidenten, der Vorsitz in der Strafrechtskommission fiel ihm wie selbstverständlich zu, der Reichspräsident verlieh ihm den Adlerschild des Deutschen Reiches.*

*Seine moralische Autorität war in den letzten Jahren höchstens von Fanatikern der Barbarei bezweifelt, übrigens aber genoß er, erhaben über die Grenzen der Weltanschauung und Politik, unbestrittene Achtung und das allgemeinste Ansehen. Ein Mensch, verdient und glücklich nach Verdienst ist gegangen. (...)*

*Ein Bürger im älteren Sinne, mit dem die peinliche Schärfe des Begriffs Bourgeois nichts zu tun hat, national, ohne die Hysterie des Nationalismus, liberal in der Hochhaltung demokratischer und individueller Rechte, ein Jurist nicht nur dem Wissen und der Technik nach, sondern mit der tiefen Sehnsucht nach der Vermeidung und Wiedergutmachung des Unrechts. (...)*

*Er hätte ein Führer der Nation sein können. Als Herr von Hindenburg noch der Kandidat der Rechten zu sein schien, und man nach einem Gegenkandidaten umherblickte, da wandten sich viele Augen auf den Juristen, der ein angemessener Gegner des Generalfeldmarschalls gewesen wäre. Das wäre ein Wahlkampf geworden, angenehmer und gesünder als der gegen Hitler und Thälmann. (...)*

*Bis zum letzten Atemzug hat der fast Dreiundachtzigjährige gezeigt, daß er jeder Regung seines Geistes Herr war und Entschlüsse mit der schnellsten Schlagkraft fassen konnte. So vorbildlich seine Liebenswürdigkeit zu jedermann war, hat er doch erst vor kurzem auf eine nati-*

[879] Rudolf Olden, Berliner Tageblatt, 14. Mai 1932; Wilhelm Kahl.

*onalsozialistische Rüpelei eine Antwort erteilt, die die Getroffenen sich nicht hinter den Spiegel gesteckt haben. (...)*

*Er war doch ein Mann, der ganz im Vergangenen wurzelte. (...) Aber er verschloß sich keiner Minute dem Neuen. Es bleibt ihm unvergessen, daß er gelobte wenn nötig, die Republik mit seinem Leben zu decken. (...) Er wàr ein Charakter. (...) Er war, der drohenden Barbarei entgegengestellt, ein Beispiel, wie hoch die deutsche Zivilisation entwickelt ist. Wir würden mit leichterer Trauer der Bahre folgen, gäbe es viele seiner Art. Das Arge, das Gefahrvolle, das Erschreckende ist, daß er eine seltene Ausnahme war."*

Die Sozialistischen Monatshefte berichteten in ihrer Juniausgabe des Jahres 1932:[880]

*„Am 14. Mai starb in Berlin Wilhelm Kahl, in seinem 83. Lebensjahr. Mit 27 Jahren war er auf Grund seiner kirchenrechtlichen Arbeit Privatdozent in München, und in wenigen Jahren kam er dann als ordentlicher Professor nach Rostock, Erlangen und Bonn. 1895 wurde er als Nachfolger von Rudolf von Gneifts Lehrer des Öffentlichen Rechts in Berlin. Seine Arbeiten betreffen hauptsächlich Strafrecht, Kirchen- und Staatsrecht; aber auch auf anderen Gebieten des Rechts hat er Ausgezeichnetes geleistet. In der Vorkriegszeit wurde er bekannt, als er im Lippischen Erbfolgestreit für die Partei Ernst Graf von Lippe-Biesterfeld gegen den Schwager des Kaisers antrat. Seit 1919 war er Mitglied der Nationalversammlung, später bis zu seinem Tode Mitglied des Reichstags. Dort war sein ganzes Streben als Vorsitzender des Strafrechtsausschusses darauf gerichtet, die Reform des Strafrechts auf der Grundlage des Regierungsentwurfs zustande zu bringen. Die Entwicklung der parlamentarischen Kräfte und jetzt sein Tod haben ihn dieses Ziel nicht mehr erreichen lassen.*

*Aber man würde der Persönlichkeit Kahls nicht gerecht werden, wollte man sie nur von ihrer juristischen Seite betrachten. Kahl war mehr als ein glänzender Gelehrter, er war eine Vollnatur von seltenem Ausmaß. Die motorische Kraft dieser Natur, die sich in der Größe seines Geistes ebenso offenbarte wie in der Größe seines Herzens, ließ ihn nicht alternd zurückbleiben sondern überall und bis zuletzt mit der Zeit Schritt halten. Diese seine erstaunliche Persönlichkeit, die sich stets voll und uneigennützig für die Sache einsetzte, war es, die die Bewunderung seiner Freunde ebenso wie seiner Gegner hervorrief. Im Zeitalter der Schlagworte und der nichts sagenden, zu nichts verpflichtenden Geste werden solche Persönlichkeiten selten. Und doch muß sich jedes Zeitalter den Persönlichkeitswert solcher Menschen zum Vorbild nehmen."*

In der Deutschen Juristenzeitung schrieb Dr. Wunderlich anlässlich von Kahls Tod:[881]

*"(...) Kahl gehörte zu den wenigen Universitätsprofessoren, die die Not des Vaterlandes nicht an dem Studientisch ließ. Er wurde in den letzten 1,5 Jahrzehnten seines Lebens auch Politiker und hat bis zuletzt dem deutschen Parlament angehört. (...) Im kaiserlichen Deutschland hatte Kahl es immer abgelehnt, in ein Parlament einzutreten. Aber als nach dem traurigen Ende des Weltkriegs alles zusammenzubrechen drohte, da hielt es Kahl nicht länger in der Studierstube, und er trat in einem Alter, da sich andere von dem öffentlichen Leben zurückzu-*

---

[880] Joseph Bloch (Hrsg.), Sozialistische Monatshefte, 38. Jahrgang, 75. Band, 1932 I.

[881] Carl Wunderlich, Wilhelm Kahl, Ein Gedenkwort, Deutsche Juristenzeitung, 37. Jahrgang, Heft 11, Berlin, den 1. Juni 1932.

*ziehen pflegen, mit jugendlicher Frische und ungebrochenem Tatendrang in die politische Arena. (...) Nur wenn gute, hervorragende Redner sprechen, Redner mit besonderer Begabung und tiefen Gedanken, da füllen sich die Plenarsitzungen. Zu diesen Rednern gehörte Wilhelm Kahl. Er hatte stets das Ohr des Hauses. Unterstützt durch ein prachtvolles, tiefes, weittragendes Organ verstand er es vom ersten Worte an, die Hörer zu fesseln. (...) Ihm standen auch alle Register zu Verfügung: Ernst und Humor, Leidenschaft und Witz. (...) Kahl hatte auch im politischen Leben nicht zu viele Gegner gehabt. Sie alle entwaffnete sein offener und gerader Sinn, der mit seiner Meinung nie Zurückhielt. Dennoch ist ihm von vielen Seiten verdacht worden, daß er allzeit zu nachgiebig, zu kompromißfreudig gewesen sei, und namentlich in den letzten Jahren haben viele nicht verstanden, dass er Dinge preisgab, an denen er in früherer Zeit selbst festgehalten hat.“*

Am 19. Mai 1932 sprach Reichsjustizminister Dr. Joel in der Deutschen Welle aus Anlass des Todes von Wilhelm Kahl:[882]

*"Die Worte des Gedenkens, die in diesen Tagen für Wilhelm Kahl gesprochen und geschrieben worden sind, geben das seltene Bild völliger Einigkeit in der Würdigung einer bedeutenden Persönlichkeit des geistigen Deutschland. Die Bewunderung und Verehrung, die dem Entschlafenen jetzt bezeugt wird, ist schon zu seinen Lebzeiten, vor wenigen Jahren noch, in überwältigender Stärke ans Licht getreten. Am 17. Juni 1929 feierten Deutschlands Juristen Kahls 80. Geburtstag, und krönten ein an Erfolgen überreiches Leben mit allen Beweisen der Liebe und Anhänglichkeit, der Verehrung und der Treue. (...) Der Krieg setzte all diesen Arbeiten ein vorläufiges Ende. Es kamen Niederlage und Zusammenbruch; sie trafen den Mann, der als Jüngling den Krieg von 1870 mitgemacht und Glück und Glanz des Kaiserreichs an sich hatte vorbeiziehen sehen, in tiefster Seele. Beugen konnten sie ihn nicht. (...) Unvergeßlich seine Mitarbeit im Verfassungsausschuß, wo er, der Staatsrechtslehrer von hohem Rang, in der Opposition stehend und doch immer zu fachlicher Mitarbeit bereit, dazu half, aus den Trümmern ein neues Haus zu errichten. Unvergeßlich seine von einer heißen Vaterlandsliebe durchglühten Reden im Plenum, vorgetragen mit der Leidenschaftlichkeit eines jungen Herzens, einer Leidenschaft, die seiner 70 Jahre spottete. (...) Aber das alte Wort, niemand ist unersetzlich erweist sich hier als falsch. Kahl wird niemals ersetzt werden! Mögen andere die gleiche Sachlichkeit, das gleiche Wissen, die gleiche Pflichtentreue, die gleiche Aufopferungsfähigkeit mitbringen - das, was Kahls ganzen Zauber ausmachte, das kann uns niemand wiedergeben. Die Persönlichkeit war einzigartig und ist nicht zu ersetzen. Die strahlende Güte seines Wesens, die Freundlichkeit, die nicht gekünzelt war, sondern aus dem Herzen kam - sie werden unvergessen bleiben.Kahl hatte das, was das Wesen einer wahren Persönlichkeit ausmacht: große Gedanken und ein reines Herz!"*

Der Reichspräsident Hindenburg richtete an Frau Kahl ein Telegramm, in dem er schrieb:

*"Die unvergänglichen Verdienste, die sich der Entschlafene in unermüdlich treuer Arbeit für sein Vaterland um die Wahrung und Weiterbildung des deutschen Rechts erworben hat, und seinen hohen menschlichen Eigenschaften sichern ihm das ehrende Andenken des ganzen deutschen Volkes."*[883]

[882] Rundfunkrede des Reichsjustizministers Dr. Joel am 19. Mai 1932 auf der Deutschen Welle, in Wilhelm Kahl zum Gedächtnis, Berlin 1932, S. 11 ff.
[883] abgedruckt in der Vossischen Zeitung vom 15. Mai 1932.

Reichskanzler Brünings Beileidstelegramm lautete:

*"Ein großer Kreis von Verehrern und Freunden steht trauernd an seiner Bahre. Er neigt vor dem Hüter und Gestalter des Rechts, wie der Reichspräsident ihn anläßlich des 80. Geburtstags nannte, in Ehrfurcht das Haupt und wird sein Andenken allezeit in hohen Ehren halten."*[884]

An die Fraktion der Deutschen Volkspartei richtete der Präsident des Reichstags, Löbe (SPD), das folgende Schreiben:

*"Zu dem schweren Verluste, der Ihre Fraktion durch den Tod des von uns allen hochverehrten Herrn Geheimrat Kahl getroffen hat, spreche ich Ihnen meine herzliche Teilnahme aus. Mit Herrn Dr. Kahl hat der Deutsche Reichstag einen seiner Besten verloren, ein Vorbild an Pflichttreue und Verantwortlichkeit. Der Präsident und das ganze Haus werden seine Wirksamkeit in den Ausschüssen, wie im Plenum des Reichstags nie vergessen."*[885]

Die Reichstagsfraktion der DVP erreichte am 17. Mai 1932 ein Beileidstelegramm des Reichsinnenministers Wilhelm Groener (parteilos):

*"Der Reichstagsfraktion spreche ich zu dem schweren Verlust, der sie durch den Heimgang ihres führenden Mitglieds, Geheimrat Kahl getroffen hat, aufrichtiges Beileid aus. Auch für die Arbeit des Reichstags bedeutet dieser Verlust eine große Lücke."*[886]

An die DVP richtete Kaas von der Zentrumspartei folgende Worte:

*"Zum Hinscheiden des Geheimrats Kahl spreche ich im Namen der Deutschen Zentrumspartei aufrichtiges Beileid aus. Ein ritterlicher Kämpfer für Recht und Freiheit, ein lauterer Diener an Staat und Volk. Ein weiser und gütiger Mensch ist mit ihm dahingegangen. An seiner Bahre trauern alle, die über die Parteischranken hinweg wahre Werte und Verdienste anerkennen."*[887]

Auch Dr. Bell sprach im Namen der Zentrumsfraktion des Deutschen Reichstags sein Beileid aus:

*"Namens der Zentrumsfraktion des Deutschen Reichstags spreche ich der Fraktion der Deutschen Volkspartei zum Ableben ihres hochverdienten Mitglieds, des Herrn Geheimtat Kahl, unser innigstes Beileid aus. Wir werden dem auch von uns stets hochverehrten Herrn Geheimrat Kahl, dem treuen Vorkämpfer für Recht und deutsches Volkstum, ein ehrendes Andenken bewahren."*[888]

---

[884] abgedruckt in der Vossischen Zeitung vom 15. Mai 1932.
[885] BAK, NL Dingeldey, 74, S.19.
[886] BAK, NL Dingeldey, 74, S. 16.
[887] BAK, Nachlass Dingeldey, 74, S. 15.
[888] BAK, Nachlass Dingeldey, 74, S. 17.

## E. Nachwort

In einer Rede im Auditorium Maximum der Universität zu Berlin am 6. Juli 1926 hatte Stresemann erklärt:

*„Mir steht unter den Männern des Reichstags und Ihnen wohl auch in der Berliner Universität ein Name sehr hoch, gerade weil ich in dem Träger dieses Namens, in seiner Persönlichkeit eine Versinnbildlichung deutschen Idealismus sehe, das ist der alte und ehrwürdige Professor Kahl. Er hat einst davon gesprochen in der Nationalversammlung in Weimar, wie es ihn berühren müsse, diese Monarchie zu Grabe zu tragen, ihn, der den 18. Januar 1871 im Spiegelsaal von Versailles noch erlebt habe. Und der selbe Mann hat mit vollem Recht und ohne daß ein Widerspruch darin liegt davon gesprochen, dass er heute die Republik mit seinem Leibe verteidigen würde, weil er der Meinung sei, daß ein Angriff auf die Republik der Untergang der Einheit des Deutschen Reiches sein würde."*[889]

Stresemann, ein Freund Kahls, brachte damit die Entwicklung des Menschen Wilhelm Kahl zur Sprache.

War er noch 1919 der Weimarer Republik und der Revolution mit tiefer Ablehnung entgegen getreten, so änderte sich seine Auffassung zur republikanischen Staatsform im Laufe der Jahre. Auch wenn bei ihm von Liebe zur Republik nicht gesprochen werden kann, so schaffte er es doch, diese als dauerhafte Staatsform zu akzeptieren, in der Einsicht, dass der Erhalt des Staates untrennbar vom Bestand der Republik zusammenhänge. So sagte er anlässlich seines 80. Geburtstages im Reichstag:[890]

*„Ich lebe und sterbe für die Hoffnung, daß es einem Deutschen Reichstag, daß es der Vertretung des Deutschen Volkes dereinst beschieden sein wird, das deutsche Volk wieder auf die Höhen des Glücks zu bringen, auf der wir dann mit größter Zuversicht als heute sagen können: „Blüh im Glanze dieses Glückes, blühe deutsches Vaterland!"*

Seine Fähigkeit, sich auf verändernde Verhältnisse einstellen zu können und sein Ziel der Einheit des Vaterlandes zu dienen, hatte er im Jahre 1915 bekannt,

*„(...) kann man freilich heute noch nicht sicher wissen, welche Stellung man zu einer Einzelfrage in einem halben oder ganzen Jahre einnehmen werde, und man darf umgekehrt sich nicht behindert fühlen, in einer Frage eine andere Stellung zu wählen, als man sie noch vor einem Jahre genommen hat. Man muß sich überwinden, ehrlich die neue Zeit zu begreifen, und darf beruhigt sein in seinem politischen Gewissen, sich so entschieden zu haben, wie es künftig allein der Einheit des Vaterlandes dient."*[891]

Klaus Achenbach kennzeichnete Kahl als Nationalen, der – wenn auch ungewollt – vor allem durch seine im Ersten Weltkrieg und zu Beginn der Weimarer Zeit gehaltenen Reden dazu beigetragen habe, den Boden zu bereiten, auf dem

---

889 Henry Bernhard, Wolfgang Goetz, Paul Wiegler (Hrsg.), Gustav Stresemann Vermächtnis, Der Nachlass in drei Bänden, Band II, Berlin 1932, S. 344.

890 Stenographische Berichte des Reichstags, Band 425, S. 2568.

891 Wilhelm Kahl, Eröffnungsansprache des Vorsitzenden, in Freie vaterländische Vereinigung, Berlin 1915, S. 44.

sich später der Nationalsozialismus habe entfalten können. Insofern sei das zeitgenössische Urteil über Kahl eher unzutreffend.[892] Zwar kann nicht außer acht gelassen werden, dass vor allem Kahl durch seine Reden in der Nationalversammlung und im Reichstag dazu beitrug, dass der Weimarer Verfassung nicht die Unterstützung zuteil wurde, die sie in den Anfangsjahren der Republik zur Annahme im Volk benötigt hätte. Dabei übersieht Achenbach aber, dass es in der DVP insbesondere Kahl war, der bereits früh die Gefahr des Nationalsozialismus erkannt hatte und der den fortschreitenden Wahlerfolgen der NSDAP nicht nur Worte entgegensetzte, sondern durch den Versuch der Einigung des liberalen Bürgertums dem Nationalsozialismus frühzeitig ein beachtliches Gegengewicht hat entgegensetzen wollen. Dies tat er als Patriot, der erkannt hatte, dass ein Sieg des Nationalsozialismus das Ende des von ihm geliebten Deutschen Reiches bedeuten würde.

Bei Würdigung der politischen Arbeit Kahls ist daher eher Portner als Achenbach zuzustimmen, der neben Stresemann auch Kahl als einen getreuen Diener Weimars beschrieb.[893] Frucht dieser Wandlung war es, dass Kahl am Ende seines Lebens einer der angesehensten Politiker der Weimarer Republik geworden war.

---

[892] Klaus Achenbach, Recht, Staat und Kirche bei Wilhelm Kahl, Regensburg 1972, S. 267.

[893] Ernst Portner, Die Verfassungspolitik der Liberalen, Ein Beitrag zur Deutung der Weimarer Verfassung, Bonn 1973, S. 91.

## Quellen- und Literaturverzeichnis

### 1. Quellen

### a. Ungedruckte Quellen:

### aa. Bundesarchiv Koblenz (BAK)

aaa. Deutsche Volkspartei

Gründung der DVP, BAK R 45 II, 01

Dritter Parteitag der DVP am 3. / 4. Dezember 1920 in Nürnberg, BAK R 45 II, 26
Vierter Parteitag der DVP am 24. / 25. Oktober 1921 in Stuttgart, BAK R 45 II, 27
Fünfter Parteitag der DVP am 29. / 30. März 1924 in Hannover, BAK R 45 II, 28
Sechster Parteitag der DVP am 13. / 14. November 1924 in Dortmund, BAK R 45 II, 29
Achter Parteitag der DVP am 21./ 24. März 1930 in Mannheim, BAK R 45 II, 30,31

Sitzungen des Reichsausschusses der DVP im Jahre 1930, BAK R 45 II, 32

Sitzung des Geschäftsführenden Ausschusses
1919, BAK R 45 II, 50
1920, BAK R 45 II, 51

Sitzungen des Zentralvorstandes
1919, BAK R 45 II, 34
1923, BAK R 45 II, 38
1924, BAK R 45 II, 39
1929, BAK R 45 II, 44

Sitzungen der Reichstagsfraktion 1926-1933, BAK R 45 II, 67

bbb. Nationalliberale Partei
Sitzungen des Zentralvorstandes
1913, BAK R 45 I, 1
1916, BAK R 45 I, 2

ccc. Liberale Vereinigung
BAK ZSg. 103 / 1372; BAK ZSg. 1-194 / 1

ddd. Nationalliberale Correspondenz
BAK Zsg. 1-42 / 10

eee. Nachlässe:
Nachlass Delbrück, BAK NL Delbrück, Nr. 1009
Nachlass Dingeldey, BAK NL Dingeldey, Nr. 1002
Nachlass Koch Weser, BAK NL Koch-Weser, Nr. 1012
Nachlass v. Kardorff, BAK NL v. Kardorff, Nr. 1040
Nachlass Traub, BAK NL Traub, NL 1059
Nachlass Weber, BAK NL Weber, Kl. Erw. 384
Nachlass Kahl, Anfrage seines Verbleibs, BAK B 198 / 2395

**bb. Bundesarchiv Außenstelle Lichterfelde (BAL)**
DVP, BAL DVP 22, BAL DVP 56

**cc. Archiv der Evangelischen Kirche in Deutschland (AEKD)**
Schreiben Kahls an Hundt, 27.2.1919, AEKD 7 / 943, p. 30

**dd. Braunschweiger Staatsarchiv**
DVP Braunschweig, GX 6 / 612

**ee. Archiv der Lutherischen Kirchengemeinde Kleinheubach**
Todesanzeige Wilhelm Kahl

**ff. Universitätsarchiv Bonn (UAB)**
Personalakten Wilhelm Kahl, PF 77-549, PA 3776

**gg.. Universitätsarchiv Erlangen (UAE)**
UAE, C2/3 Nr. 511

**hh. Archiv der Ludwig-Maximilians-Universität München (AMLU)**
Erstgutachten der Habilitation Kahl: AMLU-L-I-67

**ii. Archiv der Humboldt-Universität Berlin (AHUB)**
Personalakte Kahl: , UK Kahl 15

**jj. Politisches Archiv des Auswärtigen Amtes**
Nachlass Stresemann

**b. Gedruckte Quellen**

**aa. Stenographische Berichte der Nationalversammlung**
Band 326
Band 327
Band 328
Band 329
Band 333

**bb. Stenographische Berichte der Nationalversammlung, Stenographische Berichte des 8. Ausschusses**
Band 336

**cc. Stenographische Berichte des Reichstages**
Band 344
Band 345
Band 352
Band 353
Band 354
Band 355
Band 356
Band 358
Band 381
Band 388
Band 392
Band 425
Band 446

**dd. Anlagen zu den stenographischen Berichten des Reichstags**
Band 369
Band 370
Band 374
Band 405

**ee. Reichsgesetzblatt 1921, Band II**

**ff. Reichsgeschäftsstelle der DVP (Hrsg.),**
Anschriftenverzeichnis nach dem Stande vom Juli 1924

Deutscher Liberalismus, Berlin 1925

Bericht über den ersten Parteitag der Deutschen Volkspartei am 13. April 1919 in den Akademischen Rosensälen in Jena, Berlin 1919

Bericht über den zweiten Parteitag der Deutschen Volkspartei am 18., 19. und 20. Oktober 1919 im Kristallpalast in Leipzig, Berlin 1920

**gg. Liberale Vereinigung**
Mitglieder und Vertreterversammlung zu Berlin im Gebäude des Reichswirtschaftsrates am 16. Mai 1925, BAK Zsg. 126 / 214

**hh. Verhandlungen der sechsten ordentlichen Generalsynode der evangelischen Landeskirche Preußens, 23. Oktober – 12. November 1909, Band I, Berlin 1910**

**ii. Verhandlungen der siebten ordentlichen Generalsynode der evangelischen Landeskirche Preußens, 10. November 1915 – 12. November 1915, Berlin 1916**

**jj. Verhandlungen des Deutschen Juristentages (zitiert nach Tagungszahl und Jahr)**

**kk. Entscheidungen des Reichsgerichts in Zivilsachen**
RGZ 1925, Band 111, S. 123-134

**ll. Zeitungen und Zeitschriften**

Allgemeine Zeitschrift für Psychiatrie und psychisch gerichtliche Medizin
Berliner Abendblatt
Berliner Tageblatt
Braunschweigsche Staatszeitung
Der Abend
Deutsch-Evangelische Blätter
Deutsche Juristenzeitung
Deutsche Richterzeitung
Frankfurter Zeitung
Hamburger Fremdenblatt
Hannoverscher Kurier
Kölnische Zeitung
Kreuz-Zeitung
Nationalliberale Correspondenz
Ostpreußenblatt
Sozialistische Monatshefte
Süddeutsche Juristenzeitung
Vossische Zeitung
Welt am Abend

Zeitschrift für soziales Recht

**2. Literatur**

*Achenbach, Klaus*; Recht, Staat und Kirche bei Wilhelm Kahl, Regensburg 1972
*Alsberg, Max*; Wilhelm Kahl, Berlin 1929

*Bachem, Karl*; Vorgeschichte, Geschichte und Politik der deutschen Zentrumspartei, Band 6: Das Zentrum in Berlin in den Jahren 1898-1906, Köln 1929
*Bayrische Akademie der Wissenschaften*, Historische Kommission (Hrsg.); Neue deutsche Biographie, Berlin 1977
*Beeck, Karl-Hermann*; Die Gründung der Deutschen Staatspartei im Jahre 1930 im zusammenhing der Neuordnungsversuche des Liberalismus, Köln 1955
*Bernhard, Henry; Goetz, Wolfgang; Wiegler, Paul*; Gustav Stresemann, Vermächtnis, Der Nachlass in drei Bänden, Berlin 1932
*Birkelund, John*; Gustav Stresemann, Patriot und Staatsmann, Eine Biographie, Hamburg 2003
*Boldt, Hans;* Die Weimarer Reichsverfassung, in: Bracher, Karl Dietrich; Funke, Manfred; Jakobsen, Hans-Adolf; Die Weimarer Republik 1918-1933, Politik, Wissenschaft, Gesellschaft, Bonn 1987
*Bracher, Karl Dietrich; Funke, Manfred; Jakobsen, Hans-Adolf*; Die Weimarer Republik 1918-1933, Politik, Wissenschaft, Gesellschaft, Bonn 1987

*Conrad, Hermann*; Dilcher, Gerhard, Kurland, Hans-Joachim; Der Deutsche Juristentag 1860-1894; München 1997

*Dingeldey, Eduard*; Gedenkrede, in: Wilhelm Kahl zum Gedächtnis, Berlin 1932, Seiten 31-36

*Ebel, Friedrich*; Rechtsgeschichte, ein Lehrbuch, Band II, Heidelberg 1993
*Eger, Kurt*; Gedenkrede, in: Wilhelm Kahl zum Gedächtnis, Berlin 1932, Seiten 25-29
*Eichhorn, Karl Friedrich*; Grundsätze des Kirchenrechts der katholischen und evangelischen Religionspartei in Deutschland, Band II, Göttingen 1833
*Elzbacher, Paul*; Die neuen Parteien und Programme, zugleich ein Wegweiser durch das neue Wahlrecht, Berlin 1919
*Erdmann, Karl Dietrich; Mommsen, Wolfgang; Wulf, Peter*; Akten der Reichskanzlei, Kabinett Brüning, Band I, Boppart am Rhein 1968-1973
*Erzberger, Matthias*; Der Toleranzantrag der Zentrumspartei im Reichstag, Osnabrück 1906
*Eschenburg, Theodor*; Frank-Planitz, Ulrich; Gustav Stresemann, Stuttgart 1978

*Festgabe der Berliner Juristischen Fakultät* für Wilhelm Kahl zum Doktorjubiläum am 19. April 1923, Tübingen 1923
*Fischer, D.*; Trauerrede, in: Willem Kahl zum Gedächtnis, Seiten 5-10, Berlin 1932
*Frank, Reinhard von*; Kahl der Kriminalist, DJZ 1929, Spalten 800-804
*Fricke, Dieter*; Lexikon der Parteiengeschichte, die bürgerlichen und kleinbürgerlichen Parteien und Verbände in Deutschland (1789-1945), in 4 Bänden, Köln 1983-1986

*Goldschmidt, James*; Kahl der Kriminalist; DJZ 1923
*Goldschmidt, James*; Ansprache auf der Gedenkfeier im Reichstage am 5. Juni 1932, in Wilhelm Kahl zum Gedächtnis, Seite 15-24, Berlin 1932
*Graefe, Albrecht von*; Damals in Weimar 1919, ein Blick hinter die Kulissen, der Verrat am deutschen Volk, Erinnerungen aus der Nationalversammlung – ein Appell an alle Deutsche, Berlin 1929
*Grupp, Peter*; Matthias Erzberger, in: Die Weimarer Republik, Portrait einer Epoche in Biographien, Darmstadt 2002

*Habel, Walter*; Wer ist wer?, das deutsche who`s who, 11- Ausgabe, Band I, Bundesrepublik Deutschland und West Berlin 1969/1970, Berlin 1969
*Hartenstein, Wolfgang*; Die Anfänge der Deutschen Volkspartei 1918-1920, Düsseldorf 1962
*Harttung, Arnold (Hrsg.)*; Gustav Stresemann, Schriften, Berlin 1976
*Hattenhauer, Hans*; Deutsche Nationalsymbole, Geschichte und Bedeutung, 3. Auflage, Köln 1998
*Hattenhauer, Hans*; Geschichte des Beamtentums, in Walter Wiese (Hrsg.), Handbuch des Öffentlichen Dienstes, Band I, Köln, Berlin, Bonn, München 1980
*Hattenhauer, Hans*; Die geistesgeschichtlichen Grundlagen des deutschen Rechts, 4. Auflage, Heidelberg 1996
*Hecker, Gerhard*; Walter Rathenau und sein Verhältnis zu Militär und Krieg, Boppard am Rhein 1983
*Heilfron, Eduard*; Die Deutsche Nationalversammlung im Jahre 1919/1920 in ihrer Arbeit für den Aufbau des neuen deutschen Volksstaates, Berlin 1919/1920
*Heyemann, Ernst*; Hundert Jahre Berliner Juristenfakultät, Ein Gedenkblatt, DJZ 1910, Spalten 1103-1194
*Hippel, Robert von*; Wilhelm Kahl zum 70. Geburtstag, DJZ 1919, Spalte 476
*Hippel, Robert von*; Deutsches Strafrecht in zwei Bänden, Band I, Allgemeine Grundlagen, Aalen 1971
*Huber, Ernst Rudolf*; Deutsche Verfassungsgeschichte, Band 5: Weltkrieg Revolution und Reichserneuerung, Stuttgart 1978

*Huber, Ernst Rudolf*; Deutsche Verfassungsgeschichte, Band 6: Die Weimarer Reichsverfassung, Stuttgart 1981
*Huber, Ernst Rudolf*; Deutsche Verfassungsgeschichte, Band 7: Ausbau, Schutz und Untergang der Weimarer Republik, Stuttgart 1984
*Huber, Ernst Rudolf*; Dokumente zur deutschen Verfassungsgeschichte, Band 3: Dokumente der Novemberrevolution und der Weimarer Republik 1918-1933, 2. Auflage, Stuttgart, Berlin, Köln, Mainz 1966

*Jasper, Gotthard*; Der Schutz der Republik, Studien zur staatlichen Sicherung der Demokratie in der Weimarer Republik 1922-1930; Tübingen 1963
*Joel, Curt*; Rundfunkrede am 19. Mai 1932 auf der Deutschen Welle, in: Wilhelm Kahl zum Gedächtnis, Seiten 11.14, Berlin 1932
*Jones, Larry Eugene*; The Dying Middle, Weimar Germany and the Failure of bourgeois unity 1924-1930, Wisconsin 1970

*Kahl, Wilhelm*; Vom Recht zum Kriege und vom Siegespreis, Deutsche Reden in schwerer Zeit; gehalten von den Professoren an der Universität Berlin, herausgegeben von der Zentralstelle für Volkswohlfahrt und dem Verein für volkstümliche Kurse von Berliner Hochschullehrern, Band I, Berlin 1915
*Kahl, Wilhelm*; Pessimismus und Optimismus im Kriege, Deutsche Reden in schwerer Zeit, herausgegeben von der Zentralstelle für Volkswohlfahrt und dem Verein für volkstümliche Kurse von Berliner Hochschullehrern, Band II, Berlin 1915
*Kahl, Wilhelm*; Dreibund - Treubund. Deutsche Antwort auf Italiens Verrat, Deutsche Reden in schwerer Zeit, herausgegeben von der Zentralstelle für Volkswohlfahrt und dem Verein für volkstümliche Kurse von Berliner Hochschullehrern, Band III, Berlin 1915
*Kahl, Wilhelm*; Schlussrede und Dankwort anlässlich der Feier seines 80. Geburtstags im Zoologischen Garten zu Berlin am 17. Juni 1929, in: Wilhelm Kahl zum Gedächtnis, Berlin 1932
*Kahl, Wilhelm*; Staat und Volk, Rede bei der Reichsgründungsfeier der Reichsregierung im Reichstag am 18. Januar 1931, Berlin 1931
*Kahl, Wilhelm*; Gegenentwurf zum Vorentwurf eines Deutschen Strafgesetzbuches, DJZ 1911 Heft 7, Spalten 501 - 508
*Kahl, Wilhelm*; Bismarck lebt, Gedächtnisrede bei der allgemeinen Trauerfeier in Berlin am 07.August.1898, Freiburg, Leipzig und Tübingen 1898
*Kahl, Wilhelm*; Bismarck, DJZ 1915, Heft 7/8, Spalten 329 - 358
*Kahl, Wilhelm*; Unser Bismarck, Festrede gehalten in Bonn am 01. April 1890, Bonn 1890
*Kahl, Wilhelm*; Recht und Staat, 1926
*Kahl, Wilhelm*; Das Fürstendrama, DJZ 1926, Spalten 1057 - 1063

*Kahl, Wilhelm*; Bekenntnisgebundenheit und Lehrfreiheit, Rede zur Feier des Geburtstages seiner Majestät des Kaisers und Königs, gehalten in der Aula der Königlichen Friedrich-Wilhelms-Universität in Berlin am 27. Januar 1897, Berlin 1897
*Kahl, Wilhelm*; Dem Deutschen Juristentag zum Gruß, DJZ 1924, Spalten 637 – 641
*Kahl, Wilhelm*; Der Liberalismus der Deutschen Volkspartei, Volk und Reich der Deutschen. Vorlesungen, gehalten in der Deutschen Vereinigung für staatswissenschaftliche Fortbildung, herausgegeben von Bernhard Harms, Band II, Berlin 1929
*Kahl, Wilhelm*; Die deutsche Kirche im deutschen Staat, in: Staat, Recht und Volk, Wissenschaftliche Reden und Aufsätze, herausgegeben von Ulrich v. Wilamowitz – Moellendorff, Heft IV., Berlin 1919
*Kahl, Wilhelm*; Todesstrafe, DJZ 1932, Spalten 249 - 254
*Kahl, Wilhelm*; Zur Frage der Todesstrafe, DJZ 1922, Spalten 169 - 170
*Kahl, Wilhelm*; Zur Frage der Todesstrafe, DJZ 1922, Spalte 315
*Kahl, Wilhelm*; Aphorismen zur Trennung von Staat und Kirche, Rede zum Antritt des Rektorats der Königlichen Friedrich-Wilhelms-Universität in Berlin, gehalten in der Aula am 15.10.1908, Berlin 1908
*Kahl, Wilhelm*; Persönliche Aufzeichnungen über einen Besuch mit Ernst Zitelmann, Reinhold Koser, Eduard Grafe und Friedrich Schultze am 27. Mai 1893 bei Bismarck in Friedrichsruh, zitiert nach Max Alsberg: Wilhelm Kahl, Berlin 1929
*Kahl, Wilhelm*; Die Bedeutung des Toleranzantrags für Staat und evangelische Kirche, Deutsch-Evangelische Blätter 1902
*Kahl, Wilhelm*; An die Deutschen im Reiche, in: Die Freie Vaterländische Vereinigung, Urkunden ihrer Gründung und Entwicklung, Berlin 1915
*Kahl, Wilhelm*; Ebenbürtigkeit und Thronfolgerecht der Grafen zu Lippe-Biesterfeld, Bonn 1896
*Kahl, Wilhelm*; Das Fürstendrama, DJZ 1926, Spalten 1057-1063
*Kahl, Wilhelm*; Das vaterländische Gebot der Stunde, Rede gehalten am 01. August 1916 in Dresden, Berlin 1916
*Kahl, Wilhelm*; Das neue preußische Irrlehregesetz, Deutsch-Evangelisch, Jahrgang 1910, Band I
*Kahl, Wilhelm*; Die Konfession der Kinder aus gemischter Ehe, zu den Vorschlägen über die Kodifikation des deutschen bürgerlichen Rechts, Freiburg 1895
*Kahl, Wilhelm*; Lehrsystem des Kirchenrechts und der Kirchenpolitik, Erste Hälfte, Einleitung und allgemeiner Teil, Freiburg und Leipzig 1894
*Kahl, Wilhelm*; Zur Reform des Ehescheidungsrechts, DJZ 1927, Spalten 553-564

*Kahl, Wilhelm*; Die Selbständigkeitsstellung der protestantischen Kirche in Bayern gegenüber dem Staat, Erlangen 1874
*Kahl, Wilhelm*; Staat und Volk. Rede bei der Reichsgründungsfeier der Reichsregierung im Reichstag am 18. Januar 1931, Berlin 1931
*Kahl, Wilhelm*; Über die Temporaliensperre besonders nach bayrischem Kirchenstaatsrecht, mit Benutzung handschriftlicher Quellen, Erlangen 1876
*Kahl, Wilhelm*; Trennung von Staat und Kirche, DJZ 1919, Spalten 123-126
*Kahl, Wilhelm*; Die Verschiedenheit katholischer und evangelischer Anschauungen über das Verhältnis von Staat und Kirche, Vortrag, gehalten auf der Leipziger lutherischen Pastoralkonferenz vom 17. Juni 1886, Leipzig 1886
*Kahl, Wilhelm*; Der Arzt im Strafrecht, Jena 1909
*Kahl, Wilhelm*; Grundfragen der Verfassung, in: Adolf Kempkes, Deutscher Aufbau, Nationalliberale Arbeit der Deutschen Volkspartei, Berlin 1927
*Kahl, Wilhelm*; Das Gesetz zur Bekämpfung der Geschlechtskrankheiten und der Prostitution vom Rechtsstandpunkt aus beurteilt, Leipzig 1922
*Kahl, Wilhelm*; Schaffung eines neuen Irrengesetzes, Allgemeine Zeitschrift für Psychiatrie und psychisch-gerichtliche Medizin, Band 27, (1921), Seiten 392-407
*Kahl, Wilhelm*; Die Strafrechtliche Behandlung der geistig Minderwertigen. Gutachten (für den 27. Deutschen Juristentag) Verhandlungen des 27. DJT, Band I, Berlin 1904, Seiten 137-248
*Kahl, Wilhelm*; Störung des religiösen Friedens und der Totenruhe. Festschrift für Heinrich Brunner zum fünfzigjährigen Doktorjubiläum am 8. April1914. Überreicht von der juristischen Fakultät zu Berlin, München und Leipzig 1914, Seiten 231-256
*Kahl, Wilhelm*; Eine Vorfrage zur Revision des Strafgesetzbuches, DJZ 1902, Seite 301-303
*Kahl, Wilhelm*; Geminderte Zurechnungsfähigkeit, Vergleichende Darstellung des deutschen und ausländischen Strafrechts. Allgemeiner Teil. Band I, Berlin 1908, Seiten 1-78
*Kahl, Wilhelm*; Vergleichende Darstellung des deutschen und ausländischen Strafrechts, (Hrsg. V. Birkmeyer, van Calker, Frank, v. Hippel, Kahl, v. Lilienthal, v. Liszt, Wach), Berlin 1905 – 1908
*Kahl, Wilhelm*; Die Fragen des 35 Deutschen Juristentages, DJZ 1928, Spalte 117
*Kahl, Wilhelm*; Kirchenrecht, Die Kultur der Gegenwart, Ihre Entwicklung und ihre Ziele, Hrsg. Paul Hinneberg, Teil II, Abteilung VIII: Systematische Rechtswissenschaft, 1. Auflage, Berlin und Leipzig 1906, Seite 237-292, 2. Auflage, Berlin und Leipzig 1913, Seite 273-328

*Keil, Wilhelm*; Erlebnisse eines Sozialdemokraten, Band II, Stuttgart 1948
Kienzler, Klaus; Rudolph Sohm, in: Biographisch-bibliographisches Kirchenlexikon, Band X, Spalten 743-745, Herzberg 1995
*Kimmnich, Otto*; Deutsche Verfassungsgeschichte, Frankfurt am Main 1970
*Klietmann, Kurt*; Staatlich-zivile Auszeichnungen, Weimarer Republik und Drittes Reich, Stuttgart 1990
*Kohlmann, Jan*; Der Marsch zu den Gräbern von Karl und Rosa, Geschichte eines Gedenktages, Frankfurt am Main 2004
*Kolb, Eberhard; Richter, Ludwig*; Nationalliberalismus in der Weimarer Republik, Die Führungsgremien der Deutschen Volkspartei 1918-1933, Band 1: Düsseldorf 1999, Band 2: Düsseldorf 1999
*Kolb, Eberhard*; Die Weimarer Republik, Oldenbourg Grundriss der Geschichte, 6. Auflage, München2002
*Koszyk, Kurt*; Gustav Stresemann, Der kaisertreue Demokrat, Eine Biographie, Köln 1989
*Kuhn, Robert*; Die Vertrauenskrise der Justiz (1926-1928), Der Kampf um die Republikanisierung der Weimarer Republik, Köln 1983
*Kuhn, Robert*; Deutsche Justizminister 1877-1977, Mit einem einleitenden Aufsatz von Professor Dr. Hans Hattenhauer, Köln 1977

*Liermann, Hans*; Wilhelm Kahl (1849-1932), in: Fränkische Lebensbilder, herausgegeben im Auftrag der Gesellschaft für fränkische Geschichte von Gerhard Pfeiffer, Band III, Würzburg 1969
*Lindenau, Heinrich*; Wilhelm Kahl wird am 17. Juni 75 Jahre alt, DJZ 1924, Spalte 449
*Liszt, Frank von*; Am 17. Juni d.J. begeht Wilhelm Kahl seinen 65. Geburtstag, DJZ 1914, Spalte 804
*Liszt, Frank von*; Äußerung, DJZ 1902, Seite 303

*Maas, Georg*; Die Verfassungsgebende Deutsche Nationalversammlung, Lebensgang, Lebensarbeit und Lebensziele ihrer Mitglieder nach eigenen Mitteilungen und mit Bildnissen, Charlottenburg 1919
*Mergel, Thomas*; Parlamentarische Kultur, politische Kommunikation, symbolische Politik und Öffentlichkeit im Reichstag, Düsseldorf 2002
*Mommsen, Wolfgang*; Der Vertrag von Versailles, Eine Bilanz, in: Krumeich, Gerd (Hrsg.), Versailles 1919, Ziele-Wirkung-Wahrnehmung, 1. Auflage, Essen 2001
*Müller, Helmut*; Schlaglichter der Deutschen Geschichte, Leipzig, Mannheim 2002

*Nowak, Kurt*; Protestantismus und Weimarer Republik, Politische Wegmarken in der evangelischen Kirche 1918-1932, in: Bracher, Karl Dietrich; Funke, Manfred; Jakobsen, Hans-Adolf; Die Weimarer Republik 1918-1933, Politik, Wissenschaft, Gesellschaft, Bonn 1987

*Olshausen, Theodor von*; Der Deutsche Juristentag, Sein Werden, Wirken, Eine Festschrift zum 50. Jubiläum, Berlin 1910

*Overesch, Manfred; Saal, Friedrich Wilhelm*; Chronik Deutscher Zeitgeschichte, Düsseldorf 1982

*Oehme, Walter*; Die Weimarer Nationalversammlung 1919, Erinnerungen, Berlin 1962

*Pohl, Karl Heinrich*; Politiker und Bürger, Gustav Stresemann und seine zeit, Göttingen 2002

*Portner, Ernst*; Die Verfassungspolitik der Liberalen, Ein Beitrag zur Deutung der Weimarer Verfassung, Bonn 1973

*Rall, Hans*; Wilhelm II.; Eine Biographie, München 1995

*Reiß, Klaus-Peter*; Von Bassermann zu Stresemann, Die Sitzungen des nationalliberalen Zentralvorstandes 1912-1917, Düsseldorf 1967

*Richter, Aemilius Ludwig*; Lehrbuch des katholischen und evangelischen Kirchenrechts, mit besonderer Rücksicht auf deutsche Zustände, 5. Auflage, Leipzig 1858

*Richter, Ludwig*; Die Deutsche Volkspartei, Düsseldorf 2002

*Richter, Ludwig*; Kirche und Schule in den Beratungen der Weimarer Nationalversammlung, Düsseldorf 1996

*Rießer, Jacob*; Kahl der Parlamentarier, DJZ 1923, Spalten 188-190

*Sabrow, Martin*; Der Rathenaumord, Rekonstruktion einer Verschwörung gegen die Republik von Weimar, München 1994

*Scheidemann, Philipp*; Memoiren eines Sozialdemokraten, Band II, Dresden 1928

*Schmidt, Eberhard*; Die Reform des Strafrechts im Rückblick auf Berliner Impulse in der Geschichte der modernen Kriminalpolitik, Festvortrag 41. DJT, Tübingen (o.J.)

*Schmidt, Eberhard*; Willem Kahl zum Gedächtnis, Süddeutsche Juristenzeitung 1949, Seiten 442-444

*Schulz, Gerhard*; Aufstieg des Natinalsozialismus, Krise und Revolution in Deutschland, Frankfurt/M, Berlin, Wien 1975

*Schumacher, Martin (Hrsg.)*; M.d.R., Die Reichstagsabgeordneten der Weimarer Republik in der Zeit des Nationalsozialismus, Politische Verfolgung, Emigration und Ausbürgerung 1933-1945, Eine biographische Dokumentation, Mit einem Forschungsbericht zur Verfolgung deutscher und ausländischer Parlamentarier im nationalsozialistischen Herrschaftsbereich, 3. Auflage, Düsseldorf 1994
*Schüren, Ulrich*; Der Volksentscheid zur Fürstenenteignung 1926, Die Vermögensauseinandersetzungen mit den depossedierten Landesherren als Problem der deutschen Innenpolitik unter besonderer Berücksichtigung der Verhältnisse in Preußen, Düsseldorf 1978
*Sehling, Emil*; Wilhelm Kahl zum Goldenen Doktorjubiläum, DJZ 1923, Spalte 887
*Sohm, Rudolph*; Kirchenrecht, Band 1, Die geschichtlichen Grundlagen, Leipzig 1892
*Sohm, Rudolf*; Kirchenrecht, Band 2, Katholisches Kirchenrecht, Hrsg.: Jacobi, Erwin, Mayer, Otto, München, Leipzig 1923
Stresemann, Gustav; Kahl der Politiker und Parlamentarier, DJZ 1929, Spalte 799
*Stresemann, Wolfgang*; Mein Vater Gustav Stresemann, München 1979
*Stumpf, Reinhard*; Die Wehrmacht-Elite, Rang- und Herrschaftsstruktur der deutschen Generale und Admirale 1933-1945, Boppart am Rhein 1982

*Troxler Walter*; Wilhelm Kahl, in: Biographisch-bibliographisches Kirchenlexikon, band XV, Spalten 779-782, Herzberg 1999

*Volksverlag für Politik und Verkehr (Hrsg.)*; Verfassungsgebende Nationalversammlung, Die Nationalversammlung in Wort und Bild, Stuttgart 1919
*Volz, Robert*; Reichshandbuch der deutschen Gesellschaft, das Handbuch der Persönlichkeiten in Wort und Bild, Band I, Berlin 1930

*Wall, Heinrich de*; Hans-Liemann Institut für Kirchenrecht, Institutsgeschichte, Erlangen 2001
*Wolff, Theodor*; Tagebücher 1914-1919, Erster Teil, eingeleitet und herausgegeben von Bernd Sösemann, Boppart am Rhein 1984
*Winkler, Heinrich August*; Weimar 1918-1933, Die Geschichte der ersten deutschen Demokratie, Berlin 1993
*Wunderlich Carl*; Wilhelm Kahl †, Ein Gedenkwort, DJZ 1932, Spalten 679-703

*Ziegler, Wilhelm*; Die deutsche Nationalversammlung 1919/1920 und ihr Verfassungswerk, Berlin 1932
*Zipellius, Reinhold*; Kleine deutsche Verfassungsgeschichte, Vom frühen Mittelalter bis zur Gegenwart, 6. Auflage, München 2002

# Anlagen

## Stammbaum Wilhelm Kahl

Christoph Ludwig Gottlieb Kahl — Friederike Christine Zeiß

Friedrich Hallwachs (1779-1836) — Louise Karoline Hallwachs

Dr. iur Friedrich Kahl (1806-1891) — Ottilie Hallwachs (1815-1892)

Wilhelm Kahl ∞ Bertha Laiblin (Tochter von Adolf Laiblin und Bertha Finckh)

Emilie Kahl — Hedwig Kahl ∞ Albert Aschoff — Elsa Kahl — Siegfried Kahl

Albrecht Aschoff

*Auf das Schreiben vom 13. März 1929,*

*Jnnigen Dank für das Vertrauen. Weiß mich in tiefer geistiger Verbundenheit. Erwidere mit voller Offenheit; durch meine Notlage in der vergangenen Woche leider auf diesen Telegrammstil angewiesen. Den ganzen Fragenkreis ordne ich unter vier Gesichtspunkte:*

*1. Die Stellung von Partei und Fraktion.*
*Hauptfehler: a) Die engherzige und kurzsichtige Stellungnahme zur Großen Koalition seit Juli 1928 durch Verkennung der gesamten lage, infolge ausgesprochener Neigung zu D.N., einseitiger Betonung von Einzelinteressen, teilweise sogar bestimmt durch persoönliche Abneigung (Hauptgegner die neue Westfalengruppe). b) Die Verquickung der Politik der Reichstagsfraktion mit der Preußenfraktion. Bedauerlicher geistig-politischer Tiefstand der letzteren. So lange diese sakramentale Ehe nicht gelöst ist, bleiben wir in unserer Reichspolitik abhängig und gehemmt. c)Grundsätzliche Ablehnung der Bewilligung von Steuern zum Ausgleich des Etats: Popularitätshascherei. d) Wie Sie zutreffend ausführen: mangelnde Weltanschauung, von Leberalismus bei ¾ keine Spur, Interessengruppen!*

*2)*

*<u>2) Die persönliche Stellung zum Führer.</u>*

*Die jüngste Zentralvorstandssitzung gibt davon kein treues Bild. Durch Regie gewisser Leute war dort alles rednerisch sorgfältig vorbereitet. Die erdrückende Mehrheit steht auch heute noch fest zu Jhrer auswärtigen Politik. Allerdings gibt es eine clique, die der D. Nat Presse näher steht. Aber selbst sie würde nie den Mut zu öffentlicher Abkehr finden. Aufss Große, Ganze im lande gesehen, ist die Anhänglichkeit und Dankbarkeit für den Führer auch heute <u>unverändert</u>. Die Voraussetzung eines irgendwie weiter verbreiteten <u>Wunsches</u>, sich von ihm zu trennen, wäre unbegrüdet. Von dieser Annahme aus irgend welche Entschließungen zu fassen, wäre nach meiner Tatsachenkenntnis verfehlt. Ich glaube, daß Sie die Weite und Größe der Differenz zwischen Partei und Führer etwas überschätzen.*

*<u>3) Die Stellung des Führers zu Partei und Fraktion.</u>*

*Das Bedürfnis nach reinlicher Klärung verstehe ich voll-Kommen. Vom Zeitpunkt, in dem sie nach m.M. erfolgen muß, spreche ich zuletzt. Es handelt sich hier um das sachliche Verhältnis. Die unbeschränkte Selbständigkeit des Führers in seinerVerfügung über sein Ministeramt ist heute communis opinio. Der Entschluß der Beibehaltung bis Pariser Entscheidung und Austrag des Minderheitenstreits muß jeder Vater-*

*lands-*

*Landsfreund begrüßen. Dagegen würde ich die Lösung des Führers von der Partei ohne ganz zwingende Gründe, die natürlich eintreten können, geradezu für ein Unglück halten. Namentlilch vermöchte ich den Grund, „der partei ihre Freiheit zurückzugeben“, als stichhaltig nicht anzuerkennen. Sie hat ihre Freiheit unter der bisherigen Führung nicht eingebüßt. Sie muß geführt werden. Es wäre das Ende, aber nicht ein Aufschwung der Partei. Ein Zustrom von D.Nat. – an den ich nicht glaube, wäre vollends die innere Auflösung. Der Gedanke an Neugründungen in der gegenwärtig verworrenen Lage ist selbstverständlich abzulehnen, wiewohl ich an der Hoffnung einer großen liberalen Partei unerschütterlich festhalte. Aber sie würde nicht aus den Trümmern der etwa heute zerschlagenen D:V:P: erwachsen!*

*4) Zeitpunkt der Entscheidung über die Auseinandersetzung mit der Partei.*

*Eine verfrühte Aussprache im Parteivorstand würde voraussichtlich nicht Klärung, sondern neue Verwirrung hervorrufen. Der Zeitpunkt, an dem die Geister sich entweder neu verbinden oder scheiden müssen, ist nach Lage der Sache die Schlußabstimmung über den Etat. (Ende Juni, Anfang Juli). Zieht die Fraktion die schon angedeuteten Konsequenzen der Ablehnung des Etats, weil neue Steuern bewilligt würden, halte ich eine Fortsetzung des bestehenden Verhältnisses allerdings kaum für möglich.*

*Aber*

*Aber es empfielt sich, bis zu diesem Zeitpunkt jede grundsätzliche Entscheidung zurückzustellen.*

*1000 Grüße*

*gez. Kahl*

Statt besonderer Anzeige.

Heute mittag 12 1/2 Uhr entschlief sanft im 83. Lebensjahr mein lieber Mann

Geheimer Justizrat, Professor der Rechte an der Universität Berlin

# D. Dr. Dr. Wilhelm Kahl

M. d. R., Inhaber des Eisernen Kreuzes von 1870/71

Berlin-Wilmersdorf, Sonnabend, den 14. Mai 1932.
Kaiserallee 23.

Bertha Kahl, geb. Laiblin
gleichzeitig im Namen der Kinder,
Enkel und Urenkel.

Die Beerdigung findet nach besonderem Wunsche des Verstorbenen in aller Stille statt. (a

Guilelmus Kahl de vita sua.

Natus sum Guilelmus Ernestus Petrus Kahl die XVII. mensis Junii anno hujus saeculi XXXXIX in vico Kleinheubach patre Adolfo Friderico, qui tum judicis munere a principe ab Loewenstein ei delato fungebatur, matre Ottilia e gente Hallwachs. Prima literarum elementa in schola Ascaffenburgensi cum essem edoctus, parentes gymnasio Wirttembergensi, quod Heilbronnae ephoro Henrico Kraut tum florebat, me educandum tradiderunt, nomen hujus viri gravissimi, qui patris instar assidua cura et literarum studium ita vitam discipulorum moderabatur, grato semper animo prosequor. Aliquot annis post gymnasium Suevofurtense, cujus rector tum Dr. Oelschlaeger fuit, frequentare coepi. Maturitatis testimonium cum essem adeptus a. h. s. LXVII academiam Friderico-Alexandrinam Erlangensem adii. In civium academicorum numerum ibi receptus Prorectore magnifico Prof. Dr. Schmidt interfui scholis virorum doctissimorum Heyder, Will, Fischer, philosophicas disciplinas profitentium, eodemque tempore, ut juris studium inchoarem, audivi antecessores illustrissimos de Scheurl, Gengler, Stintzing, qui summo me hujus disciplinae amore affecerint. Sed multum illo tempore militia annua, quam vere anni LXVIII obire coeperam, studia mea impediebantur. Vere anni LXIX Monachium transmigravi, ubi V. V. Ill. Windscheid, Pözl, Plank, Seuffert, Roth, Berch,

told, Tuckerer lectiones frequentavi.
Totum ibi me dederam juris studiis,
cum subito bellum a Gallis irrupit.
Cum cohortis venatorum, qui dicuntur,
tertiae Bavaricae centurio a rege
nostro essem declaratus, mihi quoque
statim arma erant sumenda et jam
secundo die mensis Augusti cum exerci-
tu, cui Fridericus, futurus nunc heres
imperii Germanici, erat praepositus,
apud Spiram urbem Rhenum sum
transgressus. Per decem inde menses,
quo temporis spatio Germani viribus
unitis victorias maximas easque
continuas de Gallis insolentia et
superbia inflatis reportabant, apud
exercitum mansi. Ipse interfui
pugnae Weissenburgensi, Woerthensi,
Sedanicae proelioque primo ad
Parisios facto per quinque menses
capitis obsidioni. Vidi Lutetiam
cadentem! Parisiis tandem captis
cum Gallia in tantum pacata
esset, ut pars militum posset di-
mitti, mense Majo anni LXXI ad

studia retractanda in patriam sum reversus. Mense Martio anni LXXII Monachii examen primum feliciter superavi. Ab illo tempore Suevofurti apud parentes versans, ut reipublicae administrandae rationem cognoscerem, primum usque ad finem mensis Januarii magistratui, cui nomen est „Bezirksamt", fui adscriptus, deinde, ut jurisdictionis mihi usum pararem, ad tribunal, quod appellant „Stadtgericht", sum transgressus. Anno proximo examen quod alterum dicitur subire mihi est in animo.

Scripsi mense Februario a. h. s. LXXIII Suevofurti.

## RECHTSHISTORISCHE REIHE

Band 1 Studien zu den germanischen Volksrechten. Gedächtnisschrift für Wilhelm Ebel. Vorträge gehalten auf dem Fest-Symposion anläßlich des 70. Geburtstages von Wilhelm Ebel am 16. Juni 1978 in Göttingen. Götz Landwehr (Hrsg.) 1982.

Band 2 Hans Poeschel: Die Statuten der Banken, Sparkassen und Kreditgenossenschaften in Hamburg und Altona von 1710 bis 1889. 1978.

Band 3 Thomas Kolbeck: Juristenschwemmen, Untersuchungen über den juristischen Arbeitsmarkt im 19. und 20. Jahrhundert. 1978.

Band 4 Norbert Hempel: Richterleitbilder in der Weimarer Republik. 1978.

Band 5 Rolf Stratmann: Die Scheinbußen im mittelalterlichen Recht. 1978.

Band 6 Martin C. Lockert: Die niedersächsischen Stadtrechte zwischen Aller und Weser. Vorkommen und Verflechtungen. Eine Bestandsaufnahme. 1979.

Band 7 Joachim Rückert/Wolfgang Friedrich: Betriebliche Arbeiterausschüsse in Deutschland, Großbritannien und Frankreich im späten 19. und frühen 20. Jahrhundert. Eine vergleichende Studie zur Entwicklung des kollektiven Arbeitsrechts. 1979.

Band 8 Peter Bender: Die Rezeption des römischen Rechts im Urteil der deutschen Rechtswissenschaft. 1979.

Band 9 Friedrich Karl Alsdorf: Untersuchungen zur Rechtsgestalt und Teilung deutscher Ganerbenburgen. 1980.

Band 10 Dietmar Willoweit/Winfried Schich (Hrsg.): Studien zur Geschichte des sächsisch-magdeburgischen Rechts in Deutschland und Polen (Sammelband). 1980.

Band 11 Brigitte Hempel: Der Entwurf einer Polizeiordnung für das Herzogtum Sachsen-Lauenburg aus dem Jahre 1591. 1980.

Band 12 Klaus-Detlev Godau-Schüttke: Rechtsverwalter des Reiches. Staatssekretär Dr. Curt Joël. 1981.

Band 13 Rainer Polley: Anton Friedrich Justus Thibaut (AD 1772-1840) in seinen Selbstzeugnissen und Briefen. Teil 1: Abhandlung. Teil 2: Briefwechsel. Teil 3: Register zum Briefwechsel. 1982.

Band 14 Michael Wettengel: Der Streit um die Vogtei Kelkheim 1275-1276. Ein kanonischer Prozeß.1981.

Band 15 Otto Wilhelm Krause: Naturrechtler des sechzehnten Jahrhunderts. Ihre Bedeutung für die Entwicklung eines natürlichen Privatrechts. 1982.

Band 16 Helga Spindler: Von der Genossenschaft zur Betriebsgemeinschaft. Kritische Darstellung der Sozialrechtslehre Otto von Gierkes. 1982.

Band 17 Holger Otte: Gustav Radbruchs Kieler Jahre 1919 - 1926. 1982.

Band 18 Rüdiger Teuner: Die fuldische Ritterschaft 1510 - 1656. 1982.

Band 19 Gerhard Dilcher/Rudolf Hoke/Gian Savino Pene Vidari/Hans Winterberg (Hrsg.): Grundrechte im 19. Jahrhundert. 1982.

Band 20 Karl-Hans Schloßstein: Die westfälischen Fabrikengerichtsdeputationen - Vorbilder, Werdegang und Scheitern. 1982.

Band 21 Birger Schulz: Der Republikanische Richterbund (1921-1933). 1982.

Band 22 Engelbert Krause: Die gegenseitigen Unterhaltsansprüche zwischen Eltern und Kindern in der deutschen Privatrechtsgeschichte. 1982.

Band 23 Meent W. Francksen: Staatsrat und Gesetzgebung im Großherzogtum Berg (1806-1813). 1982.

Band 24 Gerd von Sonnleithner: Bearbeitung des Handelsrechts durch Ignaz von Sonnleithner in seinem "Leitfaden über das österreichische Handels- und Wechselrecht". 1982.

Band 25 Rudolf Palme: Rechts-, Wirtschafts- und Sozialgeschichte der inneralpinen Salzwerke bis zu deren Monopolisierung. 1983.

Band 26 Helen Bosshard: Pestalozzis Staats- und Rechtsverständnis und seine Stellung in der Aufklärung. 1983.

Band 27 Jens Jessen: Die Selbstzeugnisse der deutschen Juristen. Erinnerungen, Tagebücher und Briefe. Eine Bibliographie. 1983.

Band 28 Günter Martin Jensen: Das Domanium Waldeck. Die rechtliche Zuordnung eines Fürstenvermögens. 1984.

Band 29 Johann Heinrich Kumpf: Petitionsrecht und öffentliche Meinung im Entstehungsprozeß der Paulskirchenverfassung 1848/49. 1983.

Band 30 Sabine Frey: Rechtsschutz der Juden gegen Ausweisungen im 16. Jahrhundert. 1983.

Band 31 Dietrich Joswig: Die germanische Grundstücksübertragung. 1984.

Band 32 Andreas Baryli: Konzessionssystem contra Gewerbefreiheit. Zur Diskussion der österreichischen Gewerberechtsreform 1835 bis 1860. 1984.

Band 33 Gerhard Oberkofler: Studien zur Geschichte der österreichischen Rechtswissenschaft. 1984.

Band 34 Rudolf Lauda: Kaufmännische Gewohnheit und Burgrecht bei Notker dem Deutschen. Zum Verhältnis von literarischer Tradition und zeitgenössischer Realität in der frühmittelalterlichen Rhetorik. 1984.

Band 35 Jens Jensen: Die Ehescheidung des Bischofs Hans von Lübeck von Prinzessin Julia Felicitas von Württemberg-Weiltingen AD 1648-1653. Ein Beitrag zum protestantischen Ehescheidungsrecht im Zeitalter des beginnenden Absolutismus. 1984.

Band 36 Horst Schröder: Friedrich Karl von Savigny. Geschichte und Rechtsdenken beim Übergang vom Feudalismus zum Kapitalismus in Deutschland. 1984.

Band 37 Andreas Hatzung: Dogmengeschichtliche Grundlagen und Entstehung des zivilrechtlichen Notstands. 1984.

Band 38 Matthias Klasen: Das Billwerder Landrecht. Landrecht und Landgericht in den Hamburger Elbmarschen. 1985.

Band 39 Rainer Jamin: Aufbau, Tätigkeit und Verfahren der Auseinandersetzungsbehörden bei der Durchführung der preußischen Agrarreformen. 1985.

Band 40 Henry Winter: Teilschuld, Gesamtschuld und unechte Gesamtschuld. Zur Konzeption der §§ 420 ff. BGB - Ein Beitrag zur Entstehungsgeschichte des BGB. 1985.

Band 41 Hermann Eichler: Verfassungsbewegung in Amerika und Europa. 1985.

Band 42 Dagmar Bandemer: Heinrich Albert Zachariae. Rechtsdenken zwischen Restauration und Reformation. 1985.

Band 43 Eva-Christine Frentz: Das Hamburgische Admiralitätsgericht (1623-1811). Prozeß und Rechtsprechung. 1985.

Band 44 Karl Lillig: Rechtsetzung im Herzogtum Pfalz-Zweibrücken während des 18. Jahrhunderts. Ein Beitrag zur Geschichte der territorialen Rechtsbildung. 1985.

Band 45 Walter Weber: Die Entwicklung der Sparkassen zu selbständigen Anstalten des öffentlichen Rechts. Ein Beitrag zur Entwicklung des Anstaltsbegriffs im 19. Jahrhundert. 1985.

Band 46 Bärbel Baum: Der Stabreim im Recht. Vorkommen und Bedeutung des Stabreims in Antike und Mittelalter. 1986.

Band 47 Hans Popp: Die nationalsozialistische Sicht einiger Institute des Zivilprozeß- und Gerichtsverfassungsrechts. 1986.

Band 48 John Karl-Heinz Montag: Die Lehrdarstellung des Handelsrechts von Georg Friedrich von Martens bis Meno Pöhls. Die Wissenschaft des Handelsrechts im ersten Drittel des 19. Jahrhunderts. 1986.

Band 49 Volker D. Anhäusser: Das internationale Obligationenrecht in der höchstrichterlichen Rechtsprechung des 19. Jahrhunderts. 1986.

Band 50 Udo Beer: Die Juden, das Recht und die Republik. Verbandswesen und Rechtsschutz 1919-1933. 1986.

Band 51 Herbert Grziwotz: Der moderne Verfassungsbegriff und die "Römische Verfassung" in der deutschen Forschung des 19. und 20. Jahrhunderts. 1986.

Band 52 Ralf Conradi: Karl Friedrich Eichhorn als Staatsrechtslehrer. Seine Göttinger Vorlesung über "Das Staatsrecht der deutschen Bundesstaaten" nach einer Kollegmitschrift aus dem Wintersemester 1821/22. 1987.

Band 53 Dieter Dannreuther: Der Zivilprozeß als Gegenstand der Rechtspolitik im Deutschen Reich 1871 - 1945. Ein Beitrag zur Geschichte des Zivilprozeßrechts in Deutschland. 1987.

Band 54 Stephan Felix Pauly: Organisation, Geschichte und Praxis der Gesetzesauslegung des (Königlich) Preußischen Oberverwaltungsgerichtes 1875 - 1933. 1987.

Band 55 Rüdiger Schulz: Die Entstehung des Seerechts des Allgemeinen Deutschen Handelsgesetzbuches unter besonderer Berücksichtigung der Bestimmungen über die Reederei, den Schiffer und die Schiffsmannschaft. 1987.

Band 56 Reinhold Reis: Deutsches Privatrecht in den Weistümern der Zenten Schriesheim und Kirchheim. 1987.

Band 57 Jürgen Christoph: Die politischen Reichsamnestien 1918 - 1933. 1987.

Band 58 Gerhard Oberkofler/Eduard Rabofsky: Hans Kelsen im Kriegseinsatz der k.u.k.-Wehrmacht. Eine kritische Würdigung seiner militärtheoretischen Angebote. 1988.

Band 59 Arne Wulff: Staatssekretär Prof. Dr. Dr. h.c. Franz Schlegelberger. 1876-1970. 1991.

Band 60 Gerhard Köbler (Hrsg.): Wege europäischer Rechtsgeschichte. Karl Kroeschell zum 60. Geburtstag. 1987.

Band 61 Rüdiger Hütte: Der Gemeinschaftsgedanke in den Erbrechtsreformen des Dritten Reichs. 1988.

Band 62 Markus Göldner: Politische Symbole der europäischen Integration. Fahne, Hymne, Hauptstadt, Paß, Briefmarke, Auszeichnungen. 1988.

Band 63 Wolfgang Kröner: Freiheitsstrafe und Strafvollzug in den Herzogtümern Schleswig, Holstein und Lauenburg von 1700 bis 1864. 1988.

Band 64 Werner Gaile: Die Norder Theelacht. 1988.

Band 65 Karl v. Kempis: Andreas Gaill (1526 - 1587). Zum Leben und Werk eines Juristen der frühen Neuzeit. 1988.

Band 66 Wolf-Rüdiger Osburg: Die Verwaltung Hamburgs in der Franzosenzeit. 1811-1814. 1988.

Band 67 Christian Schudnagies: Hans Frank. Aufstieg und Fall des NS-Juristen und Generalgouverneurs. 1988.

Band 68 Otmar Jung: Senatspräsident Freymuth. Richter, Sozialdemokrat und Pazifist in der Weimarer Republik. Eine politische Biographie. 1989.

Band 69 Joachim Lohner: Das landeshauptmannschaftliche Gericht in Oberösterreich zu Beginn der Neuzeit. Eine Darstellung des oberösterreichischen Prozeßrechts am obersten Territorialgericht des Landes anhand der oberösterreichischen Landtafel. 1989.

Band 70 Bernd Klemann: Rudolf von Jhering und die Historische Rechtsschule. 1989.

Band 71 Adalbert Langer: Männer um die österreichische Zivilprozeßordnung 1895. Zusammenspiel / Soziales Ziel. 1990.

Band 72 Robert-Dieter Klee: Die Landessuperintendentur Lauenburg. Ursprung und Entwicklung sowie Ende der Sonderstellung des Kirchenkreises Herzogtum Lauenburg durch die nordelbische Kirchenvereinigung. 1989.

Band 73 Heinrich Herrmann: Die Gehöferschaften im Bezirk Trier. 1989.

Band 74 Wilhelm Brauneder, Franz Baltzarek (Hrsg.): Modell einer neuen Wirtschaftsordnung. Wirtschaftsverwaltung in Österreich 1914 - 1918. 1991.

Band 75 Thomas Dreyer: Die "Assecuranz- und Haverey-Ordnung" der Freien und Hansestadt Hamburg von 1731. 1990.

Band 76 Bernhard Sendler: Die Rechtssprache in den süddeutschen Stadtrechtsreformationen. 1990.

Band 77 Brigitte Lehmann: Ehevereinbarungen im 19. und 20. Jahrhundert. 1990.

Band 78 Michael Sunnus: Der NS-Rechtswahrerbund (1928-1945). Zur Geschichte der nationalsozialistischen Juristenorganisation. 1990.

Band 79 Stefan Schulz: Die historische Entwicklung des Rechts an Bienen. (§§ 961 - 964 BGB). 1990.

Band 80 Gerhard Lingelbach, Heiner Lück (Hrsg.): Deutsches Recht zwischen Sachsenspiegel und Aufklärung. Rolf Lieberwirth zum 70. Geburtstag dargebracht von Schülern, Freunden und Kollegen, herausgegeben von Gerhard Lingelbach und Heiner Lück. 1991.

Band 81 Manfred Krohn: Die deutsche Justiz im Urteil der Nationalsozialisten 1920 - 1933. 1991.

Band 82 Angelika Kühn: Privilegierung nationaler Minderheiten im Wahlrecht der Bundesrepublik Deutschland und Schleswig-Holsteins. 1991.

Band 83 Georg Brun: Leben und Werk des Rechtshistorikers Heinrich Mitteis unter besonderer Berücksichtigung seines Verhältnisses zum Nationalsozialismus. 1991.

Band 84 Wolfgang Simon: Claudius Freiherr von Schwerin. Rechtshistoriker während dreier Epochen deutscher Geschichte. 1991.

Band 85 Friedrich-Carl Wachs: Das Verordnungswerk des Reichsdemobilmachungsamtes. Stabilisierender Faktor zu Beginn der Weimarer Republik. 1991.

Band 86 Jens-Uwe Petersen: Die Vorgeschichte und die Entstehung des Mieterschutzgesetzes von 1923 nebst der Anordnung für das Verfahren vor dem Mieteinigungsamt und der Beschwerdestelle. 1991.

Band 87 Ulrike Haibach: Familienrecht in der Rechtssprache. Die historische Entwicklung zentraler Ausdrücke des geltenden Familienrechts. 1991.

Band 88 Joern Christian Nissen: Die Beratungen des Seeversicherungsausschusses der Akademie für Deutsches Recht zu einem neuen Seeversicherungsgesetz (1934-1939). Ein Beitrag zur Entwicklung der allgemeinen Lehren des Seeversicherungsrechts unter besonderer Berücksichtigung des Handelsgesetzbuchs und der Allgemeinen Deutschen Seeversicherungs-Bedingungen 1919. 1991.

Band 89 Diethard Bühler: Die Entstehung der allgemeinen Vertragsschluß-Vorschriften im Allgemeinen Deutschen Handelsgesetzbuch (ADHGB) von 1861. Ein Beitrag zur Kodifikationsgeschichte des Privatrechts im 19. Jahrhundert. 1991.

Band 90 Gerhard Oberkofler: Die Vertreter des Römischen Rechts mit deutscher Unterrichtssprache an der Karls-Universität in Prag. Vom Vormärz bis 1945. 1991.

Band 91 Ulrich Andermann: Ritterliche Gewalt und bürgerliche Selbstbehauptung. Untersuchungen zur Kriminalisierung und Bekämpfung des spätmittelalterlichen Raubrittertums am Beispiel norddeutscher Hansestädte. 1991.

Band 92 Heinz Marcus Hanke: Luftkrieg und Zivilbevölkerung. Der kriegsvölkerrechtliche Schutz der Zivilbevölkerung gegen Luftbombardements von den Anfängen bis zum Ausbruch des Zweiten Weltkrieges. 1991.

Band 93 Kirsten Kraglund: Familien- und Erbrecht. Materielles Recht und Methoden der Rechtsanwendung in der Rechtsprechung des Oberappellationsgerichts der vier Freien Städte Deutschlands zu Lübeck. 1991.

Band 94 Reinhard Lorenz: Die politische und rechtliche Stellung des Proletariats in Preußen in der Zeit zwischen den Reformen und der Revolution 1848/49. 1991.

Band 95 Eric Hilgendorf: Die Entwicklungsgeschichte der parlamentarischen Redefreiheit in Deutschland. 1991.

Band 96 Hans J. Reiter: Die Handelsgesellschaft Villeroy & Boch von der Gründung 1836 bis zum Jahr 1878. 1992.

Band 97 Martin Johannes Heller: Reform der deutschen Rechtssprache im 18. Jahrhundert. 1992.

Band 98 Michael Kotulla: Die Tragweite der Grundrechte der revidierten preußischen Verfassung vom 31.01.1850. 1992.

Band 99 Michael Siefener: Hexerei im Spiegel der Rechtstheorie. Das crimen magiae in der Literatur von 1574 bis 1608. 1992.

Band 100 Andreas Ebert-Weidenfeller: Hamburgisches Kaufmannsrecht im 17. und 18. Jahrhundert. Die Rechtsprechung des Rates und des Reichskammergerichtes. 1992.

Band 101 Enno Bommel: Die Entstehung der Verwirkungslehre in der Krise des Positivismus. 1992.

Band 102 Ralph Steppacher: Die Berücksichtigung der bäuerlichen Postulate bei der Entstehung des ZGB und der Revision des OR. Ein Beitrag zur schweizerischen Kodifikationsgeschichte (1893 - 1912). 1992.

Band 103 Martin Fleckenstein: Die Todesstrafe im Werk Carl Joseph Anton Mittermaiers (1787 - 1867). Zur Entwicklungsgeschichte eines Werkbereichs und seiner Bedeutung für Theorie- und Methodenbildung. 1992.

Band 104 Jörn Eckert: Der Kampf um die Familienfideikommisse in Deutschland. Studien zum Absterben eines Rechtsinstitutes. 1992.

Band 105 Jörg Grotkopp: Beamtentum und Staatsformwechsel. Die Auswirkungen der Staatsformwechsel von 1918, 1933 und 1945 auf das Beamtenrecht und die personelle Zusammensetzung der deutschen Beamtenschaft. 1992.

Band 106 Andreas Rohde: Die Garantiehaftung des Vermieters und ihr Verhältnis zum Unmöglichkeitsrecht in dogmengeschichtlicher und modernrechtlicher Sicht. 1992.

Band 107 Tjark Siefke Kunstreich: Gesamtvertretung. Eine historisch-systematische Darstellung. 1992.

Band 108 Jürgen Krüger: Blindheit und Königtum. Die Blindheit des Königs Georg V. von Hannover als verfassungsrechtliches Problem. 1992.

Band 109 Wolfgang Putschek: Ständische Verfassung und autoritäre Verfassungspraxis in Österreich 1933-1938 mit Dokumentenanhang. Verfassung und Verfassungswirklichkeit. Mit einem Anhang: Denkschriften von Rechtsanwalt Dr. Erich Führer 1936/37. 1993.

Band 110 Klaus Hofmann: Die Verdrängung der Juden aus öffentlichem Dienst und selbständigen Berufen in Regensburg 1933-1939. 1993.

Band 111 Franz Kilger: Die Entwicklung des Telegraphenrechts im 19. Jahrhundert mit besonderer Berücksichtigung der technischen Entwicklung. Telegraphenrecht im 19. Jahrhundert. 1993.

Band 112 Wilhelm Brauneder (Hrsg.): Heiliges Römisches Reich und moderne Staatlichkeit. 1993.

Band 113 Thomas Heinrich: Das preußische Nichtehelichenrecht: Von der Aufklärung zur Reaktion. 1993.

Band 114 Gerald Kohl: Jagd und Revolution. Das Jagdrecht in den Jahren 1848 und 1849. 1993.

Band 115 Christian Schudnagies: Der Kriegs- oder Belagerungszustand im Deutschen Reich während des Ersten Weltkrieges. Eine Studie zur Entwicklung und Handhabung des deutschen Ausnahmezustandsrechts bis 1918. 1994.

Band 116 Elisabeth Bellmann: Die Internationale Kriminalistische Vereinigung (1889-1933). 1994.

Band 117 Julia Pfannkuch: Volksrichterausbildung in Sachsen 1945-1950. 1993.

Band 118 Jörg Offen: Von der Verwaltungsgemeinschaft des BGB von 1896 zur Zugewinngemeinschaft des Gleichberechtigungsgesetzes von 1957. 1994.

Band 119 Dorothee Kohlhas-Müller: Untersuchungen zur Rechtsstellung Theoderichs des Großen. 1995.

Band 120 Monika Rose: Das Gerichtswesen des Herzogtums Pfalz-Zweibrücken im 18. Jahrhundert. Ein Beitrag zur territorialen Gerichtsbarkeit im Alten Reich. 1994.

Band 121 Jörn Eckert / Hans Hattenhauer (Hrsg.): Bibel und Recht. Rechtshistorisches Kolloquium 9. - 13. Juni 1992 an der Christian-Albrechts-Universität zu Kiel. 1994.

Band 122 Robert Martin Mizia: Der Rechtsbegriff der Autonomie und die Begründung des Privatfürstenrechts in der deutschen Rechtswissenschaft des 19. Jahrhunderts. 1995.

Band 123 Walther Graf von Plettenberg: Das Fortleben des Liber Iudiciorum in Asturien/León (8. - 13. Jh.). 1994.

Band 124 Wolfgang Schulz: Das deutsche Börsengesetz. Die Entstehungsgeschichte und wirtschaftlichen Auswirkungen des Börsengesetzes von 1896. 1994.

Band 125 Frank Hagemann: Der Untersuchungsausschuß Freiheitlicher Juristen. 1949 – 1969. 1994.

Band 126 Andreas Rethmeier: "Nürnberger Rassegesetze" und Entrechtung der Juden im Zivilrecht. 1995.

Band 127 Edith Grether: Die Poesie der Throne. Die Juristen in der Fruchtbringenden Gesellschaft. 1995.

Band 128 Anna Bartels-Ishikawa: Der Lippische Thronfolgestreit. Eine Studie zu verfassungsrechtlichen Problemen des Deutschen Kaiserreiches im Spiegel der zeitgenössischen Staats. 1995.

Band 129 Jörg Schmidt: Otto Koellreutter 1883-1972. Sein Leben, sein Werk, seine Zeit. 1995.

Band 130 Christian Hattenhauer: Wahl und Krönung Franz II. AD 1792. Das Heilige Reich krönt seinen letzten Kaiser - Das Tagebuch des Reichsquartiermeisters Hieronymus Gottfried von Müller und Anlagen. 1995.

Band 131 Jutta v. der Decken: Das Seearbeitsrecht im Hamburger Stadtrecht von 1301 bis 1603. 1995.

Band 132 Detlev Schmidt: Die Reform des Rechts der Handelsvertreter von 1953. 1995.

Band 133 Gabi Roßdeutscher: Privatautonomie im Scheidungsrecht. Scheidungsbezogene Vereinbarungen in den letzten 200 Jahren. 1995.

Band 134 Harald Kahlenberg: Leben und Werk des Rechtshistorikers Walther Merk. Ein Beispiel für das Verhältnis von Rechtsgeschichte und Nationalsozialismus. 1995.

Band 135 Michael Steitz: Adelbert Düringer am Reichsgericht (1902-1915). Seine aktienrechtlichen Entscheidungen und sein Einfluß auf das Aktienrecht in Deutschland. 1995.

Band 136 Christian Becker: Beata Justorum Translatio. Juristen in schleswig-holsteinischen Leichenpredigten. 1996.

Band 137 Christoph Seiler: Vom Allgemeinen Landrecht zum Bürgerlichen Gesetzbuch. Dargestellt am Beispiel der höchstrichterlichen Judikatur zum kaufrechtlichen Sachmängelgewährleistungsrecht. 1996.

Band 138 Bernd Mayer: Die Vertrauensmännerausschüsse auf den preußischen Steinkohlegruben an der Saar. Entstehung und Wirken. Eine rechtshistorische Untersuchung. 1996.

Band 139 Rochus Scholl: Juden und Judenrecht im Herzogtum Pfalz-Zweibrücken. Ein Beitrag zur Rechtsgeschichte eines deutschen Kleinstaates am Ende des alten Reiches. 1996.

Band 140 Meike Bursch: Judentaufe und frühneuzeitliches Strafrecht. Die Verfahren gegen Christian Treu aus Weener/Ostfriesland 1720-1728. 1996.

Band 141 Markus Hillenbrand: Fürstliche Eheverträge. Gottorfer Hausrecht 1544 - 1773. 1996.

Band 142 Ulf Häder: Das gemeinschaftliche Oberappellationsgericht thüringischer Staaten in Jena. Ein Beitrag zur Geschichte des Gerichtswesens im 19. Jahrhundert. 1996.

Band 143 Andreas Bauer: Das Gnadenbitten in der Strafrechtspflege des 15. und 16. Jahrhunderts. Dargestellt unter besonderer Berücksichtigung von Quellen der Vorarlberger Gerichtsbezirke Feldkirch und des Hinteren Bregenzerwaldes. 1996.

Band 144 Christian Wirth: Der Jurist Johann Andreas Georg Friedrich Rebmann zwischen Revolution und Restauration. 1996.

Band 145 Stefanie Müller: Die Rechtsprechung des Hanseatischen Oberlandesgerichts zum persönlichen Eherecht in Hamburgischen Gerichtsfällen von 1879 -1900. 1996.

Band 146 Jean-Nicolas Morisset: Der Frachtvertrag in der *Ordonnance de la marine* von 1681. 1996.

Band 147 Dirk Lentfer: Die Glogauer Landesprivilegien des Andreas Gryphius von 1653. 1996.

Band 148 Wencke Mull: Die Haftung für Einsturzschäden nach den §§ 836-838 BGB in der Rechtsprechung des Reichsgerichts. 1996.

Band 149 Renate Zelger: Teufelsverträge. Märchen, Sage, Schwank, Legende im Spiegel der Rechtsgeschichte. 1996.

Band 150 Guido Kraß: Das Arrestverfahren in Frankfurt am Main im Spätmittelalter. 1996.

Band 151 F. Benedict Heyn: Die Entwicklung des Eisenbahnfrachtrechts von den Anfängen bis zur Einführung des Allgemeinen Deutschen Handelsgesetzbuches (ADHGB). 1996.

Band 152 Thomas Lang: Die Staats- und Verfassungslehre Carl Salomo Zachariaes. 1996.

Band 153 Michael Hebeis: Karl Anton von Martini (1726-1800). Leben und Werk. 1996.

Band 154 Gerald Hubert: Die Diskussion um die rechtliche Natur der Bizone in den Jahren 1947-1949. 1996.

Band 155 Christof Horn: Die Rechtsprechung des Reichsgerichts in Ehescheidungssachen der Jahre 1900 bis 1905. 1996.

Band 156 Hermann Nehlsen / Georg Brun (Hrsg.): Münchener rechtshistorische Studien zum Nationalsozialismus. 1996.

Band 157 Jan Otto Clemens Kehrberg: Die Entwicklung des Elektrizitätsrechts in Deutschland. Der Weg zum Energiewirtschaftsgesetz von 1935. 1997.

Band 158 Johannes Tradt: Der Religionsprozeß gegen den Zopfschulzen (1791-1799). Ein Beitrag zur protestantischen Lehrpflicht und Lehrzucht in Brandenburg-Preußen gegen Ende des 18. Jahrhunderts. 1997.

Band 159 Dietmar Olsen: Das kaufrechtliche Sachmängelgewährleistungsrecht des Code civil in der Rechtsprechung deutscher Gerichte im 19. Jahrhundert. Ein Beitrag zur Ablösung der Partikularrechte durch das BGB. 1997.

Band 160 Ulrich Bernhardt: Die Deutsche Akademie für Staats- und Rechtswissenschaft „Walter Ulbricht" 1948-1971. 1997.

Band 161 Claudia Susan Hoppe: Die Bürgschaft im Rechtsleben Hamburgs von 1600 bis 1900. 1997.

Band 162 Franz-Rudolf Ecker: Die Entwicklung des Bergrechts im Saarbrücker Steinkohlenrevier bis zum Ende des 18. Jahrhunderts. Ein Vergleich mit dem älteren deutschen Bergrecht. 1997.

Band 163 Anne Katrin Rückert: Politik und Privatrecht in der „konservativen Revolution". 1997.

Band 164 Gisbert Laube: Der Reichskunstwart. Geschichte einer Kulturbehörde 1919-1933. 1997.

Band 165 Nicolas Lührig: Die Diskussion über die Reform der Juristenausbildung von 1945 bis 1995. 1997.

Band 166 Regula Gerber Jenni: Die Emanzipation der mehrjährigen Frauenzimmer. Frauen im bernischen Privatrecht des 19. Jahrhunderts. 1997.

Band 167 Mischa A. Färber: Das gemeinschaftliche Testament in der höchstrichterlichen Rechtsprechung zum Allgemeinen Preußischen Landrecht und zum BGB. Ein Beitrag zur Ablösung der Partikularrechte durch das BGB. 1997.

Band 168 Catherine Antoinette Gasser: Philipp Lotmar 1850-1922. Professor der Universität Bern. Sein Engagement für das Schweizerische Arbeitsrecht. 1997.

Band 169 Lars Immisch: Der sozialistische Richter in der DDR und seine Unabhängigkeit. Der Versuch eines Rechtsvergleiches zum Unabhängigkeitsbegriff in der bundesdeutschen Rechtsordnung. 1997.

Band 170 Jessica Jacobi: Besitzschutz vor dem Reichskammergericht. Die friedenssichernde Funktion der Besitzschutzklagen am Reichskammergericht im 16. Jahrhundert, dargestellt anhand von Kameralisten. 1998.

Band 171 Ewald Hügemann: Die Geschichte des öffentlichen und privaten Mietpreisrechts vom Ersten Weltkrieg bis zum Gesetz zur Regelung der Miethöhe von 1974. 1998.

Band 172 Lutz Rentzow: Die Entstehungs- und Wirkungsgeschichte der Vernewerten Landesordnung für das Königreich Böhmen von 1627. 1998.

Band 173 Sabine Stürmer: Mühlenrecht im Herzogtum Pfalz-Zweibrücken während des 18. Jahrhunderts. Ein Beitrag zum Wirtschaftsrecht eines deutschen Kleinstaates im Alten Reich. 1998.

Band 174 Mario Bogisch: *Nemo testis in re sua.* Das Problem der Zeugnisfähigkeit bei der Anwendung der deutschen Zivilprozeßordnung von 1877. 1998.

Band 175 Rainer Oßwald: Pactane sunt servanda? Freiwilligkeit, Zwang und Unverbindlichkeitserklärungen im islamischen Vertragsrecht malikitischer Schule. 1998.

Band 176 Bettina Kern: Der preußische BGB-Entwurf von 1842. 1998.

Band 177 Inken Fuhrmann: Die Diskussion über die Einführung der fakultativen Zivilehe in Deutschland und Österreich seit Mitte des 19. Jahrhunderts. 1998.

Band 178 Annette Rieck: Der Heilige Ivo von Hélory (1247-1303). Advocatus pauperum und Patron der Juristen. 1998.

Band 179 Frank Bottenberg: Die Hamburgische Strafprozeßordnung von 1869. 1998.

Band 180 Matthias Krauß: Das kursächsische Postrecht von seinen Anfängen bis zum Ende des Alten Reichs. 1998.

Band 181 Torsten Schmidt: Die Entmündigung von den Anfängen des BGB bis zu ihrer Ablösung durch das Institut der Betreuung. 1998.

Band 182 Christian Nunn: Rudolf Müller-Erzbach. 1874-1959. Von der realen Methode über die Interessenjurisprudenz zum kausalen Rechtsdenken (Leben und Werk). 1998.

Band 183 Christian Ortloff: Das staatskirchenrechtliche System Wilhelm Traugott Krugs. Glaubens- und Gewissensfreiheit – eine Forderung der Vernunft. 1998.

Band 184 Christian Hattenhauer: Schuldenregulierung nach dem Westfälischen Frieden. Der sog. § *de indaganda* und seine Umsetzung im Jüngsten Reichsabschied (AD 1648 und 1654). 1998.

Band 185 Werner Schubert: Preußen im Vormärz. Die Verhandlungen der Provinziallandtage von Brandenburg, Pommern, Posen, Sachsen und Schlesien sowie – im Anhang – von Ostpreußen, Westfalen und der Rheinprovinz (1841-1845). 1998.

Band 186 Silvia Schumacher: Das Rechtsverhältnis zwischen Eltern und Kindern in der Privatrechtsgeschichte. 1999.

Band 187 Kai Sommer: Die Strafbarkeit der Homosexualität von der Kaiserzeit bis zum Nationalsozialismus. Eine Analyse der Straftatbestände im Strafgesetzbuch und in den Reformentwürfen (1871-1945). 1998.

Band 188 Jan Erik Backhaus: Volksrichterkarrieren in der DDR. 1999.

Band 189 Ralf Ruhnau: Die Fürstlich Thurn und Taxissche Privatgerichtsbarkeit in Regensburg. Ein Kuriosum der deutschen Rechtsgeschichte. 1999.

Band 190 Antonio Grilli: Die französische Justizorganisation am linken Rheinufer 1797-1803. 1999.

Band 191 Stephanie Kammerloher-Lis: Die Entstehung des Gesetzes über die religiöse Kindererziehung vom 15. Juli 1921. 1999.

Band 192 Jan Telp: Ausmerzung und Verrat. Zur Diskussion um Strafzwecke und Verbrechensbegriffe im Dritten Reich. 1999.

Band 193 Kurt von Pannwitz: Die Entstehung der Allgemeinen Deutschen Wechselordnung. Ein Beitrag zur Geschichte der Vereinheitlichung des deutschen Zivilrechts im 19. Jahrhundert. 1999.

Band 194 Sylvia Busch: Die Entstehung der Allgemeinen Gerichtsordnung für die Preussischen Staaten von 1793/95. Ein Beitrag zur Geschichte der Kodifikationsbewegung und der Reform des Zivilprozesses in Preußen im 18. Jahrhundert. 1999.

Band 195 Dirk Bieresborn: Klage und Klageerwiderung im deutschen und englischen Zivilprozeß. Eine rechtshistorische und rechtsvergleichende Untersuchung unter besonderer Berücksichtigung der Beeinflussung durch das römisch-kanonische Verfahren. 1999.

Band 196 Andreas Thier / Guido Pfeifer / Philipp Grzimek (Hrsg.): Kontinuitäten und Zäsuren in der Europäischen Rechtsgeschichte. Europäisches Forum Junger Rechtshistorikerinnen und Rechtshistoriker München 22.-24. Juli 1998. 1999.

Band 197 Franz Smola: Die Fürstlich Liechtenstein'sche Kunstsammlung. Rechtsfragen zur Verbringung der Sammlung von Wien nach Vaduz in den Jahren 1944/45. 1999.

Band 198 Frank Martin Krauss: Das geteilte Eigentum im 19. und 20. Jahrhundert. Eine Untersuchung zum Fortbestand des Teilungsgedankens. 1999.

Band 199 Matthias Frey: Die spanische Aktiengesellschaft im 18. Jahrhundert und unter dem Código de Comercio von 1829. 1999.

Band 200 Alexandra Gilde: Die Stellung der Frau im Reichsstrafgesetzbuch von 1870/71 und in den Reformentwürfen bis 1919 im Urteil der bürgerlichen Frauenbewegung. Eine Analyse ausgewählter Straftatbestände. 1999.

Band 201 Malte Dießelhorst / Arne Duncker: Hans Kohlhase. Die Geschichte einer Fehde in Sachsen und Brandenburg zur Zeit der Reformation. 1999.

Band 202 Jörg Hillmann: Territorialrechtliche Auseinandersetzungen der Herzöge von Sachsen-Lauenburg vor dem Reichskammergericht im 16. Jahrhundert. 1999.

Band 203 Carsten Engler: Die Kommanditgesellschaft (KG) und die stille Gesellschaft im Allgemeinen Deutschen Handelsgesetzbuch (ADHGB) von 1861. 1999.

Band 204 Vesta Hoffmann-Steudner: Die Rechtsprechung des Reichsgerichts zu dem Scheidungsgrund des § 49 EheG (EheG 1938) in den Jahren 1938-1945. 1999.

Band 205 Michaela Thiele: Die Auflösung von Arbeitsverhältnissen aufgrund Anfechtung und außerordentlicher Kündigung nach der Rechtsprechung des Reichsarbeitsgerichts (1927-1945). 2000.

Band 206 Peter Landau / Hermann Nehlsen / Mathias Schmoeckel (Hrsg.): Karl von Amira zum Gedächtnis. 1999.

Band 207 Marcus Flinder: Die Entstehungsgeschichte des Zivilgesetzbuches der DDR. 1999.

Band 208 Boris Franz Leo Bromm: Die Entstehungsgeschichte des Berufs des Handelsvertreters. Unter besonderer Berücksichtigung der Sozialgesetzgebung in den Jahren von 1871-1933. 2000.

Band 209 Winfried C. J. Eberstein: Das Tierschutzrecht in Deutschland bis zum Erlaß des Reichs-Tierschutzgesetzes vom 24. November 1933. Unter Berücksichtigung der Entwicklung in England. 1999.

Band 210 Patrick Deller: Der „nach dem Vertrage" vorausgesetzte Gebrauch (§ 459 Absatz 1 Satz 1 BGB). Eine kaufrechtliche Untersuchung unter Berücksichtigung rechtshistorischer wie rechtsvergleichender Grundlagen. 2000.

Band 211 Eckard Freiherr von Bodenhausen: Haftung des Geschäftsherrn für Verrichtungsgehilfen im Straßen- und Schienenverkehr. Eine Analyse der Entscheidungen des Reichsgerichts zu § 831 BGB (1900-1945). 2000.

Band 212 Birte Gast: Der Allgemeine Teil und das Schuldrecht des Bürgerlichen Gesetzbuchs im Urteil von Raymond Saleilles (1855-1912). 2000.

Band 213 Hansjörg Michael Huber: Koloniale Selbstverwaltung in Deutsch-Südwestafrika. Entstehung, Kodifizierung und Umsetzung. 2000.

Band 214 Ulf Björner: Die Verfassungsgerichtsbarkeit im Norddeutschen Bund und Deutschen Reich (1867-1918). Eine rechtshistorische Untersuchung über Gerichtsbarkeit im Spannungsfeld von Politik und Recht innerhalb der von Bismarck geschaffenen deutschen Bundesstaaten. 2000.

Band 215 Mathias Freiherr von Rosenberg: Friedrich Carl von Savigny (1779-1861) im Urteil seiner Zeit. 2000.

Band 216 Reinhard Binder-Krieglstein: Österreichisches Adelsrecht 1868-1918/19. Von der Ausgestaltung des Adelsrechts der cisleithanischen Reichshälfte bis zum Adelsaufhebungsgesetz der Republik unter besonderer Berücksichtigung des adeligen Namensrechts. 2000.

Band 217 Claudia-Regine Nerius: Johannes Lehmann-Hohenberg (1851-1925). Eine Studie zur völkischen Rechts- und Justizkritik im Deutschen Kaiserreich. 2000.

Band 218 Ludger Meuten: Die Erbfolgeordnung des Sachsenspiegels und des Magdeburger Rechts. Ein Beitrag zur Geschichte des sächsisch-magdeburgischen Rechts. 2000.

Band 219 Christoph Alexander von Wilcken: Die Reformbestrebungen zum Genossenschaftsgesetz in der Frühzeit der Bundesrepublik. Die Beratungen der Sachverständigenkommission zur Überprüfung des Genossenschaftsrechts 1954 bis 1958 und der Referentenentwurf von 1962. 2000.

Band 220 Verein Junger RechtshistorikerInnen Zürich (Hrsg.): ¿Rechtsgeschichte(n)? ¿Histoire(s) du droit? ¿Storia/storie del diritto? ¿Legal Histori(es)? Europäisches Forum Junger Rechtshistorikerinnen und Rechtshistoriker Zürich 28.-30. Mai 1999. 2000.

Band 221 Hans Christian Schüler: Die Entstehungsgeschichte der Bundesnotarordnung vom 24. Februar 1961. 2000.

Band 222 Nils-Eberhard Schramm: Die Vereinigung demokratischer Juristen (1949-1999). 2000.

Band 223 Silke Anke Torp: Das Rechtsverhältnis zwischen den Eltern und ihren Kindern. Dienstleistungspflicht, Aussteuer und Ausstattung. Eine Analyse der Rechtsprechung des Reichsgerichts und des Reichsarbeitsgerichts zu den Vorschriften der §§ 1616 bis 1625 des Bürgerlichen Gesetzbuches in der Zeit von 1900 bis 1945. 2000.

Band 224 Martin Jürgen Maaß: Die Geschichte des Eigentumsvorbehalts, insbesondere im 18. und 19. Jahrhundert. 2000.

Band 225 Stefanie Langer: Rechtswissenschaftliche Itinerarien. Lebenswege namhafter europäischer Juristen vom 11. bis zum 18. Jahrhundert. 2000.

Band 226 Ulrich Schmitz: Der Unterhaltsanspruch des nichtehelichen Kindes gegen seinen Erzeuger. Die rechtsgeschichtliche und dogmatische Entwicklung im deutschen Recht. 2000.

Band 227 Sebastian Günther: Friedrich Carl von Savigny als Grundherr. 2000.

Band 228 Henning Ibs: Hermann J. Held (1890-1963). Ein Kieler Gelehrtenleben in den Fängen der Zeitläufe. 2000.

Band 229 Matthias Rücker: Wirtschaftswerbung unter dem Nationalsozialismus. Rechtliche Ausgestaltung der Werbung und Tätigkeit des Werberats der deutschen Wirtschaft. 2000.

Band 230 Hendrik Sandmann: Die Entwicklung von Begriff und Inhalt des Wirtschaftchsrechts durch die Rechtswissenschaft in der Weimarer Republik. 2000.

Band 231 Sibylle Müller: Gibt es Menschenrechte bei Samuel Pufendorf? 2000.

Band 232 Karin Olechowski-Hrdlicka: Die gemeinsamen Angelegenheiten der Österreichisch-Ungarischen Monarchie. Vorgeschichte – Ausgleich 1867 – Staatsrechtliche Kontroversen. 2001.

Band 233 Johannes Mierau: Die juristischen Abschluß- und Diplomprüfungen in der SBZ/DDR. Ein Einblick in die Juristenausbildung im Sozialismus. 2001.

Band 234 Jörg Wolff (Hrsg.): Stillstand, Erneuerung und Kontinuität. Einsprüche zur Preußenforschung. 2001.

Band 235 Friedo Schröder: Die anwaltliche Tätigkeit während der nationalsozialistischen Herrschaft. Eine Analyse der anwaltlichen Argumentation in Zivilprozessen anhand der vorhandenen Prozeßakten der Landgerichte Frankenthal, Wiesbaden, Limburg und Frankfurt und der Handakten der *jüdischen Konsulenten* des OLG-Bezirks Frankfurt. 2001.

Band 236 Der Code pénal des Königreichs Westphalen von 1813 mit dem Code pénal von 1810 im Original und in deutscher Übersetzung. Herausgegeben und mit einer Einleitung versehen von Werner Schubert. 2001.

Band 237 Klaus Richter: Deutsches Kolonialrecht in Ostafrika 1885-1891. 2001.

Band 238 Kai von Lewinski: Deutschrechtliche Systembildung im 19. Jahrhundert. 2001.

Band 239 Alexander Herzog: Sittenwidrige Rechtsgeschäfte in der höchstrichterlichen Rechtsprechung aus den Jahren 1948-1965. 2001.

Band 240 Claudia Rönnau: Die Beratungen des Wasserrechtsausschusses der Akademie für Deutsches Recht zu einem Reichswassergesetz (1934-1941). Ein Beitrag zur Dogmatik der Begriffe *Gemeingebrauch* und *Sondergebrauch* in der Zeit des Nationalsozialismus. 2001.

Band 241 Momme Rohlack: Kriegsgesellschaften (1914-1918). Arten, Rechtsformen und Funktionen in der Kriegswirtschaft des Ersten Weltkrieges. 2001.

Band 242 Rolf Geyer: Der Gedanke des Verbraucherschutzes im Reichsrecht des Kaiserreichs und der Weimarer Republik (1871-1933). Eine Studie zur Geschichte des Verbraucherrechts in Deutschland. 2001.

Band 243 Felix Lorenz Benjamin Lehmann: Der Rote Adlerorden. Entstehung und rechtliche Grundlagen (1705-1918). 2002.

Band 244 Marc Ludwig: Der Pfändungsschutz für Lohneinkommen. Die Entstehungs- und Entwicklungsgeschichte der Vorschriften zum Schutz vor Lohnpfändung in Deutschland. 2001.

Band 245 Alexander Wachter: Dorfschule zwischen Pastor und Schulmeister. Zur Säkularisierung des niederhessischen Schulwesens im 19. Jahrhundert. 2001.

Band 246 Richard Scholz: Analyse der Entstehungsbedingungen der reichsgerichtlichen Aufwertungsrechtsprechung. Untersuchung unter besonderer Berücksichtigung der konservativen Geldpolitik der Reichsbank und der Inflationspolitik der Reichsregierung. 2001.

Band 247 Judith Laeverenz: Märchen und Recht. Eine Darstellung verschiedener Ansätze zur Erfassung des rechtlichen Gehalts der Märchen. 2001.

Band 248 Christina Schenk: Bestrebungen zur einheitlichen Regelung des Strafvollzugs in Deutschland von 1870 bis 1923. 2001.

Band 249 Nils Werner: Die Prozesse gegen die Landvolkbewegung in Schleswig-Holstein 1929/32. Ein Beitrag zur Justizkritik in der späten Weimarer Republik. 2001.

Band 250 Wolfgang Walter: Das Duell in Bayern. Ein Beitrag zur bayerischen Strafrechtsgeschichte. 2002.

Band 251 Jörn Eckert / Kjell Å. Modéer (Hrsg.): Geschichte und Perspektiven des Rechts im Ostseeraum. Erster Rechtshistorikertag im Ostseeraum 8.–12. März 2000. 2001.

Band 252 Jan Könighaus: Die Inauguration der Christian-Albrechts-Universität zu Kiel 1665. Symbolgehalt und rechtliche Bedeutung des Universitätszeremoniells. 2002.

Band 253 Andreas Görgen: Rechtssprache in der Frühen Neuzeit. Eine vergleichende Untersuchung der Fremdwortverwendung in Gesetzen des 16. und 17. Jahrhunderts. 2002.

Band 254 Ralf Schäfer: Die Rechtsstellung der Haigerlocher Juden im Fürstentum Hohenzollern-Sigmaringen von 1634-1850. Eine rechtsgeschichtliche Untersuchung. 2002.

Band 255 Regine Schmalhorst: Die Tierhalterhaftung im BGB von 1896. Die Entstehung und Änderung des § 833 BGB sowie eine Analyse der Rechtsprechung des Reichsgerichts bis 1908. 2002.

Band 256 Thomas Hense: Konrad Beyerle. Sein Wirken für Wissenschaft und Politik in Kaiserreich und Weimarer Republik. 2002.

Band 257 Christian Mahlmann: Die Strafrechtswissenschaft der DDR. Klassenkampftheorie und Verbrechenslehre. 2002.

Band 258 Henning Kahmann: Die Bankiers von Jacquier & Securius 1933–1945. Eine rechtshistorische Fallstudie zur "Arisierung" eines Berliner Bankhauses. Mit einem Geleitwort von John Kornblum. 2002.

Band 259 Volker Friedrich Drecktrah: Die Gerichtsbarkeit in den Herzogtümern Bremen und Verden und in der preußischen Landdrostei Stade von 1715 bis 1879. 2002.

Band 260 Andreas Klass: Standes- oder Leistungselite? Eine Untersuchung der Karrieren der Wetzlarer Anwälte des Reichskammergerichts (1693-1806). 2002.

Band 261 Wolfgang Eder: Das italienische Tribunale Speciale per la Difesa dello Stato und der deutsche Volksgerichtshof. Ein Vergleich zwischen zwei politischen Gerichtshöfen. 2002.

Band 262 Albrecht Cordes / Bernd Kannowski (Hrsg.): Rechtsbegriffe im Mittelalter. 2002.

Band 263 Thomas Hildebrandt: Die Brandenburgischen Provinziallandtage von 1841, 1843, und 1845 anhand ausgewählter Verhandlungsgegenstände. 2002.

Band 264 Jan Finzel: Georg Adam Struve (1619–1692) als Zivilrechtler. 2003.

Band 265 Björn Carsten Frenzel: Das Selbstverständis der Justiz nach 1945. Analyse der Rolle der Justiz unter Berücksichtigung der Reden zur *Wiedereröffnung* der Bundes- und Oberlandesgerichte. 2003.

Band 266 Nils Reichhelm: Die marxistisch-leninistische Staats- und Rechtstheorie Karl Polaks. 2003.

Band 267 Raik Schneider: Altrechtliche Personenzusammenschlüsse. Ihre Entwicklung unter besonderer Berücksichtigung des Rechts des Großherzogtums Sachsen-Weimar-Eisenach sowie der Herzogtümer Sachsen-Meiningen und Sachsen-Gotha. 2003.

Band 268 Anke Meier: Die Geschichte des deutschen Konkursrechts, insbesondere die Entstehung der Reichskonkursordnung von 1877. 2003.

Band 269 Stefan Jens Jordan: Leben und Werk des Tübinger Rechtsprofessors Wilhelm Gottlieb Tafinger 1760–1813. 2003.

Band 270 Stefanie Hubig: Die historische Entwicklung des § 23 ZPO. Zum Ursprung und Fortleben des Vermögensgerichtsstandes im deutschen Prozeßrecht des 19. Jahrhunderts. 2003.

Band 271 Michael G. Perband: Der Grundsatz der freien Beweiswürdigung im Zivilprozeß (§ 286 ZPO) in der Rechtsprechung des Reichsgerichts. 2003.

Band 272 Mathias Bouveret: Die Stellung des Staatsoberhauptes in der parlamentarischen Diskussion und Staatsrechtslehre von 1848 bis 1918. 2003.

Band 273 Barbara Széchényi: Rechtliche Grundlagen bayerischer Zensur im 19. Jahrhundert. 2003.

Band 274 Sylvia Scharfenberg: Die Entstehungsgeschichte des Beurkundungsgesetzes vom 28. August 1969. 2003.

Band 275 Urte Nesemann: Die schwedische Familiengesetzgebung von 1734 bis zu den Reformgesetzen von 1915 bis 1920 und deren Einfluss auf die Gesetzgebungsprojekte der Weimarer Republik. Unter besonderer Berücksichtigung der Rechtsstellung der Frau und des unehelichen Kindes. 2003.

Band 276 Alexandra Brück: Die Polizeiordnung Herzog Christians von Braunschweig-Lüneburg vom 6. Oktober 1618. 2003.

Band 277 Torsten Landwehr: Das Kommissionsgeschäft in Rechtswissenschaft, Gesetzgebung und Rechtspraxis vom 16. bis zum Ende des 18. Jahrhunderts. 2003.

Band 278 Tassilo Wilhelm Maria Englert: Deutsche und italienische Zivilrechtsgesetzgebung von 1933–1945. Parallelen in der Rechtsetzung und gegenseitige Beeinflussung unter besonderer Berücksichtigung des Familien- und Erbrechts. 2003.

Band 279 Tobias Prang: Der Schutz der Versicherungsnehmer bei der Auslegung von Versicherungsbedingungen durch das Reichsgericht. 2003.

Band 280 Thorsten Lieb: Privileg und Verwaltungsakt. Handlungsformen der öffentlichen Gewalt im 18. und 19. Jahrhundert. 2004.

Band 281 Michael Rühling: Das Ladenschlussgesetz vom 28. November 1956. Vorgeschichte, Entstehung des Gesetzes und weitere Entwicklung. 2004.

Band 282 Kathrin Nawotki: Die schleswigsche Deichstavengerechtigkeit. Vom 17. Jahrundert bis in die Gegenwart. Eine gewohnheitsrechtliche Superfizies an nordfriesischen Deichgrundstücken und ihre Entwicklung. 2004.

Band 283 Erik Nils Voigt: Die Gesetzgebungsgeschichte der militärischen Ehrenstrafen und der Offiziersehrengerichtsbarkeit im preußischen und deutschen Heer von 1806 bis 1918. 2004.

Band 284 Dorothea Riedi Hunold: Die Einführung der allgemeinen Wechselfähigkeit in der Schweiz in der zweiten Hälfte des 19. Jahrhunderts. Unter besonderer Berücksichtigung der politischen, wirtschaftlichen und sozialen Verhältnisse. 2004.

Band 285 Thomas Gergen: Pratique juridique de la paix et trêve de Dieu à partir du concile de Charroux (989–1250). Juristische Praxis der Pax und Treuga Dei ausgehend vom Konzil von Charroux (989–1250). 2004.

Band 286 Kathrin Bethkenhagen: Die Entwicklung des Luftrechts bis zum Luftverkehrsgesetz von 1922. 2004.

Band 287 Heiko Lüpkes: Die Verbrechen der Diener des Staats im Allgemeinen Landrecht für die Preußischen Staaten von 1794 und ihre Entwicklung zu den Vergehen und Verbrechen im Amte im Strafgesetzbuch für die Preußischen Staaten von 1851. 2004.

Band 288 Mirco Peter Hirsch: Von der Erbbescheinigung des Preußischen Rechts zum Erbschein des Bürgerlichen Gesetzbuchs. 2004.

Band 289 Bettina Günther: Die Behandlung der Sittlichkeitsdelikte in den Policeyordnungen und der Spruchpraxis der Reichsstädte Frankfurt am Main und Nürnberg im 15. bis 17. Jahrhundert. 2004.

Band 290 Seunghyeon Seong: Der Begriff der *nicht gehörigen Erfüllung* aus dogmengeschichtlicher und rechtsvergleichender Sicht. 2004.

Band 291 Steffen-Werner Meyer: Bemühungen um ein Reichsgesetz gegen den Büchernachdruck. Anläßlich der Wahlkapitulation Leopolds II. aus dem Jahre 1790. 2004.

Band 292 Ulrich Löffler: Instrumentalisierte Vergangenheit? Die nationalsozialistische Vergangenheit als Argumentationsfigur in der Rechtsprechung des Bundesverfassungsgerichts. 2004.

Band 293 Norbert Koch: Die Entwicklung des deutschen privaten Immissionsschutzrechts seit Beginn der Industrialisierung. Unter besonderer Berücksichtigung des Einflusses der höchstrichterlichen Rechtsprechung. 2004.

Band 294 Julius Ludwig Pfeiffer: Das Tierschutzgesetz vom 24. Juli 1972. Die Geschichte des deutschen Tierschutzrechts von 1950 bis 1972. 2004.

Band 295 Bert-Hagen Strodthoff: Die richterliche Frage- und Erörterungspflicht im deutschen Zivilprozeß in historischer Perspektive. 2004.

Band 296 Tim Kannewurf: Die Höfeordnung vom 24. April 1947. Entstehungsgeschichte und Einordnung in die Entwicklung des Anerbenrechts. 2004.

Band 297 Steffi Heine: Die Methodendiskussion nach Inkrafttreten des Bürgerlichen Gesetzbuches und die Gründung des Vereins *Recht und Wirtschaft*. 2004.

Band 298 Anne Marlene Simon-Holtorf: Geschichte des Familienwahlrechts in Frankreich (1871 bis 1945). 2004.

Band 299 Jürgen Busch: Das Germanenbild der deutschen Rechtsgeschichte. Zwischen Wissenschaft und Ideologie. Mit einem Vorwort von Herwig Wolfram. 2004.

Band 300 Jan Kohlmann: Der Marsch zu den Gräbern von Karl und Rosa. Geschichte eines Gedenktages. 2004.

Band 301 Christian Rainer Schlicht: Die kumulative Schuldübernahme in der Rechtsprechung des Reichsgerichts und in der zeitgenössischen Literatur. 2004.

Band 302 Hans Peter Glöckner: Positive Vertragsverletzung. Die Geburt eines Rechtsinstituts. 2004.

Band 303 João Manuel Azevedo Alexandrino Fernandes: Die Theorie der Interpretation des Gesetzes bei Francisco Suárez. 2005.

Band 304 René Funk: Die Wahlprüfung der volksgewählten Abgeordneten der Volksvertretungen im Frühkonstitutionalismus. Eine Untersuchung der Wahlprüfung in den Kammern der Abgeordneten des Großherzogtums Baden, des Königreichs Württemberg und des Großherzogtums Hessen. 2005.

Band 305 Carolin O'Sullivan. Die Ahndung von Rechtsbrüchen der Seeleute im mittelalterlichen hamburgischen und hansischen Seerecht (1301–1482). 2005.

Band 306 Martin Jürgens: Staat und Reich bei Ernst Rudolf Huber. Sein Leben und Werk bis 1945 aus rechtsgeschichtlicher Sicht. 2005.

Band 307 Florian G. Dürselen: Franz Beyerle (1885–1977). Leben, Ära und Werk eines Rechtshistorikers. 2005.

Band 308 Kai Bandilla: Urheberrecht im Kaiserreich. Der Weg zum Gesetz betreffend das Urheberrecht an Werken der Literatur und Tonkunst vom 19. Juni 1901. 2005.

Band 309 Stefan Mieth: Die Entwicklung des Denkmalrechts in Preußen 1701–1947. 2005.

Band 310 Catharina Lodemann: Die Geschichte des französischen *acte de gouvernement*. 2005.

Band 311 Christina Wicke: Kodifikationsbestrebungen und Wissenschaft in Hessen-Darmstadt im vorkonstitutionellen Zeitalter. Zu der Beteiligung der Gießener Rechtsprofessoren an den Gesetzgebungsarbeiten in Hessen-Darmstadt in der Zeit zwischen 1769 und 1820. 2005.

Band 312 Christiane Chlosta: Nur dem Gesetz unterworfen? Eine rechtsgeschichtliche Untersuchung zu Idee und Wirklichkeit richterlicher Gesetzestreue unter besonderer Berücksichtigung der Aufwertungsrechtsprechung und des richterlichen Prüfungsrechts. 2005.

Band 313 Kathrin Dirr: Hoheitsrechtliche Streitigkeiten zwischen den Kölner Erzbischöfen und der Stadt Köln auf Grundlage reichskammergerichtlicher Verfahren des 16. und 17. Jahrhunderts. 2005.

Band 314 Michael Racky: Die Diskussion über Gewaltenteilung und Gewaltentraining im Vormärz. 2005.

Band 315 Petra Thiemrodt: Die Entstehung des Staatshaftungsgesetzes der DDR. Eine Untersuchung auf der Grundlage von Materialien der DDR-Gesetzgebungsorgane mit zeitgeschichtlichen Bezügen. 2005.

Band 316 Julius F. Reiter: Entstehung und staatsrechtliche Theorie der italienischen *Carta del Lavoro*. 2005.

Band 317 André Book: Die Justizreform in der Frühzeit der Bundesrepublik. Die Beratungen der Kommission zur Vorbereitung einer Reform der Zivilgerichtsbarkeit in den Jahren 1955 bis 1961. 2005.

Band 318 Frank Zentz: Das amerikanische Strafverfahren als Element der Besatzungspolitik in Deutschland. Erziehung zur Demokratie durch den *Court of Appeals* 1948–1955. 2005.

Band 319 Friederike Quaisser: Mietrecht im 19. Jahrhundert. Ein Vergleich der mietrechtlichen Konzeptionen im Allgemeinen Landrecht für die Preußischen Staaten von 1794 und dem gemeinen Recht. 2005.

Band 320 Stefan Burghard: Professor Dr. Wilhelm Kahl – Leben zwischen Wissenschaft und Politik. 2005.

www.peterlang.de

FSC
www.fsc.org
MIX
Papier | Fördert gute Waldnutzung
FSC® C083411

Kolibri 360 GmbH
Ferdinand-Jühlke-Straße 7
99095 Erfurt, Deutschland
produktsicherheit@kolibri360.de

Druck:
CPI Druckdienstleistungen GmbH
im Auftrag der
Kolibri 360 GmbH
Ferdinand-Jühlke-Str. 7
99095 Erfurt